Hans Hanau | Wenzel Matiaske [Hrsg.]

Entgrenzung von Arbeitsverhältnissen

Arbeitsrechtliche und sozialwissenschaftliche Perspektiven

Nomos

edition sigma

Die Deutsche Nationalbibliothek verzeichnet diese Publikation in der Deutschen Nationalbibliografie; detaillierte bibliografische Daten sind im Internet über http://dnb.d-nb.de abrufbar.

ISBN 978-3-8487-5460-1 (Print)
ISBN 978-3-8452-9615-9 (ePDF)

edition sigma in der Nomos Verlagsgesellschaft

1. Auflage 2019

Inhalt

Einleitung – Entgrenzung von Arbeit

Hans Hanau und Wenzel Matiaske

Seit einem Vierteljahrhundert beobachten die Sozialwissenschaften Veränderungen in der Organisation von Arbeitsverhältnissen, die sie unter dem Stichwort der Entgrenzung bündeln. Digitalisierung einerseits und Globalisierung andererseits liefern die Stichworte, welche als Treiber dieser Entwicklung gelten. Die Dezentralisierung der Organisation – vom Outsourcing, über strategische Allianzen bis hin zu Netzwerken – geht mit der Flexibilisierung und Subjektivierung von Arbeit einher. Was zunächst nur in der Peripherie großer Organisationen und in neuen Branchen registriert wurde, entwickelt sich beschleunigt zum Normalfall im Zentrum der Erwerbsarbeit.

In der betriebswirtschaftlichen Organisationsforschung, die diese Wandlungen der Praxis begleitet hat, wird die Frage erörtert, ob die „grenzenlose Unternehmung" gar einen Verlust des konstitutionellen Gegenstandes der Disziplin bedeutet. In der Teildisziplin Personal wird eine Ausweitung auf das Feld der Arbeit diskutiert. Korrespondierend verlieren im Arbeitsrecht grundlegende Begriffe wie Betrieb, Arbeitnehmer und Arbeitgeber an Schärfe. Damit schwinden die Anwendbarkeit des arbeitsrechtlichen Schutzinstrumentariums sowie der Einfluss von Betriebs- und Tarifautonomie.

Zwei Fachgebiete – die sozialwissenschaftliche Organisations- und Personalforschung einerseits und das Arbeitsrecht andererseits –, die bislang im Vertrauen darauf nebeneinander wirkten, dass im Nachbargebiet keine gravierenden, das eigene Fach herausfordernden Änderungen eintreten würden, nehmen zunehmend voneinander Notiz. Das Arbeitsrecht interessiert sich verstärkt für die Empirie der Arbeitswelt und knüpft an sozial- und betriebswirtschaftliche Forschung an, etwa auf dem 71. Deutschen Juristentag 2016 bei der Auseinandersetzung mit der Digitalisierung der Arbeitswelt. Reziprok fragen die Sozialwissenschaften und auch die betriebswirtschaftliche Disziplin Personal zunehmend nach den normativen Gestaltungsmöglichkeiten, die das Arbeitsrecht eröffnet. Um diese über die Fächergrenzen hinweg aufgenommene Debatte anzuregen und zu vertiefen, haben wir am 1. und 2. Dezember 2017 einen Workshop in Hamburg veranstaltet, dessen Beiträge wir hier dokumentieren.

Den Anfang machen *Florian Schramm* und *Mandy Tietgen-Simonsen*, die den Forschungsstand zur digitalen Erwerbsarbeit und insbesondere zum Crowdsourcing präsentieren. Jenseits des medialen Alarmismus liefert der Beitrag den *state of the art* des noch bescheidenen empirischen Wissens zum Phänomen, benennt Forschungslücken und skizziert Möglichkeiten sozialer Teilhabe durch Crowdsourcing.

Der digitalen Onlinearbeit ist auch der Beitrag von *Christine Gerber* und *Martin Krzywdzinski* gewidmet. Er erweitert auf der Basis von Fallstudien zu Plattformen und Interviews mit Crowdworkern die empirische Wissensbasis. Die Analysen zeigen, dass das neue Phänomen Crowdwork organisatorische Konzepte wie das Outsourcing fortführt und versucht, Produktivitäts- und Rationalisierungspotentiale durch grundlegende bekannte Mechanismen wie Vermarktlichung, Flexibilisierung und Subjektivierung zu erschließen. Neu ist hingegen die Plattform zur Gestaltung der Arbeitsbeziehung. Die Plattform ist kein Betrieb, sondern Software, wie *Christine Gerber* und *Martin Krzywdzinski* herausarbeiten.

Roland Schwarze beschäftigt sich mit einem zentralen rechtlichen Aspekt der Digitalisierung von Arbeit. Die schon heute erkennbare Diskontinuierung der Arbeitsprozesse durch Digitalisierung bedroht den arbeitsrechtlichen Aufgreiftatbestand, den Arbeitnehmerbegriff. *Roland Schwarze* klopft ihn auf seine „Diskontinuitätstoleranz“ ab. Die Weisungsbindung habe einen starken Indiz- und Begründungswert, sei aber nicht unverzichtbar. Sollte die Umwälzung der Arbeitsorganisation Arbeitnehmerähnlichkeit zum Massenphänomen werden lassen, werde das Arbeitsrecht nachziehen müssen.

Die Nutzung des Tarifgefälles war bereits zu Beginn der Outsourcing-Welle und des Aufbaus von Holding-Gesellschaften ein Motiv der Nutzung dieser organisatorischen Instrumente. *Markus Helfen* erläutert auf Basis empirischer Studien die Tendenz zur Tariffragmentierung in Netzwerkorganisationen. Zweckmäßig wäre es, Tarifverträge anders zu gestalten, um den Mehr-Arbeitgeber-Beziehungen in Netzwerken Rechnung zu tragen. Netzwerktarifverträge könnten ein Instrument sein, um die tarifliche Fragmentierung aufzuhalten.

Jochen Mohr widmet sich der Frage, inwieweit Soloselbständige, also auch Arbeitnehmerähnliche, kollektivrechtlichen Schutz erfahren können. Er kommt zum Schluss, dass das europäische und deutsche Kartellrecht einer Regelung der Beschäftigungsbedingungen von Soloselbständigen durch die Tarifparteien entgegenstehen. Sofern Gewerkschaften nach nationalem

Recht auch Soloselbständige vertreten dürfen, handeln sie *Jochen Mohr* zufolge nicht als Sozialpartner, sondern als Unternehmensvereinigung und unterliegen damit dem Kartellverbot.

Hartmut Hirsch-Kreinsen behandelt die Einführung digitaler Technologien aus arbeitssoziologischer Perspektive. Vor dem Hintergrund des Befundes einer fortlaufenden Rationalisierung und Modernisierung von Produktionsprozessen kommt er zu dem Schluss, dass die bislang vorliegenden Befunde keinen eindeutigen Trend erkennen lassen. Vielmehr stützen empirische Studien sowohl die weit verbreitete Polarisierungsthese als auch die Annahme einer generellen Aufwertung von Arbeit. Die Antworten auf Fragen nach dem Substituierungspotential menschlicher Arbeit und der Zusammenarbeit vom Menschen und intelligenten Maschinen verlangen vielmehr Studien konkreter Anwendungssituationen der Technik.

Das ebenso in der Tarifpolitik wie auch in der sozialwissenschaftlichen Forschung vernachlässigte Thema der Arbeitszeit erlebt in den letzten Jahren eine beachtliche Renaissance. Die Entgrenzung von Arbeit aufgrund technologischer oder organisatorischer Neuerungen befördert das Thema, dem sich *Rüdiger Krause* aus arbeitsrechtlicher Perspektive widmet. Er sieht in der zeitlichen Entgrenzung von Arbeit durch Digitalisierung nicht notwendig eine Einbahnstraße zulasten der Beschäftigten. Vielmehr könne sie sich durch innovative Arbeitszeitregime auch als Chance für einen neuen und angemessenen Ausgleich von ökonomischen und sozialen Bedürfnissen erweisen. Rechtspolitisch spricht er sich für eine klar beschränkte Öffnung für tarifvertraglich legitimierte Abweichungen vom derzeit geltenden Arbeitszeitrecht bei gleichzeitiger Zurückdrängung des schleichenden Übergriffs von arbeitsweltlichen Vorgängen in die private Lebenssphäre der Arbeitnehmer aus.

Die Folgen der Entgrenzung für den Betriebsbegriff und damit für die betriebliche Mitbestimmung sind Gegenstand des abschließenden Beitrags von *Martin Franzen.* Er lotet den Spielraum der Rechtsprechung zur Nachjustierung des Betriebsbegriffes in der Betriebsverfassung aus. Im Ergebnis plädiert er für eine Klarstellung durch den Gesetzgeber, inwieweit das Betriebsverfassungsgesetz andere Vertretungsstrukturen als das gesetzliche Mitbestimmungsmodell von Betriebsrat, Gesamtbetriebsrat und Konzernbetriebsrat zulässt. Auch seien erleichterte Abweichungsmöglichkeiten für Betriebsvereinbarungen zu erwägen.

Ein solches Vorhaben steht und fällt mit dem Engagement der beteiligten Wissenschaftler. Den Autorinnen und Autoren dieses Bandes gilt unser Dank, denn sie haben uns nicht nur eine für Referenten und Hörerschaft ertragreiche Tagung ermöglicht, sondern auch diese Herausgeberschaft leichtgemacht. Für die finanzielle Unterstützung des Workshops danken wir dem Hamburger Verein für Arbeitsrecht e.V. und der Landesforschungsförderung der Freien und Hansestadt Hamburg mit dem Projekt „Wandel der Standards ‚Guter Arbeit'". Für die gelungene Organisation danken wir Jan Dumkow, Marie Kruckow und Andreas Zöllner. Den Satz des Bandes besorgte wie immer professionell und unaufgeregt Rebekka Hensen. Ihr und allen nicht erwähnten hilfreichen Menschen unser herzlicher Dank.

Crowdworking – Menetekel und empirische Evidenz

Florian Schramm und Mandy Tietgen-Simonsen

Zusammenfassung

Crowdworking als digitale Erwerbsarbeit verbreitet sich in den letzten Jahren global. Erste Forschungen beschreiben dieses Phänomen mit seinen Ambivalenzen. Dieser Beitrag widmet sich der Aufarbeitung des Forschungsstandes und weist auf zwei noch wenig analysierte Anwendungsgebiete hin. Zum einen besteht ein Potenzial, Crowdworking für Menschen mit Erwerbseinschränkungen nutzbar zu machen, zum anderen lässt sich das Konzept des Crowdworking auch unternehmensintern verwenden.

1. Einleitung

Die Flexibilisierung von Arbeitsverhältnissen vollzieht sich in vielfältiger Weise. In manchen Fällen befördern technische Entwicklungen neue Formen oder Ausprägungen von Arbeit. Hierfür mag die Rufarbeit als ein Beispiel dienen. In jüngster Zeit wird ein Phänomen diskutiert, welches ebenfalls technikgetrieben bestehende Formen von Arbeit zu verändern droht. Der einschlägige mediale Diskurs gibt zu verschiedenen Befürchtungen Anlass. So mag das Crowdworking durch die Mobilisierung einer internationalen Konkurrenz einen so starken Druck auf die Arbeitsverhältnisse ausüben, dass die Qualität der Arbeitsplätze darunter maßgeblich leidet. In rechtlicher Hinsicht könnte das Crowdworking die etablierten Schutzstandards des Arbeitsrechts unterminieren, was die zuerst genannte Entwicklung massiv erleichtern dürfte. Angesichts dieses skizzierten Menetekels wendet sich dieser Beitrag der empirischen Evidenz zu, die sich erfahrungsgemäß weniger schillernd als die fantasievolle Diskussion darstellt. Nicht ganz auszuschließen ist, dass beim Crowdsourcing *mal wieder eine neue Sau durch das Dorf getrieben wird.* In diesem Beitrag gehen wir in drei Schritten vor. Nach einer kurzen Begriffsbestimmung widmen wir uns dem bisherigen empirischen Forschungsstand, der einen Überblick über das reale Crowdsourcing-Phänomen erlaubt. Darauf aufbauend gehen wir auf zwei spezielle Aspekte ein, die bislang in Forschung und Praxis wenig diskutiert werden, obwohl beim internen Crowdworking sowie bei der Partizipation und Inklusion von Menschen mit Erwerbserschwernissen durch Crowdworking interessante Potenziale zu vermuten sind.

2. Crowdworking zwischen Befürchtungen und Hoffnungen

Leimeister et al. (2013, 2016) charakterisieren Crowdworking kurz und treffend folgendermaßen:

> „Beim Crowdsourcing schlägt ein Crowdsourcer, der Unternehmung, Organisation, Gruppe oder Individuum sein kann, einer undefinierten Menge von potenziell Mitwirkenden (Crowdsourcees bzw. CrowdWorker) eine Aufgabe über einen offenen Aufruf vor. Diese CrowdWorker, die Individuen, formelle oder informelle Gruppen, Organisationen oder Unternehmen sein können, übernehmen die Bearbeitung der Aufgabe. Der folgende Interaktionsprozess erfolgt über IT-gestützte Crowdsourcing-Plattformen."

Idealtypisch lässt sich das Crowdworking als Prozess beschreiben. Im ersten Schritt konkretisiert der Crowdsourcer den zu vergebenden Auftrag, wobei umfangreichere Aufgaben in einfache Teilaufgaben zerlegt werden. Darüber hinaus sind die Aufgaben detailliert zu beschreiben. Auch sind die Anforderungen sowie die Arbeitsform festzulegen. Im zweiten Schritt werden die Auftragnehmer ermittelt, wobei verschiedene Varianten zur Verfügung stehen. Im dritten Schritt erfolgt die Erledigung der Aufgaben durch die Auftragnehmer. In der vierten Phase verarbeitet der Auftraggeber die Leistungen der Auftragnehmer in geeigneter Weise. Dies kann beispielsweise die Verknüpfung von Teilleistungen oder die Auswahl einer besonders vorteilhaften Variante sein. Im fünften Schritt erfolgt die Vergütung der Auftragnehmer. Eine maßgebliche Rolle spielen die allgemein zugänglichen internetbasierten Plattformen, die als Dienstleister für den Crowdsourcer wirken (vgl. Kuba & Mittler 2016). Diese Plattformen ermöglichen die Kommunikation der Akteure miteinander und übernehmen die Abwicklung der Vergütung. Darüber hinaus schaffen sie Strukturen, die z. B. die Bewertungssysteme oder die Definition und Organisation der Arbeitsaufgaben betreffen. Die Plattformen werben zudem um Crowdworker. Auf die Rolle hauseigener Plattformen gehen wir im nächsten Kapitel ein.

In rechtlicher Hinsicht ist Crowdworking mit verschiedenen Fragen verbunden. Von besonderer Bedeutung ist die Klärung des Vertragsverhältnisses. Im deutschen Recht lässt sich das Crowdworking am ehesten dem Werkvertragsrecht zuordnen (§§ 631 ff. BGB). Aufgrund der fehlenden

Weisungsgebundenheit - Auftrag und Ziel sind klar formuliert - sowie der fehlenden Eingliederung der Crowdworker in das Unternehmen kommt i. d. R. ein „echtes“ Arbeitsverhältnis nicht zustande. Nach der Rechtsprechung des BAG spricht die “Vorprogrammierung“ der zu erbringenden Tätigkeit einerseits gegen die Arbeitnehmereigenschaft (vgl. BAG 24.06.1992 – 5 AZR 384/91, NZA 1993, 174), andererseits könnte der sehr geringe Spielraum für die Arbeitnehmereigenschaft sprechen (vgl. BAG 16.7.1997 – 5 AZR 312/96, NZA 1998, 368). Bei bestimmten Crowdworking-Aufgaben stellen sich darüber hinaus rechtliche Fragen im Kontext des Urheberrechts bzw. dem Schutz von Gebrauchs- und Geschmacksmustern. In den AGB ist es verbreitet, dass die Crowdworker uneingeschränkt Rechte an ihren Entwürfen abtreten, was selbst für Wettbewerbe ("The-Winner-takes-it-all-Prinzip“) gilt (vgl. Jürgens et al. 2017).

Crowdworking bietet zahlreiche Möglichkeiten der Vergütung. So können die Crowdworker mit der vorab vom Unternehmen bestimmten und auf der Plattform veröffentlichten Vergütung entlohnt werden. Eine weitere häufig gewählte Form ist das „The-Winner-Takes-it-all-Prinzip“. Hierbei nimmt eine Vielzahl an Crowdworkern die Aufgabe an und erstellt das Werk für den Crowdsourcer. Entlohnt wird jedoch nur derjenige, dessen Arbeitsleistung dem Crowdsourcer am meisten zusagt und dessen Werk am Ende gewählt wird. Diese und einige weitere Vergütungspraktiken sind fragwürdig, so dass ggf. gesetzgeberische oder richterliche Korrekturen notwendig sind (vgl. Däubler & Klebe 2015). Auch die geringe Durchschnittsvergütung und die fehlende Regulierung der Arbeitsbedingungen werfen Fragen auf. Aufgrund dieser skizzierten unbefriedigenden Bedingungen bilden sich bereits erste Interessengemeinschaften der Crowdworker (wie z. B. faircrowdwork.org der Industriegewerkschaft Metall), deren rechtlicher Charakter wiederum noch ungeklärt ist.

Zusammenfassend ist in juristischer Hinsicht insbesondere der grenzenlose Charakter des Crowdworkings von eminenter Bedeutung. Eine globale Auftragsvergabe ist mit einem erheblichen rechtlichen Klärungsbedarf verbunden (vgl. Jürgens et al. 2017). Hiervon abgesehen ist zudem die Frage der Rechtsdurchsetzung berührt.

Das Ausmaß des Crowdsourcing-Phänomens lässt sich mittlerweile empirisch gut abbilden. Der folgende Abschnitt liefert einen kurzen Überblick, erhebt jedoch keinen Anspruch auf Vollständigkeit: So publizierten im internationalen Kontext Agrawell et al. (2013) zu den Auswirkungen digitaler Arbeit auf dem (globalen) Arbeitsmarkt; so auch Eurofound (2015) zum internationalen Arbeitsmarkt. Die ökonomischen Auswirkungen analysierte auch Kuek et al. (2015); ein Survey der ILO (Berg 2016) betrachtete die

Soziodemografie und die Arbeitsbedingungen von Crowdworkern; ebenfalls zur Demografie forschten Risak & Warter (2015). Die finanzielle Situation der Crowdworker wurde von Kleeman et al. (2008) sowie Horton & Chilton (2010) betrachtet. Hossain (2012) untersuchte die Motive der Crowdworker; während bei Irani & Silberman (2013) die Arbeitsbeziehungen im Vordergrund standen. Risak & Warter (2015) betrachteten die Umsetzung fairer Arbeitsbedingungen. Dawson & Bynghall (2012) ergänzen den Forschungsstand u.a. durch betriebliche Fallstudien zur Umsetzung von Crowdworking. Felstiner (2011) sowie Harris & Krueger (2015) befassten sich mit den rechtlichen Rahmenbedingungen auf den Plattformen.

Im deutschen Kontext haben Pelzer et al. (2012) den Entwicklungstand des deutschen Crowdsourcings mit dem europäischen und internationalen Ausland vergleichen. Leimeister & Zogaj (2013) haben den internationalen und nationalen Forschungsstand umfassend analysiert, darauf aufbauend haben Leimeister et al. (2016) wie auch Bertschek et al. (2015) die Soziodemografie und die Arbeitssituation deutscher Crowdworker erforscht. Huws & Simon (2016) forschten zur Situation der österreichischen Crowdszene. Rechtliche Analysen liegen z. B. von Däubler & Klebe (2015) oder Selzer (2015) vor. Aus einer soziologischen Perspektive beschäftigten sich Menz & Cardenas Tomazic (2017) mit der Frage der Gerechtigkeit.

Die vorliegende Forschung ergibt angesichts des heterogenen Phänomens und seiner Dynamik noch keine sonderlich robusten Ergebnisse. Allerdings finden sich – in unterschiedlicher Intensität – Belege dafür, wie sich Crowdsourcing aus der Perspektive der Auftraggeber und Auftragnehmer darstellt.

Aus der Perspektive der Auftraggeber kann Crowdsourcing aus einer ganzen Reihe von Gründen vorteilhaft sein. Ein bedarfsgerechtes Crowdsourcing kann sich als eine schnelle und flexible Lösung hoch spezialisierter Teilaufgaben erweisen. Durch die Auslagerung von Randaufgaben ist zudem eine Konzentration auf die unternehmerischen Kernaufgaben möglich. Möglich ist auch eine schnelle Aufgabenabwicklung durch die Zerlegung in Teilaufgaben, die parallel bearbeitet werden. Darüber hinaus besteht die Möglichkeit, die Kompetenzen im Unternehmen zu erweitern, was z. B. auch innovative Lösungen für interne Aufgaben ermöglichen kann. Der „local search bias“ (vgl. Levinthal & Warglien 1999) kann dabei umgangen werden, indem weltweit an Crowdworker Aufgaben verteilt werden. Für Unternehmen reizvoll ist, dass keine dauerhafte Vertragsbeziehung mit dem Auftragnehmer eingegangen wird, da kein originärer Arbeitsvertrag zustande kommt. Allerdings bestehen auch diverse Barrieren: Die Verantwortung für die Qualitätsstandards verbleibt beim Crowdsourcer. Auch ist er zur präzisen und aufwendigen Aufgabendefinition gezwungen, wobei zudem die Gefahr des Kontrollverlustes über die Crowdaktivitäten besteht (vgl. Leimeister & Zogaj 2013). Insbesondere bei der Implementierung von Crowdsourcing im Unternehmen sind die Gesamtkosten zu Beginn schwer zu kalkulieren. Darüber hinaus sind geeignete Anreizstrukturen sicherzustellen. Die an das Unternehmen nur lose gebundenen Auftragnehmer können sich ggf. des unternehmensinternen Know Hows bemächtigen (vgl. Leimeister & Zogaj 2013). Die Auftragsvergabe kann auch in rechtlicher Hinsicht Probleme verursachen. So mag es strittig sein, ob nicht doch der Status eines Arbeitnehmers oder einer arbeitnehmerähnlichen Person vorliegt. Dabei können auch betriebsverfassungsrechtliche Beteiligungsrechte berührt werden.

Aus der Perspektive der Auftragnehmer stellt sich Crowdworking uneinheitlich dar. Auf der einen Seite ermöglicht diese Beschäftigungsform berufliche Selbstbestimmung und Flexibilität. Auch mag sich die Möglichkeit der Kompetenzentwicklung, ggf. in einem neuen Arbeitsumfeld, bieten. Crowdworking als nebenberufliche Tätigkeit bietet die Möglichkeit einer zusätzlichen Einkommensquelle. Hinsichtlich der zentralen Interessen der Auftragnehmer zeigen sich deutliche Probleme. Insbesondere liegt das Beschäftigungsrisiko nahezu ausschließlich beim Crowdworker (vgl. Berg 2016). Darüber hinaus ist die Vergütung meist recht niedrig. Ein Grund hierfür ist die häufige Divergenz zwischen Qualifikation und Aufgabenstellung sowie der kleinteilige Umfang der Aufgaben (vgl. Bertschek et al. 2015; Leimeister et al. 2016). Letztlich ist dies eine Frage von Angebot und Nachfrage, wobei angesichts der großen Konkurrenz auf den Plattformen, des weit reichenden Verzichts auf Arbeitnehmerrechte und der schwachen sozialrechtlichen Absicherung ein massives strukturelles Ungleichgewicht bestehen dürfte. Bei komplexen Aufgaben sowie spezifischer Kompetenzen des Crowdworkers mag sich dies anders darstellen.

3. Varianten des Crowdworking - unterschätzte Potenziale?

3.1 Teilhabe und Crowdworking

Crowdworking als moderne Arbeitsform bietet neue Beschäftigungsmöglichkeiten für Bevölkerungsgruppen, denen aus vielfältigen Gründen eine Erwerbsarbeit erschwert wird. Diese Gründe können innerhalb oder außerhalb der persönlichen Sphäre lokalisierbar sein. So können Handicaps durch physische und psychische Einschränkungen, Immobilität oder sozialer Exklusion als persönlicher Grund wie auch beispielsweise qualifikatorische oder infrastrukturelle Gegebenheiten die Erwerbsbeteiligungschancen mindern (vgl. Risak & Warter 2015). Crowdworking als dezentrales Instrument der digitalen Erwerbsarbeit kann hierbei Chancen bieten, den (Wieder-)Einstieg in die Erwerbsarbeit zu erleichtern.

Wie aufgeführt können Vorteile in der Ortsunabhängigkeit, der fehlenden oder stark eingeschränkten Weisungsbefugnis durch Vorgesetzte oder dem selbstbestimmten Zeitmanagement liegen (vgl. Bretschek et al. 2015; Leimeister et al. 2016). Andererseits sind die Gefahren von prekären Arbeitsverhältnissen und –bedingungen besonders in den Fokus zu nehmen. Bei Personengruppen mit erschwerten Möglichkeiten des Arbeitsmarktzugangs kann sich durch prekäre Erwerbsarbeit das Risiko unzureichender sozialer Absicherung deutlich potenzieren. Eine dauerhaft unterwertige Beschäftigung könnte die Folge sein. Fehlende Arbeitnehmerrechte und die geringe Durchschnittsvergütung erhöhen das Risiko zudem (vgl. Berg 2016), eine weit reichende Unabhängigkeit von staatlichen Transferleistungen würde hierdurch nicht ermöglicht werden. Dadurch ist es schwer abzuschätzen, wie groß die potentielle Personengruppe ist, für die Crowdworking eine reale Chance auf dem Arbeitsmarkt bietet.

Der einschlägige Forschungsstand ist im nationalen und internationalen Raum noch dürftig. Forscher wie Leimeister et al. (2016) oder Risak & Warter (2015) führen Crowdworking als Chance der Erwerbsbeteiligung für Personen mit erschwertem Arbeitsmarktzugang auf. Empirische Analysen über Potentiale von Crowdworking für Personen mit erschwertem Arbeitsmarktzugang liegen nur sehr vereinzelt und eher für sehr spezifische Personengruppen vor. So untersuchten die Swaminathan et al. (2017) in den USA die Crowdworking-Plattform Amazon Mechanical Turk auf ihre Barrierefreiheit und zeigen erheblichen Verbesserungsbedarf bei der digitalen Inklusion auf. Ebenso für die USA haben Vashistha et al. (2018) einkommensschwache sehbehinderte Personen untersucht, die auf verschiedenen Crowdsourcing-Plattformen (unter anderem AMT) Transkriptionsaufgaben übernommen haben. Hara & Bigham forschten zu Crowdworking und Autismus. Zyskowski et al. (2015) leiten aus ihrer qualitativen Studie ab, dass im übergeordneten Sinne Crowdworking für Menschen mit Behinderung in Zukunft als Integrationsmaßnahme zunehmend an Wichtigkeit gewinnen wird, dabei werden die Flexibilität und die räumliche Unabhängigkeit als bedeutender Vorteil aufgeführt. Studienergebnisse zu Arbeitslosigkeit und Crowdworking sind noch seltener aufzufinden. Aus makroökonomischer Perspektive zeigen Borchert et al. (2018), dass die Intensität der Nutzung von Crowdsourcing-Plattformen im Zusammenhang mit der Arbeitslosenquote steht. Je höher die Arbeitslosenquote einer Volkswirtschaft ist, desto mehr Menschen stellen sich als Crowdworker zur Verfügung. Die Ergebnisse von Borchert et al. (2018) deuten jedoch ebenso darauf hin, dass Crowdworking keine langfristige Perspektive für Arbeitslose darstellt, sondern nur als Überbrückungsmöglichkeit dient, bis die Arbeitskräftenachfrage wieder steigt.

Insgesamt zeigt der noch ausbaubedürftige Forschungsstand Potentiale auf, Crowdworking als Einstieg oder Wiedereinstieg in den Arbeitsmarkt zu nutzen. Jedoch zeigen sich dabei große Herausforderungen. Gemäß der UN-Behindertenrechtskonvention präferiert die Arbeitsmarktpolitik den (Wieder-)einstieg in den ersten Arbeitsmarkt (vgl. Art. 27 UN-BRK; Weimer 2017). Sozialversicherungspflichtige Beschäftigung sichert nicht nur ein regelmäßiges Einkommen, sondern gewährt auch soziale Absicherung durch Beiträge in die Kranken- und Pflegeversicherung sowie die Absicherung im Falle von Arbeitslosigkeit. Die regelmäßige Beitragseinzahlung in die gesetzliche Rentenversicherung sichert ebenso die Existenzgrundlage im Alter.

Die Teilhabe auf dem Arbeitsmarkt wird in Deutschland staatlich unterstützt. Gemäß des Sozialgesetzbuchs III helfen staatliche Institutionen unter dem Begriff der aktiven Arbeitsförderung Arbeitssuchenden beim Finden einer neuen Anstellung (vgl. §§ 29 SGB III). Neben der Bundesagentur für Arbeit helfen gesetzliche Krankenkassen sowie die Unfall- und Rentenversicherung erwerbseingeschränkten Personen beim (Wieder)Einstieg in das und der Teilhabe am Arbeitsleben (vgl. § 6 Abs. 1 SGB VII). Dies dient insbesondere der Vermeidung von Frühverrentungen (vgl. § 9 Abs. 2 SGB IX) und kann somit gesamtwirtschaftliche Kosten senken. Schulungen oder Arbeitsmaßnahmen, meist durchgeführt durch externe Träger, dienen als Brücke und sollen auf eine Beschäftigung auf dem ersten Arbeitsmarkt vorbereiten (vgl. Oschmianski 2010). Dabei steht die Förderung von IT-Fähigkeiten aufgrund des digitalen Wandels an prominenter Stelle und wird u. a. von der EU entsprechend fokussiert (vgl. Leahy & Wilson 2014).

Soll das Risiko der prekären Beschäftigungsbedingungen durch Crowdworking minimiert werden, jedoch Crowdworking als Chance der Arbeitsmarktintegration genutzt werden, ist daher zu prüfen, welche Kompromissmöglichkeiten zwischen den Individuen und den sozialstaatlichen Institutionen bestehen. Die Einbettung von Crowdworking in die vielfältigen Integrationsmaßnahmen stellt dabei eine dem Zeitgeist adäquate Chance dar. In der modernen Arbeitsförderung werden (Re-)Integrationsmaßnahmen zumeist an externe Anbieter ausgelagert (vgl. Oschimanski 2010). In diesem

Kontext könnte Crowdworking institutionalisiert und im abgesicherten Rahmen praktiziert werden. Ebenso ist denkbar, dass Crowdsourcing-Plattformen direkt mit den Maßnahmenträgern kooperieren und ihre Crowdworking-Aufgaben anbieten. Dieses hätte neben anderen Wettbewerbsvorteilen ebenso Imagevorteile für die jeweiligen Plattformanbieter (vgl. Franken 2015; Pandy et al. 2005). Alternativ ist auch ohne direkte Kooperation das internetbasierte Crowdworking als Integrationsmaßnahme denkbar, sofern die Teilnehmenden finanziell und sozial abgesichert sind. So kann eine neue Form der Arbeit erprobt werden, ohne ein existentielles Risiko einzugehen. Die Teilnehmenden arbeiten an „echten" Aufgaben und können hierdurch persönliche Erfolge erleben. Ebenso kann Crowdworking als Brücke in ein anschließendes Beschäftigungsverhältnis dienen oder an eine existenzsichernde Selbstständigkeit heranführen. Durch die Ortsunabhängigkeit und zeitliche Flexibilität könnten Integrationsmaßnahmen auch dezentral ermöglicht werden. Wird die Maßnahme im heimischen Umfeld durchgeführt, ist dies insbesondere für körperlich eingeschränkte Personen vorteilhaft. Vorteile ergeben sich auch für die staatliche Arbeitsvermittlung selbst, indem Mittel beispielsweise für Fahrtkosten oder auch Raummieten niedrig gehalten werden.

Im Ergebnis kann Crowdworking als moderne Form der aktiven Arbeitsmarktpolitik als Brückenfunktion in ein (neues) Beschäftigungsverhältnis dienen. Notwendig hierfür ist jedoch die Schaffung von geeigneten Rahmenbedingungen. Die Vorteile des Crowdworkings sollten genutzt, Prekarisierungsrisiken ausgeräumt werden. Dies bedarf der Zusammenarbeit zahlreicher Akteure staatlicher Institutionen sowie geeigneter Trägerschaften. Zudem müssen die Vorteile an die potentiellen Teilnehmer zielgruppenspezifisch vermittelt werden. Die Maßnahmen müssen auf die Teilnehmer bedürfnisgerecht zugeschnitten werden. Bei Personen mit Erwerbseinschränkungen sind die Gründe für die jeweilige Einschränkung vielfältig, sodass Maßnahmen speziell eingedenk der Ressourcen und Bedürfnisse der Teilnehmenden konstruiert werden müssen.

Als staatliche Gestaltungsaufgabe hat u. E. Crowdworking das Potential, der (Re-)Integration von Arbeitssuchenden auf den Arbeitsmarkt zu dienen und einen wichtigen Beitrag zur Inklusion von Menschen mit Behinderung zu leisten.

3.2 Internes Crowdworking

Für das herkömmliche Crowdworking ist die Auftragsvergabe an externe Dienstleister mit ihren Chancen und Risiken charakteristisch. Das zugrunde liegende "Produktionsmodell" ist hierauf jedoch nicht beschränkt. Grundsätzlich können Unternehmen / Organisationen ihre Aufgaben so gestalten, dass ihre Beschäftigten quasi als Crowdworker bei erheblicher örtlicher und zeitlicher Flexibilität fungieren. In dieser Konstellation dürften die Rolle von Crowdsourcer und die Rolle des Betreibers der Plattform in einer Hand liegen: ein Unternehmen bedient sich einer eigenen Plattform, um Aufgaben via Crowdworking durch die eigenen Beschäftigten erledigen zu lassen.

In der bisherigen Forschung ist diese Konstellation kaum thematisiert worden. Däubler und Klebe (2015) weisen darauf hin, dass Beschäftigte so zusätzliche ausgeschriebene Aufgaben, ggf. nur mit geringem Bezug zur originären Tätigkeit, übernehmen können. Auch wird verschiedentlich auf die Existenz hauseigener Crowdsourcing-Plattformen hingewiesen (vgl. Leimeister/Zogaj 2013, Benner 2014, Däubler 2018).

Diese Konstellation könnte zukünftig eine größere und vom bislang praktizierten Crowdworking unterschiedliche Rolle einnehmen, wie wir im Folgenden zeigen wollen.

Die Personalpolitik ist in den vergangenen Jahrzehnten durch verschiedene Trends wie die Digitalisierung geprägt worden. Ein "Trend", eine Entwicklungslinie besteht in den kontinuierlichen Versuchen, Arbeitsprozesse betriebswirtschaftlich zu optimieren. Hierzu gehört neben der Verdichtung von Arbeit, die durch einen Wettbewerb der Beschäftigten untereinander befördert werden mag (vgl. Marino/ Zabojnik 2004) die Nutzung neuer, oftmals technischer Möglichkeiten und die Bewältigung neuer Herausforderungen, die sich beispielsweise durch sich ändernde Märkte ergeben.

Mit großem Abstand unterscheiden Chiapello & Fairclough (2002) für die letzten hundert, hundertfünfzig Jahre drei idealtypische Leitbilder des Kapitalismus, die einen unterschiedlichen Umgang mit Arbeitskraft nach sich ziehen. Nach einer Zeit des klassischen Kapitalismus postulieren sie eine in der Nachkriegszeit gültigen Phase, die u. a. durch große Firmen und Massenproduktion gekennzeichnet ist. Den Beschäftigten wird eine soziale Sicherung geboten, sie können bei stabiler Beschäftigung verlässlich ihre Karriere verfolgen. Für die heutige Zeit konstatieren sie ein Leitbild, welches angesichts sich ändernder Anforderungen Organisationen eher als Elemente und Gestalter von Netzwerken versteht. Traditionelle Hierarchien verblassen. Weniger die Leistung als vielmehr die Mobilität und Flexibilität in sich ständig ändernden Projektorganisationen werden honoriert. Die Stabilität von Großorganisationen und die wohlfahrtsstaatliche Sicherung verschwinden zugunsten derjenigen, die sich selbst erfolgreich steuern können. In dieser neueren Welt dürfte ein Beschäftigungsmodell wie Crowdworking seinen Platz finden.

Dieses mit grobem Strich gezeichnete Bild bedarf der Differenzierung. Die Personalpolitik insbesondere größerer Organisationen bedient sich - teilweise auch historisch gewachsen und nicht so intendiert - parallel verschiedener Steuerungsmechanismen. So finden sich in Organisationen Teilarbeitsmärkte mit divergierenden Funktionsweisen. Leicht ersetzbare Beschäftigte, die über kein maßgebliches Humankapital verfügen, befinden sich in einer anderen Lage als Hochqualifizierte. Beschäftigte, die das Kerngeschäft der Organisation repräsentieren, befinden sich in einer anderen Konstellation ("HR-Konfiguration") als randständige Beschäftigte jedweder Qualifikation. Daraus ergeben sich differierende Beschäftigungsbeziehung und damit einher gehende psychologische Verträge.

Die Digitalisierung, die auch das Crowdworking ermöglicht, stellt neue Möglichkeiten der Gestaltung der oben skizzierten HR-Konfigurationen zur Verfügung: Klar ersichtlich und empirisch anzutreffen (vgl. Hensel et al. S. 168) ist die Rolle von Crowdworking für das Segment wenig qualifizierter und ersetzbarer Beschäftigung. Durch die Nutzung eines internationalen Arbeitsmarkts und einer intensiven Lohnkonkurrenz für klar definierte und einfach zu überwachende Tätigkeiten können Kosten reduziert werden, ein generelles Motiv des Outsourcings. Nach der bisherigen Forschung scheint diese Form vorrangig praktiziert zu werden. Jedenfalls legen dies die Stundenlöhne, die genannten Tätigkeitsbeispiele und diskontinulierliche Zusammenarbeit von Anbieter und Nachfrager nahe.

Internes Crowdworking durch die "Kernbelegschaft", die nach Lepak / Snell (1999) Unternehmen befähigt, wettbewerbsfähig zu sein, befindet sich in der Forschung an oder sogar unter der Wahrnehmungsschwelle. Auch empirisch zeigen sich nur vereinzelt Fälle. Dennoch sprechen zumindest zwei Argumente für eine (zukünftige) Nutzung neuer technischer Möglichkeiten: Erstens unterliegen die skizzierten idealtypischen HR-Konfigurationen (Lepak/Snell 1999) einem Veränderungsdruck. Insbesondere die gut qualifizierte, organisational ausgerichtete Teilgruppe der Beschäftigten sieht sich mit Management-Praktiken konfrontiert, die die Nachteile des intern ausgerichteten Karrieresystems durch Marktprozesse zu kompensieren versuchen, wofür insbesondere das "Performance Management" steht (vgl. Hendry 2003). Hier dürfte Crowdworking ein erhebliches Potential für die

Intensivierung des internen Wettbewerbs bieten. Zweitens sehen sich Organisationen neuen Herausforderungen gegenüber, die - nicht flächendeckend - zu einem Wandel der Organisationsstrukturen führen. Organisationsgrenzen verschwimmen, statt hierarchischer Organisationen bewähren sich oftmals Netzwerke. Informations- und Kommunikationstechnologien ermöglichen eine zunehmend in der Dienstleistung verortete Wertschöpfung, die kundenspezifisch und reaktionsschnell sein soll. Leitbilder wie die Agilität (vgl. Fischer/ Häusling 2018) von Organisationen bieten sich als passende Antwort auf diese Herausforderungen an. Bei aller Unschärfe dieses Konzepts ist jedenfalls deutlich, dass Crowdworking seinen Platz in einer agilen Organisation finden dürfte.

4. Fazit/Ausblick

Crowdworking stellt eine durch den technischen Fortschritt ermöglichte Erwerbsform dar, die das Potenzial weitreichender Änderungen in sich birgt. Dementsprechend groß sind auch die im medialen Diskurs verschiedentlich geäußerten Befürchtungen. Bislang gibt es zu diesem Themengebiet vergleichsweise wenig Forschung, so dass sich insbesondere angesichts der Dynamik und der Differenziertheit des Phänomens kein abgerundetes Bild in der Forschung abzeichnet. Einerseits finden sich Tendenzen einer Auslagerung von Aktivitäten, die zu ungeschützten und oftmals schlecht bezahlten Tätigkeiten führen. Andererseits zeigt die Forschung die Herausforderungen bzw. Barrieren, mit denen Crowdworking konfrontiert ist. Aufmerksamkeit verdienen in der Praxis bislang kaum anzutreffende Varianten wie ein auf Teilhabe ausgerichtetes Crowdworking oder ein internes Crowdworking, denen gewiss einiges Potenzial zuzusprechen ist.

Literaturverzeichnis

Agrawal/ Horton/ Lacetera/ Lyons (2015) Digitalization and the contract labour market: a research agenda, in: Goldfarb/ Greenstein/ Tucker (ed.), Economis Analysis of the Digital Economy, University of Chicago Press, p. 219-250.

Benner (Hrsg.) (2014): Crowdwork - zurück in die Zukunft? Perspektiven digitaler Arbeit. Bund-Verlag: Frankfurt am Main.

Berg (2016) Income security in the on-demand economy: Findings and policy lessons from a survey of crowdworkers, Conditions of Work and Employment Series No. 74, International Labour Office.

Bertschek/ Ohnemus/ Viete (2015) Befragung zum sozioökonomischen Hintergrund und zu den Motiven von Crowdworkern, Forschungsbericht 462, Bundesministerium für Arbeit und Soziales.

Borchert/ Hirth/ Kummer/ Laitenberger/ Slivko/ Viete (2018) Unemployment and Online Labor, Discussion Paper No. 18-023, ZEW Zentrum für Europäische Wirtschaftsforschung GmbH.

Chiapello/ Fairclough (2002) Understanding the new management ideology: a transdisciplinary contribution from critical discourse analysis and new sociology of capitalism, in: Discourse and Society, Vol. 13, No. 2, p. 185-208.

Däubler/ Klebe (2015) Crowdwork: Die neue Form der Arbeit - Arbeitgeber auf der Flucht?, in: NZA, 2015, S. 1032–1042.

Däubler (2018): Digitalisierung und Arbeitsrecht : Internet, Arbeit 4.0 und Crowdwork. Bund-Verlag: Frankfurt am Main.

Dawson/ Bynghall (2012) Getting Results From Crowds: The definitive guide to using crowdsourcing to grow your business, Advanced Human Technologies Inc: North Bondi.

Eurofound (2015) New forms of employment, online: www.eurofound.europa.eu/sites/default/files/ef_publication/field_ef_document/ef1461en.pdf, zuletzt abgerufen am 18.07.2018.

Felstiner (2011) Working the Crowd: Employment and Labor Law in the Crowdsourcing Industry, in: Berkeley Journal of Employment and Labor, Vol. 31, No. 2, p. 143-201.

Fischer/ Häusling (2018): Agilität und Arbeit 4.0, in Werther/ Bruckner (Hrsg.) Arbeit 4.0 aktiv gestalten, Springer: Berlin, S. 88-107

Franken (2015): Personal: Diversity Management, Springer Fachmedien: Wiesbaden.

Hara/ Bigham (2017) Introducing People with ASD to Crowd Work, Conference Paper, Assets '17 Proceedings of the 19th International ACM SIGACCESS Conference on Computers an Accessibility, Baltimore, p. 42-51.

Harris/ Krueger (2015) A proposal for modernizing labor laws for twenty-first-century work: The 'Independent worker', Discussion Paper 2015-10, The Hamilton Project.

Hendry (2003) Applying employment systems theory to the national models of HRM, in: International Journal of Human resource Management, Vol. 14, p. 1430-1442.

Horton/ Chilton (2010) The Labor Economics of Paid Crowdsourcing, Conference Paper, EC'10 Proceedings of the 11th ACM conference on Electronic commerce, p. 209-218.

Hossain (2012) Crowdsourcing: Activities, Incentives and Users' Motivations to Participate, Conference Paper, International Conference on Innovation Management and Technology Research, Malacca, p. 501-506.

Huws/ Simon (2016) Österreichs Crowdworkszene, online: https://media.arbeiterkammer.at/wien/PDF/studien/digitalerwandel/Oesterreichs_Crowdworkszene_2016.pdf, zuletzt abgerufen am 18.07.2018.

Irani/ Silberman (2013) Turkopticon: Interrupting Worker Invisibility in Amazon Mechanical Turk, Conference Paper, CHI'13 Proceedings of the SIGCHI Conference on Human Factors in Computing Systems, p. 611–620.

Jürgens/ Hoffmann/ Schildmann (2017) Arbeit transformieren! Forschung aus der Hans-Böckler-Stiftung, transcript, Band 189.

Kleeman/ Voss/ Rieder (2008) Un(der)paid innovators: the commercial utilization of consumer work through crowdsourcing, in: Science Technology & Innovation Studies, Vol. 4, No. 1, p. 5–26.

Kuek/ Paradi-Guilford/ Singh (2015) The global Opportunity in Online Outsourcing, World Bank, online: http://documents.worldbank.org/curated/en/138371468000900555/pdf/ACS14228-ESW-white-cover-P149016-Box391478B-PUBLIC-World-Bank-Global-OO-Study-WBRpt-FinalS.pdf, zuletzt abgerufen am 18.07.2018.

Kuba/ Mitter (2016) Crowdwork und plattformbasierte Arbeit, AK Policy Paper, arbeit-digital, AK Wien.

Leahy/ Wilson (2014): Digital Skills for Employment, in: Passey/ Tatnall (ed.), Key Cometencies in ICT and Informatics, Springer: Heidelberg, New York, Dordrecht, London, S. 178-189.

Leimeister/ Durward/ Zogaj (2016) Crowd Worker in Deutschland, Study Nr. 323/ Juli 2016, Hans Böckler Stiftung.

Leimeister/ Zogaj (2013) Neue Arbeitsorganisation durch Crowdsourcing, Arbeitspapier 287, Hans Böckler Stiftung.

Lepak/ Snell (1999) The Human Resource Architecture: Toward a Theory of Human Capital Allocation und Development, in: Academy of Management Review, Vol. 24, No. 1, p. 31-48.

Levinthal/ Warglien (1999) Landscape design: Designing for local action in complex worlds, in: Organization Science, Vol. 10, No. 3, p. 342-357.

Marino/ Zabojnik (2004): Internal competition for corporate resources and incentives in teams, in: RAND Joural of Economics, pp.710_727.

Menz/ Cárdenas Tomažič (2017) Gerechte neue Arbeitswelt? Crowdworking aus normativ-empirischer Perspektive der Soziologie, in: Dabrowski/ Wolf (Hrsg.) Crowdworking und Gerechtigkeit auf dem Arbeitsmarkt, Verlag Ferdinand Schöningh: Paderborn, S. 9-31.

Oschmiansky (2010) Aktive Arbeitsförderinstrumente seit Einführung des SGB III: Rückblick und Ausblick, in: Sozialer Fortschritt, Heft 01/2010, S. 16-23.

Pandey/ Shanahan/ Hansen (2005): The relationship between shareholder wealth effects, diversity, and publicity as a marketing strategy, in: Journal of the Academy of Marketing Science, Vol. 33, No. 4, p. 423-431.

Pelzer/ Wenzlaff/ Eisfeld-Reschke (2012), Crowdsourcing Report 2012, epubli GmbH: Berlin.

Risak/ Warter (2015) Decent Crowdwork Legal Strategies towards fair employment conditions in the virtual sweatshop, Conference Paper, Regulating for Decent Work Conference, Geneva.

Selzer (2015) Crowdworking – Arbeitsrecht zwischen Theorie und Praxis, in: Husemann/ Wietfeld (Hrsg.), Zwischen Theorie und Praxis – Herausforderungen des Arbeitsrechts, Dokumentation der 5. Assistententagung im Arbeitsrecht, Nomos Verlagsgesellschaft mbH & Co. KG: Baden-Baden, S. 27 - 48.

Swaminathan/ Hara/ Bigham (2017) The Crowd Work Accessibility Problem, Conference Paper, W4A'17, Proceedings oft he 14th Web for All Conference on The Future of Accessible Work, Perth, Article No. 6.

Vashista/ Sethi/ Anderson (2018) BSpeak: An Accessible Crowdsourcing Marketplace for Low-Income Bind People, Conference Paper, CHI'18 Proceedings oft he 2018 Conference on Human Factors in Computing Systems, Montreal, Paper No. 57.

Weimer (2017) Inklusion und Arbeit – ein ganz dickes politisches Brett, in: Misselhorn/ Behrendt (Hrsg.) Gerechtigkeit und Inklusion, J.B. Metzler Verlag: Stuttgart.

Zyskowski/ Ringel Morris/ Bigham/ Gray/ Kane (2015) Accessible Crowdwork? Understanding the Value in and Challenge of Microtask Employment for People with Disabilities, Conference Paper, CSCW'15 Proceedings oft he 18th ACM Conference on Computer Supported Cooperative Work & Social Computing, Vancouver, p. 1682-1693.

Entgrenzung in der digitalen Onlinearbeit am Beispiel von Crowdwork

Christine Gerber und Martin Krzywdzinski

1. Einleitung

Lange hat die Welt der Arbeit nicht mehr so viel Aufmerksamkeit erfahren wie derzeit im Zuge des Digitalisierungsdiskurses. Neben grundlegenden Veränderungen innerhalb traditioneller Produktions- und Dienstleistungssektoren ist die Entwicklung gänzlich neuer Geschäfts- und Arbeitsmodelle zu beobachten. Insbesondere die Plattformökonomie und die so genannte *On-demand-* oder *Gig*-Arbeit scheint Arbeitsbeziehungen grundlegend zu verändern (Boes et al. 2016, Smith und Page 2016, Huws 2014, Zysman und Newman 2006). Nicht die menschenleere Fabrik, sondern die *Uberisierung* der Arbeit reflektiert dabei zentrale Ängste: Arbeiten rund um die Uhr für Niedriglöhne und ohne soziale Absicherung, vermittelt über Apps oder Onlineplattformen und gesteuert durch anonyme Algorithmen.

Eine besondere Art der *Ondemand*-Arbeit ist Crowdwork. Crowdwork steht für eine digital über das Internet organisierte Arbeit. Sie beruht auf Plattformen, die die Auslagerung von Arbeitsprozessen an eine Crowd – also eine Menge von Arbeitskräften – erlauben. Im Unterschied zu Plattformen wie Uber oder Deliveroo ist die Arbeit nicht ortsgebunden. Stattdessen wird die Arbeitsausführung vollständig über das Internet reguliert und erledigt.

In der Crowdwork fehlen klassische Elemente der betrieblichen Organisation von Arbeit, denn es gibt keinen gemeinsamen physischen Arbeitsort, keine KollegInnen, keine Vorgesetzten und keine gemeinsamen Arbeitszeiten. Die Arbeit wird von Plattformen organisiert und strukturiert, die jedoch lediglich in der Vermittlungsrolle zwischen AuftraggeberInnen und Crowdworkern auftreten. Die Crowdworker sind formal als Selbstständige registriert. Sie kennen sich nicht untereinander und müssen oftmals nicht mal die AuftraggeberInnen kennen, für die sie Aufgaben erledigen. Um in diesem Kontext Motivation und Arbeitsdisziplin und somit die notwendige Qualität der Arbeitsausführung zu sichern, entwickeln Crowdwork-Plattformen neue Mechanismen der Arbeitsorganisation und der Leistungsregulierung.

Aus der arbeitssoziologischen Perspektive scheinen die angesprochenen Entwicklungen im Bereich der Plattformökonomie trotz aller Neuerungen an ältere und langfristige Trends anzuknüpfen, die mit dem Begriff der Entgrenzung bezeichnet wurden (Hirsch-Kreinsen 2009, Voß 1998). Ausgangspunkt der Entgrenzungstheorie war die These, dass spätestens in den 1980er Jahren Ansätze einer fordistisch-tayloristischen Organisation der Arbeit an ihre Grenzen gekommen sind, und zwar sowohl im Hinblick auf die Erschließung neuer Produktivitätspotentiale als auch im Hinblick auf die Akzeptanz bei den Beschäftigten (Kratzer 2017). Als Antwort auf diese Grenzen entwickelten sich Strategien der Entgrenzung der Arbeit, insbesondere Strategien der Vermarktlichung, der Flexibilisierung und der Subjektivierung.

In diesem Beitrag knüpfen wir an die Diskussion über Entgrenzung der Arbeit an und diskutieren die gegenwärtige Entwicklung der Crowdwork als einen weiteren Schritt in diesem Rationalisierungsprojekt. Wir stellen empirische Befunde zur Organisation des Arbeitsprozesses in der Crowdwork vor und beleuchten diese im Hinblick auf die drei zentralen Elemente der Entgrenzungsstrategien (Vermarktlichung, Flexibilisierung, Subjektivierung).

2. *Forschungsstand und Theorie*

2.1 Crowdwork als neue Form der Arbeit

In der Literatur wird Crowdwork häufig als ein trianguläres „soziotechnisches Arbeitssystem" bezeichnet, das aus einer Reihe an Beziehungen zwischen Organisationen, Individuen und Technologien besteht (Kittur et al. 2013: 1302). Durch die Neuorganisation von Arbeit per Internet werden Wertschöpfungsketten scheinbar liquide (Vogl 2018). Unternehmen wie Einzelpersonen geben Aufgaben, die von einfacher Datenkategorisierung bis hin zu Design und komplexen wissenschaftlichen Aufgaben variieren, an Onlineplattformen. Diese wiederum verlagern die Bearbeitung an eine große Gruppe von registrierten Individuen. Diese Weitergabe funktioniert über marktplatzartige Schnittstellen, weswegen sich die Plattformen in der reinen Vermittlungsrolle sehen. Allerdings wird der Arbeitsprozess maßgeblich von der digitalen Infrastruktur der Plattformen und ihren Algorithmen strukturiert: Sie definieren die Aufgabengrößen und Bezahlung, regulieren den Zugang zu Aufgaben, organisieren die Leistungskontrolle, und definieren, wer mit wem kommunizieren kann (De Stefano 2015, Vakharia und Lease 2015, Leimeister und Zogaj 2013).

Im Hinblick auf die von den Plattformen organisierten Arbeitsprozesse lassen sich Mikro- und Makroaufgaben unterscheiden. Die Unterscheidung basiert auf den für die Aufgabenbewältigung erforderlichen Fähigkeiten, die ausschlaggebend dafür sind, wie die Plattformen den Arbeitsprozess strukturieren. Mikroaufgaben können als routinemäßige Unterstützungsaufgaben definiert werden (z.B. Bildkategorisierung, Verifizierung von Lead Daten, kurze Audiotranskriptionen) oder als Aufgaben, die kein spezifisches Wissen erfordern (z.B. Umfragen, kurze Produktbeschreibungen, Tests von Apps). Der Charakter dieser Aufgaben erlaubt es, sie in kurze und standardisierte Bestandteile zu zerlegen, die innerhalb von Sekunden oder Minuten fertiggestellt werden können. Mehrere Crowdworker können gleichzeitig arbeiten, ohne dass sie interagieren müssen.

Makroaufgaben hingegen sind komplex und erfordern ein hohes Maß an Kreativität sowie spezifisches, zum Teil professionelles Wissen (z.B. Design, Softwareprogrammierung, Entwicklung von Produktkonzepten, wissenschaftliche Problemlösung). Diese Aufgaben können nicht zerlegt werden und werden daher als mehrtägige oder mehrwöchige Projekte organisiert. Der Fokus liegt auf der Qualität: normalerweise ist es das Ziel, die Beste unter vielen guten Arbeiten zu identifizieren. Entweder wird ein Crowdworker im Vorfeld (z.B. auf Marktplatzplattformen wie Upwork oder Fiverr) oder im Nachhinein auf Basis der eingereichten Beiträge (z.B. auf Wettbewerbsplattformen wie 99designs oder Jovoto) ausgewählt. Oftmals werden Wettbewerbe organisiert, um Vorschläge zu generieren, aus denen dann der/die AuftraggeberIn, eine Jury oder die Crowd-Community einen Beitrag auswählen kann.

Aufgrund dieser unterschiedlichen Logiken unterscheiden sich auch die Vergütungsmodi. Auf Mikroaufgaben-Plattformen wird pro ausgeführter Aufgabe bezahlt. Dieser Stücklohn ist in der Regel sehr niedrig und bewegt sich zwischen einigen Cent oder Euro pro Aufgabe. Die Bezahlung für Makroaufgaben ist viel höher, denn hier sollen hochqualifizierte Personen zur Aktivität gewonnen werden. Während auf Marktplätzen die Crowdworker direkt von den KundInnen für einen Auftrag ausgesucht werden, ist die Bezahlung auf Wettbewerbsplattformen gänzlich unsicher, denn sie hängt von der Platzierung im Wettbewerb ab. Das Preisgeld kann zwischen einigen Hundert und mehreren zehntausend Euro variieren, aber nur einige wenige Beiträge gewinnen. Für sowohl Mikro- als auch Makroaufgaben haben sich einige Plattformen dazu entschlossen, für ausgewählte Personen stundenbasierte Vergütungsmodelle anzubieten, um besonders leistungsstarke oder qualifizierte Crowdworker zu halten.

Die bisherige Forschung über Crowdwork hat sich vor allem auf Plattformen für Mikroaufgaben konzentriert. Insbesondere die Amazon-Plattform Mechanical Turk hat aufgrund der stark kritisierten Arbeitsbedingungen viel Aufmerksamkeit erhalten (Lehdonvirta 2016, Irani, 2015a, 2015b, Bergvall-Kåreborn und Howcroft 2014). Ihre Managementsysteme werden häufig als neuer „digitaler Taylorismus“ bezeichnet, da sie eine extreme Standardisierung und Modularisierung des Arbeitsprozesses sowie auch eine neue Intensität der technischen Überwachung ermöglichen (Altenried 2017, Thompson und Briken 2017, The Economist 2015).

Nur wenige Studien haben hingegen die Arbeitsprozesse und Mechanismen der Arbeitssteuerung auf Plattformen mit komplexeren und wettbewerbsbasierten Projekten untersucht (Gandini et al. 2016, Judge 2016, Boudreau und Lakhani 2013). Erste empirische Befunde deuten darauf hin, dass neben der direkten technischen Kontrolle weitere Ansätze der Arbeitssteuerung entstehen. Insbesondere Ranking- und Reputationssysteme, die sogenannte Gamification und der zunehmende Aufbau von virtuellen Communities können als sozio-ideologische Kontroll- und Regulierungselemente im digitalen Arbeitsprozess verstanden werden (Gandini 2016, Vakharia und Lease 2015, Zogaj und Brettschneider 2014).

2.2 Entgrenzung der Arbeit

In der Diskussion um die Chancen und Risiken von Crowdwork ist Entgrenzung ein zentraler Aspekt. So stehen sich beispielsweise die Chance einer höheren Flexibilität und Selbstbestimmung einerseits und die Gefahr der Entgrenzung von Arbeit und Freizeit andererseits gegenüber (Leimeister et al. 2015). Die „Entbetrieblichung“, d.h. das Herauslösen von Arbeit aus ortgebundenen Arbeitsplätzen, wird einerseits als Chance für Menschen diskutiert, denen bislang der Zugang zum Arbeitsmarkt aufgrund sozialer (z. B. Krankheit, Vorstrafen) oder geographischer (z. B. ländliche Regionen, Globaler Süden) Ausschlüsse verwehrt blieb (spamgirl 2015, Zyskowski et al. 2015, Kittur et al. 2013). Gleichzeitig besteht die Gefahr, dass betriebliche Formen der Arbeitsorganisation und die damit verbundenen Sicherungen unterlaufen werden können – mit der Konsequenz eines neuen prekären Arbeitsmarktes, der wiederum Druck auf die regulierten Bereiche ausübt (Jürgens et al. 2017, Schröder 2016).

Diese Argumente knüpfen an eine lange Diskussion über die Entgrenzung der Arbeit an. Der Begriff der Entgrenzung beschreibt das Aufweichen des traditionellen fordistischen Modells der „Normalarbeit" als einer Vollzeittätigkeit in einer stark standardisierten Arbeitszeit und einem regulären Beschäftigungsverhältnis. Dieser Entwicklungsprozess begann bereits in den 1970er Jahren als ein Versuch, neue Produktivitäts- und Flexibilitätspotentiale zu erschließen (Kratzer 2017, Voß 1998). Klassischerweise wird zwischen drei grundlegenden Prozessen der Entgrenzung unterschieden. Der erste relevante Prozess ist die als Vermarktlichung bezeichnete Erosion bzw. das Aufweichen der Grenzen zwischen betrieblicher Organisation und Markt. Dazu gehören beispielsweise Reorganisationsprozesse, in denen Organisationseinheiten als Costcenter definiert werden und nach quasi-marktlichen Kennzahlen operieren müssen (Moldaschl und Schultz-Wild 1994, Sauer und Döhl 1997), aber auch die Einführung von leistungsabhängigen Vergütungsbestandteilen. Der zweite relevante Prozess ist die als Flexibilisierung bezeichnete Erosion der Grenzen zwischen privater Lebenswelt und Arbeit. Hier steht das Aufweichen der Regulierung der Arbeitszeit im Vordergrund, um so den Zugriff auf die Arbeitskraft unabhängig von den Regelarbeitszeiten zu ermöglichen. Der dritte zentrale Prozess wird schließlich als Subjektivierung bezeichnet. Gemeint ist in der traditionellen Entgrenzungstheorie vor allem das Bemühen, durch partizipative Managementformen Kreativität und Selbstregulierung unter Beschäftigten zu fördern (Kratzer und Sauer 2005, Voß 1998).

In der Forschungsdiskussion über Entgrenzung der Arbeit gibt es eine Reihe von Anknüpfungspunkten für die Analyse der Crowdwork. So wurden bereits in der Forschung über Teleheimarbeit Entgrenzungsphänomene beschrieben, die auch für Crowdwork relevant sind. Anders als bei Crowdwork sind die Teleheimarbeitenden zwar immer noch Angestellte eines Unternehmens, dennoch stellen sich teilweise ähnliche Fragen zu möglichen arbeitspolitischen Konsequenzen. Kleemann (2000: 6) spricht von der Gefahr einer „Ausdünnung des betrieblichen Sozialzusammenhangs" durch den Wegfall persönlicher und regelmäßiger Kommunikation und Kooperation. Ebenso werden Chancen und Risiken im Hinblick auf die Vereinbarkeit von Beruf und Familie einerseits sowie die Entgrenzung zwischen Arbeit und Privatsphäre, die Informalisierung von Arbeit sowie fehlende Kollektivität andererseits diskutiert (Sarker et al. 2012, Kleemann und Matuschek 2008). Auch Einblicke in die Leistungskontrolle bei Teleheimarbeit sind aufschlussreich für die Forschung zur Crowdwork. Das bei Teleheimarbeit gängige Modell der Zielvereinbarungen bietet einerseits neue Freiheiten, denn den Arbeitenden ist die genaue Umsetzung wie die zeitliche

Planung und Arbeitsschritte selbst überlassen. Doch dies impliziert andererseits auch eine vermehrte Selbstorganisation und Bewältigung von Unsicherheiten (Kleemann 2000).

Einen weiteren Bezugspunkt bietet die Diskussion über Subjektivierung der Arbeit und den „Arbeitskraftunternehmer" (Pongratz und Voß 2004). In dieser Diskussion wurde die These zunehmender „Subjektivierungsansprüche" an die Arbeit aufgestellt, die die Bereitschaft und den Wunsch bedeuten, stärker Verantwortung für die Arbeit zu übernehmen und sich mit der eigenen Kreativität und Subjektivität in die Arbeit einzubringen. Die Unternehmen beantworteten diese Ansprüche durch neue Formen der Arbeitsorganisation, die den Beschäftigten bzw. den Teams größere Verantwortung für die Arbeitsausführung übertrugen – Subjektivierung brachte so aber auch die Notwendigkeit einer stärkeren Selbstkontrolle der Beschäftigten und die Abwälzung von Flexibilitätsdruck auf die Beschäftigten (bis hin zu Internalisierung des Drucks und Selbstrationalisierung) mit sich. Insbesondere frühere Studien zu prekären IT-Soloselbständigen sind interessant für die Forschung zu Crowdwork. Mayer-Ahuja und Wolf (2009: 230) argumentieren, dass der „Mythos einer jugendlichen, innovativen und egalitären [*eigene Übersetzung*]" Industrie immer noch die Wahrnehmung der Arbeitsverhältnisse in der Internetbranche prägt.

3. Daten und Methoden

Der vorliegende Beitrag basiert auf 15 Fallstudien von Crowdwork-Plattformen und insgesamt 32 Interviews mit VertreterInnen der Plattformen sowie Crowdworkern, die im Rahmen des von der Fritz-Thyssen-Stiftung geförderten Projekts „Zwischen digitaler Bohème und Prekarisierung. Arbeit und Leistung in der Crowd" durchgeführt wurden. Zudem wurde die Kommunikation auf Community-Foren von fünf Plattformen ausgewertet.

Für die Auswahl der Fallstudien spielte erstens die institutionelle Verankerung eine Rolle. So wurden deutsche und US-amerikanische Plattformen ausgewählt, da wir ursprünglich erwarteten, dass die Einbettung in unterschiedliche National Business Systems (Whitley 2005) sich auf die Governance- bzw. Managementsysteme der Plattformen auswirkt. Diese Erwartungen haben sich allerdings bislang nicht bestätigt und werden daher in dem Beitrag auch nicht weiter aufgegriffen. Die Einbeziehung amerikanischer und deutscher Plattformen erlaubt uns zudem, sowohl bereits gut etablierte Plattformen (zumeist in den USA) als auch sehr junge Plattformen (vorwiegend in Deutschland) in die Analyse einzubeziehen.

Der zweite Faktor für die Auswahl der Fallstudien stellt die Form der von Plattformen organisierten Tätigkeiten dar. Unser Sample umfasst in etwa gleicher Zahl Plattformen, die sich auf Mikro- und auf Makroaufgaben spezialisieren.

Tabelle 1 bietet eine Übersicht über die einbezogenen Plattformen und die durchgeführten Interviews. Im Fokus der leitfadengestützten Interviews standen Formen der Arbeitsorganisation und der Leistungsregulierung auf den Plattformen. Insgesamt wurden 18 ein- bis zweistündige Interviews mit einzelnen oder mehreren VertreterInnen der Plattformen realisiert (vorwiegend aus den Bereichen Community Management, Öffentlichkeitsarbeit oder Vertrieb).

Tabelle 1: Eckdaten der interviewten Plattformen

Plattform	**Land**	**Gründungsjahr**	**Anzahl MitarbeiterInnen**	**Anzahl Interviews**	**Anzahl der Interviewten**
Pmicro1	Deutschland	2005–2010	10–25	1	2
Pmicro2	Deutschland	2005–2010	10–25	2	1
Pmicro3	Deutschland	2010–2015	10–25	1	1
Pmicro4	USA	2010–2015	25–50	1	2
Pmicro5	USA*	2005–2010	50-75	1	2
Pmicro6	Deutschland	2010–2015	25–50	2	2
Pmicro7	USA	2010–2015	unter 10	1	1
Pmacro1	Deutschland	2005–2010	25–50	1	1
Pmacro2	Deutschland	2010–2015	unter 10	2	1
Pmacro3	Deutschland*	2005–2010	unter 10	1	1
Pmacro4	USA	2010–2015	unter 10	2	2
Pmacro5	USA*	2010–2015	über 100	1	1
Pmacro6	USA	2010–2015	über 100	1	1
Pmacro7	USA	2005–2010	50–100	1	1
Pmacro8	USA	2005–2010	über 100	1	1

* Plattformen mit Geschäftsstellen in weiteren Ländern

Auf den kleineren Plattformen wurden meistens Mitglieder der Geschäftsführung bzw. die GründerInnen interviewt. Alle Plattformen können als Startups kategorisiert werden, deren Unternehmensgröße jedoch teilweise stark variiert.

Tabelle 2 bietet einen Überblick über die befragten Crowdworker. Alle Personen sind auf mindestens einer der untersuchten Plattformen aktiv. Die Interviews behandelten vor allem die Wahrnehmung der Arbeitsbedingungen und den Arbeitsprozess auf den Plattformen. Insgesamt wurden entweder persönlich oder per Telefon 14 ein- bis zweistündige Interviews geführt. Der Kontakt wurde durch die Plattform selbst oder über Plattformforen und soziale Medien (Facebook, LinkedIn) hergestellt. Allen Personen wurde eine Aufwandsentschädigung von 13 Euro bzw. 15 US-Dollar pro Stunde bezahlt. In der Auswahl der Personen wurde versucht, eine Balance herzustellen zwischen verschiedenen Kriterien, die sich in den Plattforminterviews als relevant erwiesen (Mikro- und Makroaufgaben, starkes und schwaches Community-Building auf den Plattformen) sowie zwischen demografischen Faktoren (Alter, Geschlecht, Herkunft).

Tabelle 2: Eckdaten der interviewten Crowdworker

Plattformtyp	**Alter**	**Herkunft**	**Geschlecht**	**Aktivität**
Mikroaufgaben: 8 Makroaufgaben: 6	Unter 30: 4 30-50: 7 Über 50: 3	Deutschland: 7 Restl. Europa: 3 Nicht-Europa: 4	Weiblich: 8 Männlich: 6	4 registriert auf 1 Plattform 10 registriert auf 2 und mehr Plattformen

Auf den Plattformen Pmicro1, Pmicro5, Pmacro1, Pmacro6 und Pmacro8 (siehe Tabelle 1) wurde zudem eine nicht-teilnehmende Beobachtung der Kommunikation auf den Community-Foren im Zeitraum vom 1. August bis 1. September 2017 und einem Vergleichszeitraum vom 1. bis 7. Februar 2018 durchgeführt. Die Auswahl der Plattformen erfolgte auf Basis der Interviews – ausgewählt wurden Plattformen, die sich besonders stark für den Aufbau einer organisationalen Bindung durch Reputation- und Rankingsysteme, Anreizsysteme und Community Building engagieren. Die Auswahl beachtet zudem Aufgaben- und Länderunterschiede (Mikro- und Makroaufgaben, Deutschland und USA) und umfasst kleinere und größere Plattformunternehmen.

Durch die Beobachtung sollte nachvollzogen werden können, inwieweit und für welche Anliegen, die Community-Foren von den Crowdworkern genutzt werden. Zentral für diesen Beitrag ist dabei die Frage, in welchen

Formen sich der Konflikt zwischen Flexibilitäts- und Autonomieansprüchen der Crowdworker einerseits und den Kontrollinteressen der Plattformen andererseits entfaltet. Dazu wurde insbesondere ausgewertet, ob und auf welche Weise Anliegen und Beschwerden zu diesen Themen artikuliert werden.

4. Crowdwork als Entgrenzungsstrategie

4.1 Vermarktlichung

Im Hinblick auf Prozesse der Vermarktlichung konzentrieren wir uns insbesondere auf die Gestaltung der Vergütungssysteme und werden ergänzend auf die Frage eingehen, ob Crowdwork durch die Schaffung eines globalen Arbeitsmarktes einen besonderen Vermarktlichungsdruck erzeugt.

Da Crowdwork formal darauf beruht, dass die Crowdworker sich als selbstständig registrieren, erscheinen die Vergütungssysteme weitgehend marktreguliert zu sein – die AuftraggeberInnen können die Preise selbst bestimmen und sind formal nur dadurch eingeschränkt, dass sie auf den Plattformen ein entsprechendes Arbeitsangebot finden müssen, das zu dem jeweiligen Preis bereit ist zu arbeiten. Aus dieser Sicht erscheint Crowdwork geradezu als die Vollendung von Vermarktlichungsstrategien – und wird auch so thematisiert (Boes et al. 2014).

Eine genaue Analyse der Leistungsregulierung auf den Crowdwork-Plattformen zeigt jedoch, dass es unterschiedliche Gestaltungsvarianten gibt und dass das technische Design – oder auch die Materialität der Plattformen – erheblich die Arbeit prägt. So nehmen die von uns untersuchten Plattformen durchaus eine regulierende Funktion in Hinblick auf Vergütungssysteme ein. Die plattformspezifischen Unterschiede führen dabei zu unterschiedlichen Arbeitsbedingungen.

Auf Plattformen für Mikroaufgaben werden die Crowdworker pro durchgeführter Aufgabe bezahlt, meist in Cent- oder Eurobeträgen pro Arbeitsschritt. Dabei folgen sie unterschiedlichen Logiken. Die meisten Plattformen kalkulieren basierend auf bisherigen Erfahrungen Minimalstücklöhne, unter denen die der Crowd übertragenen Aufgaben nicht mehr bzw. nicht mehr schnell genug bearbeitet werden. Bei der Kommunikation mit den AuftraggeberInnen werden in den meisten Fällen auch Empfehlungen über solche Mindestpreise weitergegeben. Einige Plattformen orientieren sich bei der Festlegung der Stücklöhne auch an (unteren) marktüblichen Preisen, die außerhalb von Onlineplattformen gezahlt werden, z.B. für Texterstellung oder für das Testen von Softwareapplikationen (Pmicro5, Pmicro7). Einige deutsche Plattformen geben sogar an, sich am gesetzlichen Mindestlohn zu orientieren: Neue Aufgaben werden demnach von festangestellten Hilfskräften durchgespielt und dabei die Zeit gemessen; den AuftraggeberInnen wird empfohlen, zumindest entsprechende Stückpreise zu zahlen, um eine zügige Auftragsbearbeitung sicherzustellen (Pmicro1, Pmicro2). Anzumerken ist allerdings, dass unsere Interviews mit Crowdworkern darauf hindeuten, dass auch in solchen Modellen die im Durchschnitt erzielte Stundenvergütung meist unter dem Mindestlohn liegt. Zum einen ist die von den Plattformen kalkulierte Arbeitsgeschwindigkeit nur schwer zu erreichen. Zusätzlich entsteht unbezahlte Arbeitszeit durch die Suche nach Aufträgen sowie die Korrektur von Fehlern.

Einer ganz anderen Logik folgen Vergütungsmodelle auf Plattformen für Makroaufgaben. Während einige Plattformen hier die Vergütung tatsächlich komplett den AuftraggeberInnen überlassen und lediglich die Auszahlung überwachen (Pmacro5, Pmacro6, Pmacro8), legen andere Plattformen Mindestpreise und Gewinnverteilungen fest (Pmacro1, Pmacro3, Pmacro4, Pmacro7). Charakteristisch ist aber in allen Fällen die Unsicherheit der Bezahlung: Nur wer auf Marktplätzen für ein Projekt ausgewählt wird oder bei Wettbewerben gewinnt, erhält eine Vergütung – der Rest geht leer aus. Bei Wettbewerben bedeutet das für einen Großteil der Crowdworker unbezahlte Arbeit.

Unsere Interviews zeigen, dass Crowdworker unterschiedlich mit dieser Wettbewerbssituation umgehen. Alle interviewten Personen auf Makroaufgabenplattformen sind freiberuflich tätig und auf das Einkommen aus den Wettbewerben angewiesen. Viele entscheiden nach der Art des Wettbewerbs, ob sie teilnehmen oder nicht: einige bevorzugen nicht-öffentliche Wettbewerbe (d.h. nur Crowdworker ab einem bestimmten Ranking oder mit Einladung), um zu vermeiden, dass die eigenen Ideen gestohlen werden. Andere wiederum bevorzugen öffentliche Wettbewerbe, in denen die ganze Community abstimmen kann und informelle „Like-Netzwerke" eine geringere Rolle spielen (Interviews mit Crowdworkern auf Pmacro1). Oft suchen Crowdworker zudem Projekte, für die sie frühere Arbeiten wiederverwerten können oder einen Grundstock an Material haben. Fast allen fiel es schwer, ihre Arbeitsstunden oder die Anzahl von Teilnahmen an Wettbewerben zu benennen, da diese ständig variieren würden. Nur ein Crowdworker sagte, dass er sich selbst aufgrund der Unsicherheit, überhaupt etwas zu gewinnen, ein zeitliches Limit von vier bis acht Stunden pro Einreichung setzt (Interview mit Crowdworker auf Pmacro8). Fast alle gaben an, dass die Aufträge von außerhalb der Plattform Priorität vor der Plattformarbeit haben.

Für die Vermarktlichung der Leistungsregulierung auf den Crowdworkplattformen ist allerdings nicht nur das Setzen von Mindeststandards für die Vergütung relevant, sondern auch die Frage, wie das technische Design der Plattform die Machtbeziehungen zwischen AuftraggeberInnen und Crowdworkern beeinflusst. Zentral ist hier vor allem die Frage, ob und unter welchen Bedingungen AuftraggeberInnen ausgeführte Arbeiten zurückweisen und unbezahlt lassen können.

Ein Teil der Plattformen legt die Kontrolle der Arbeit komplett in die Hände der AuftraggeberInnen, die dementsprechend ausgeführte Arbeit ohne Bezahlung oder Begründung zurückweisen können (Pmacro3, Pmacro5, Pmacro6, Pmacro8). Dies ist ein zentraler Punkt in den „Grundsätzen für bezahltes Crowdsourcing/ Crowdworking“ auf die sich acht deutsche Plattformen unterschiedlicher Aufgabenbereiche (unter Mitwirkung der Gewerkschaft IG Metall) geeinigt haben (Code of Conduct 2017). Die willkürliche Ablehnung ohne Begründung, ohne die Möglichkeit der Nachbesserung der Arbeit oder die Einlegung einer Beschwerde gegen die Nichtbezahlung gilt den Grundsätzen zufolge als unfaire Crowdwork. Auf dem Großteil der untersuchten Plattformen sind allerdings die Hürden für eine Nichtbezahlung deutlich höher.

Auf den meisten Plattformen findet eine erste Qualitätskontrolle der Arbeitsergebnisse durch die Crowd selbst statt. Mikroaufgaben-Plattformen nutzen hierfür ausgewählte Crowdworker, die sich durch spezielle Tests oder gute Arbeitsergebnisse dafür qualifiziert haben (Pmicro1, Pmicro4, Pmicro6, Pmicro7). Wettbewerbsplattformen für Makroaufgaben mobilisieren meistens die gesamte Crowd, um schlechte Beiträge, Plagiate oder Spam zu melden und die Leistung zu bewerten (Pmacro1, Pmacro2, Pmacro4, Pmacro7, Pmacro8). Dies verweist auf die oft unsichtbare menschliche Arbeit, die zur Steuerung der Arbeit auf diesen Plattformen auch weiterhin notwendig oder auch billiger als automatisierte Lösungen ist. Ekbia und Nardi (2014: 9) bezeichnen dies als „Heteromation“:

> „Situationen, in denen die menschliche Arbeit, Fähigkeiten und Affekt zum Tragen kommen, um ein breites Spektrum an technologischen Systemen zum Funktionieren zu bringen.“ [*eigene Übersetzung*]

Es ist also zu betonen, dass Crowdwork zwar grundsätzlich eine Vermarktlichungsstrategie im Hinblick auf Organisation und Vergütung von Arbeit repräsentiert, dass es dabei aber durchaus Gestaltungsspielräume gibt, die auch arbeitspolitisch genutzt werden können. Die zwei zentralen Punkte sind das Setzen von Mindeststandards für die Bezahlung und die Etablierung von verlässlichen Mechanismen der Arbeits- und Qualitätskontrolle, die die Bezahlung der Arbeit sicherstellen. Welcher Pfad von den Plattformen gewählt wird, scheint von unterschiedlichen Faktoren abzuhängen. Die Aufgabeninhalte (Mikro- und Makroaufgaben) sowie institutionellen Kontexte (Deutschland oder USA) scheinen nur bedingt eine Rolle zu spielen. Viel entscheidender scheinen organisationsspezifische Faktoren zu sein, wie der Arbeitsmarkt, der Hintergrund der UnternehmensgründerInnen (technisch oder betriebswirtschaftlich), die Größe des Startups und Höhe des externen Investitionskapitals. Insbesondere Plattformen, die Crowdworker aus einem engeren Arbeitsmarkt rekrutieren, sind zudem mit größeren Herausforderungen hinsichtlich der Aktivierung und Bindung von Arbeitskraft konfrontiert. Sie scheinen stärker bereit, in die Sicherstellung akzeptabler Vergütungsmodelle zu investieren.

In der arbeitssoziologischen Forschungsdiskussion wird Crowdwork allerdings nicht nur wegen der marktförmigen Vergütungssysteme als eine Vermarktlichungsstrategie angesehen. Vielmehr wird argumentiert, dass Crowdwork eine neue Dimension der Vermarktlichung bedeute, weil es durch den grenzüberschreitenden Charakter der Plattformen den Zugriff auf globale Arbeitskraftressourcen ermögliche und somit einen globalen Markt und globalen Wettbewerb schaffe (Huws 2014).

Bisherige Befunde legen jedoch nahe, dass diese These einer radikalisierten Vermarktlichung etwas relativiert werden muss. Einer Weltbankstudie von Kuek et al. (2015) zufolge leben die meisten Crowdworker in den USA (23.9%), Indien (21.5%) und den Philippinen (18.6%). Werden die unterschiedlichen (Erwerbs-) Bevölkerungsgrößen beachtet, zeigt sich, dass die Philippinen, Serbien und Rumänien, gefolgt von Kanada und den USA, den höchsten Anteil an Crowdworkern haben (Kuek et al. 2015).

Auch unsere Befunde legen nahe, dass sich viele der von uns interviewten Plattformen um eine globale Präsenz bemühen; wir finden auf ihnen also Crowdworker aus Indien, Indonesien, Russland und anderen Ländern. Ein überraschender Befund ist allerdings, wie begrenzt diese Globalisierung bislang ist: nur eine sehr große Marktplatzplattform (Pmacro6) hat eine wirklich globale Selbständigencommunity und zwei weitere Plattformen haben sich auf Crowds aus Niedriglohnländern spezialisiert (Pmicro4, Pmicro7). Auf den meisten Fallplattformen hingegen dominieren KundInnen und Crowdworker vom jeweiligen nationalen Herkunftsmarkt. In einigen der untersuchten Fälle sind die Plattformen sogar – trotz des potentiell globalen Charakters der Internettechnologie – ganz auf ihren Herkunftsmarkt beschränkt (Pmicro2, Pmicro3, Pmacro2).

Dies liegt zum einen an offenkundig sprachspezifischen Grenzen: deutsche Aufträge sind auf deutschsprachige Crowdworker begrenzt und auch für englischsprachige Aufträge wird Konversationsenglisch vorausgesetzt, was auf dem postkolonialen globalen Arbeitsmarkt Länder wie Indien, Kenia oder die Philippinen begünstigt und die Ausbreitung in andere Regionen wie Lateinamerika limitiert. Wie der Vertreter einer deutschen Plattform mit Spezialisierung auf Softwaretesten beschreibt:

> „[*sind*] die US-Kunden gar nicht so sehr an einer internationalen Ausrichtung interessiert [...]. Denen könnten wir z.B. keine indischen Tester anbieten, weil die ganz pikiert sind, wenn da irgendwas in der Formulierung nicht passt." (Pmicro6)

Darüber hinaus sind die Tätigkeiten trotz ihrer Standardisierung häufig auch kulturell gebunden. Gerade für komplexe Aufgaben bevorzugen nordamerikanische oder westeuropäische KundInnen scheinbar Crowdworker mit derselben Herkunft, da sie von ihnen bessere Fähigkeiten und eine ähnliche Kommunikationskultur erwarten (Kuek et al. 2015). Oft spielen auch kulturelle Vorurteile eine Rolle. Laut dem Vertreter einer Design-Plattform:

> „[*spielt*] Kultur eine große Rolle. US Kunden mögen Europa, vor allem italienische Designer, weil sie eine gute Reputation haben. [...] Nicht alle Indonesier sind schlechte Designer, aber Kunden wollen sagen: ‚Hey, mein Logo stammt von einem italienischen, niederländischen oder deutschen Designer' ". [*eigene Übersetzung*] (Pmacro3)

Ähnlich sind für Softwareprogrammierungen vor allem Crowdworker aus der Ukraine beliebt. Laut Irani (2015b) wollen US-KundInnen selbst für die einfachen Aufgaben auf der Plattform Amazon Mechanical Turk nordamerikanische Crowdworker, weil sie „die Sprach- und Kategorisierungsaufgaben kulturell wahrscheinlich fließender beherrschen" [*eigene Übersetzung*] (228). Wie beim Callcenter-Outsourcing muss also auch in der hochstandardisierten Crowdwork kulturell-sprachliches Wissen erst erlernt werden (Roberts 2016, Gupta et al. 2014, Mirchandani 2012, Huws 2009).

4.2 Flexibilisierung

Es ist ein Kernversprechen von Crowdwork, durch die spezifische Arbeitsorganisation und Technologie überall und zu jedem Zeitpunkt Zugriff auf Arbeitskraft zu gewähren. Für Crowdworker bedeutet das ein hohes Maß an zeitlicher, örtlicher, inhaltlicher und sozialer Flexibilität, wie dieses Zitat zeigt:

> „Ich gucke mittlerweile ständig auf mein Handy, ob ein Auftrag gekommen ist. Es kam auch schon mal vor, dass ich abends auf einer Party mit Freunden war und dann kam ein Auftrag und dann bin ich gefahren." (Crowdworker auf Pmicro6)

Nun könnte man meinen, dass die digitalen ArbeiterInnen selbst entscheiden, wann sie welche Aufgaben machen – gerade diese Autonomie und Flexibilität prägt oftmals die Eigenwahrnehmung der Crowdworker, wie das folgende Zitat verdeutlicht:

> „Das ist für mich wirklich noch eine frei bestimmte Arbeit. Wo kein Druck dahinter ist. Wo ich mir die Arbeitszeit und den Arbeitsort selbst einteilen kann. Ich kann mit verschiedenen Plattformen zusammenarbeiten. Keiner sagt mir, was ich zu tun hab, wann ich zu arbeiten habe und wie viel." (Crowdworkerin auf Pmicro1 und Pmicro2)

Die eigenen Flexibilitätsansprüche stehen jedoch häufig im Konflikt mit den Regulierungssystemen der Plattformen. Die letzteren versuchen, die Crowd mittels Sanktions- und Anreizsystemen zu einer permanenten Aktivität und Präsenz zu bewegen, um das Versprechen einer stets aktiven Crowd und einer schnellen, teilweise in Echtzeit stattfindenden, Aufgabenerledigung zu erfüllen.

Dafür ist eine hohe Arbeitszeitflexibilität auf Seiten der Crowdworker wichtig. Ein zentraler Mechanismus für die Flexibilisierung sind die von den Plattformen genutzten Reputations- und Rankingsysteme, wodurch sie den „Marktwert" des Einzelnen regulieren. Die individuelle Leistung der Crowdworker wird anhand von verschiedenen und je nach Plattform divergierenden Variablen vermessen und quantifiziert. Die Leistung soll dadurch vergleichbar und mit Hilfe von Algorithmen schnell und einfach regulierbar werden: beispielsweise wird durch die digitale Reputation der Zugang zu bestimmten Aufgaben reguliert. Die Rankings prägen die Möglichkeit für den Zugang zu besseren, höher bezahlten oder sichereren Aufgaben und fungieren so als Sanktions- und Anreizmechanismen. Ein Mitarbeiter einer kreativen Wettbewerbsplattform beschreibt dies wie folgt:

> „Wir haben Stufen auf unserer Plattform. Wenn du mehr Erfahrung hast, kommst du eine Stufe höher. Und wir haben einen ganzen Algorithmus, der die Crowdworker in ein Ranking bringt. Und das basiert meist darauf, was sie in der Vergangenheit geleistet haben, wie aktiv sie sind und wie engagiert sie auf der Plattform sind. [...] Wir haben mehr als 30 Aspekte in jedem Profil, die wir im Algorithmus berücksichtigen." [*eigene Übersetzung*] (Pmacro3)

Insbesondere Plattformen für Mikroaufgaben versuchen, die Reputation an eine permanente Aktivität der Crowdworker auf den Plattformen zu knüpfen. Dabei verfolgen sie vor allem einen sanktionsbasierten Ansatz. Fast alle untersuchten Mikroplattformen zählen nur die Aufgaben der letzten drei bis vier Wochen im Ranking. Nach mehreren Wochen und Monaten der Inaktivität reduziert sich das Ranking deutlich und Crowdworker büßen Zugang zu besseren Aufgaben ein. Dies schafft eine Situation der permanenten Bewährung und Aktivität. Die Crowdworker können sich nicht einen etablierten Status erarbeiten und beispielsweise bei Phasen persönlicher Sorgen auf diesen zurückgreifen. Jede Aufgabe zählt und keine Leistungsschwankungen werden geduldet. Einige Mikroplattformen erfordern zudem, dass innerhalb einer bestimmten Zeit auf Aufträge reagiert werden muss, da sonst Punkte abgezogen werden. Wie die Crowdworkerin einer solchen Plattform verdeutlicht, führt dies zu erheblichem Stress:

> „Wenn du einen Auftrag bekommst und ihn einfach liegen lässt… zum Beispiel es ist ein Projekt, das drei Tage dauert, und du akzeptierst nicht, lehnst nicht ab, machst gar nichts damit, sondern lässt es einfach auf deinem Dashboard liegen, das ist auf [*Pmicro6*] nicht gut für den Tester. Du musst [*den Kunden*] eine Antwort geben. […] Du musst ihnen einen Grund geben. Akzeptieren und arbeiten oder ablehnen und den Grund dafür nennen. Es beeinflusst dein Rating. […] Das ist schon Druck." [*eigene Übersetzung*] (Crowdworkerin auf Pmicro 6 und Pmicro7)

Auf Makroaufgaben spezialisierte Plattformen fokussieren auf anreizbasierte Ansätze und auf die Messung von Engagement als einem Element der Reputationssysteme. Zum Beispiel zählen nicht nur die erfolgreich beendeten Aufgaben, sondern auch die bloße Bewerbung für Projekte oder die Einreichung von Arbeiten bei Wettbewerben für das jeweilige persönliche Ranking – auch wenn der eigene Beitrag im Wettbewerb letztlich leer ausgeht. Auf vielen Plattformen steigt die Reputation außerdem, wenn die Arbeit anderer Crowdworker bewertet und mit Feedback kommentiert wird, bzw. wenn Spam oder Plagiate gemeldet werden. Hierdurch wird die gesamte Crowd für die Qualitätskontrolle mobilisiert. Schließlich berücksichtigen die Reputationssysteme auch, wie schnell Crowdworker auf Anfragen reagieren und wie regelmäßig sie mit AuftraggeberInnen Kontakt haben. Auch wenn hier – anders als in den Reputationssystemen auf Mikroaufgaben-Plattformen – Crowdworker normalerweise keine Punkte einbüßen, entsteht ebenfalls ein hoher Druck, permanent erreichbar zu sein, sich auch im Urlaub oder an freien Tagen kurz einzuloggen und Anfragen zu beantworten sowie unbezahlte Mehrarbeit (z.B. aktives Ablehnen von Aufgaben, schnelle Beantwortung von Anfragen, Engagement) zu leisten.

4.3 Subjektivierung

Die bisherige Diskussion verdeutlicht, dass Crowdwork ein gesteigertes Maß an Selbststeuerung und Selbstorganisation der eigenen Arbeit erfordert. Die Beschreibung der Reputationssysteme im vorherigen Abschnitt zeigt darüber hinaus, dass Crowdwork-Plattformen auf die Mobilisierung freiwilliger und oft unbezahlter materieller sowie sogenannter „immaterieller" Arbeitsleistung angewiesen sind (Lazzarato 1996). So bindet das Kommentieren und Bewerten von Beiträgen auch die kommunikativen, kooperativen und affektiven Ressourcen der Crowdworker ein. Zudem dienen die Reputation- und Rankingsysteme nicht nur der Leistungsquantifizierung und Anreizgenerierung, sondern sollen Arbeit mit Anerkennung und Spaß verbinden. Dazu werden die Reputationssysteme und Rankings beispielsweise auf fast allen untersuchten Plattformen spielerisch dargestellt: durch Rankings, Status („Neuling", „Fortgeschritten", „Experte"), Trophäen und Sterne.

Diese Gamification der Anreizsysteme kann als ein Mechanismus der Subjektivierung von Arbeit aufgefasst werden, mit dem Grenzen zwischen Arbeitskraft und Person, zwischen Arbeit und Spaß, zwischen beruflicher Rolle und persönlicher Identität verwischt oder reduziert werden sollen. Deutlich wird dies vor allem auf Plattformen für Makroaufgaben. Die Reputations- und Rankingsysteme erfassen das Engagement auf der Plattform und die Interaktion mit anderen Crowdworkern und KundInnen. Für besonderes Engagement, häufiges Feedback oder auch Zusammenarbeit gibt es Auszeichnungen, die das eigene Profil schmücken. So erklärt die Vertreterin einer Plattform:

> „Wir haben Karma-Punkte, die nichts anderes bedeuten, außer dass sie deine Aktivität zeigen: wie lange bist du auf der Plattform, wie stark beteiligst und engagierst du dich. Einige [*Crowdworker*] sind super stolz auf ihre Karma-Punkte. Und das ist Teil der Gamification der Plattform." [*eigene Übersetzung*] (Pmacro1)

Hier droht die Auftragsausführung im engeren Sinne mit unbezahlter Arbeit zu verschwimmen. Erfolg erfordert nicht nur gute Arbeitsleistung, sondern auch eine unternehmerische Selbstvermarktung. Das Profil der Crowdworker wird von den Plattformen zum persönlichen Portfolio aufgewertet: Die individuelle Sichtbarkeit und das Herausstechen aus der Community verbessert die Chancen, für ein Projekt ausgewählt zu werden oder einen Wettbewerb zu gewinnen.

Subjektivierungsprozesse werden zudem durch das sogenannte Community-Building befördert. Beinahe alle interviewten Plattformen haben eigene Foren oder Community-Spaces geschaffen, um den Austausch und die

Kooperation innerhalb der Crowd fördern. Zum einen soll hierdurch eine Art Äquivalent für betriebliche soziale Interaktion hergestellt werden, die der Plattform erlaubt, mit wenig Personal effektiv eine Masse an Crowdworkern zu steuern. Nicht nur kann die Plattform effektiver auf Fragen und Probleme reagieren. Eine aktive Crowd hilft, trainiert und reguliert sich auch untereinander, wodurch Plattformen eigenes Personal sparen können. Unzufriedenheit und Beschwerden können so effektiv eingebunden werden. Zum zweiten erlaubt der Aufbau von Crowd-Communities den Plattformen auch auf die subjektiven Ressourcen zurückzugreifen, indem sich Crowdworker nicht nur bei Problemen, sondern auch bei Frust und Unmut unterstützen, subjektive Kenntnisse und Erfahrungen teilen.

Viele der interviewten Plattformen beschreiben das Community-Building als wesentliche Grundlage für die Bindung der Crowdworker an die Plattform. Die als „Black-Box" erscheinende Plattform wird so weniger anonym und greifbar. Zudem generiert eine solche Community Vertrauen und Anerkennung.

Insbesondere auf Makroaufgaben-Plattformen werden zudem Gamification-Elemente eingesetzt, um trotz des unsicheren Einkommens und der direkten Konkurrenz Aktivität, Kollaboration und eine gemeinsame Identität zu generieren. Wie bei Facebook können auch bei den Crowdwork-Plattformen „Likes" vergeben und Kommentare getauscht werden. Wie bei Instagram können sich Crowdworker als „Follower" mit ihren Profilen vernetzen. Zudem gibt es unterschiedliche Typen von nicht-entlohnten Trophäen bis hin zu speziellen und entlohnten Preisen, die beispielsweise auch solche Projekte auszeichnen, bei denen viel kooperiert wurde. So beschreibt die Mitarbeiterin der Plattform Pmacro1 die zahlreichen weiteren finanziellen Gewinnchancen, mit denen die Plattform Aktivität und die für die Plattform wertvolle Zusammenarbeit fördert, wie folgt:

> „In jedem Projekt gibt es mindestens einen eigenen Community-, Kunden-, Kollaborations- und Feedbackpreis. [*Bezug nehmend auf ein Projekt, das gerade im Interview besprochen wurde, heißt es weiter*:] In diesem spezifischen Projekt haben wir auch noch einen Social Award vergeben für diejenigen, die ihre Idee erfolgreich auf Social Media verbreitet haben." [*eigene Übersetzung*] (Pmacro1)

Trotz der digitalen Anonymität auf den Plattformen wird so das Individuum wieder sichtbar. Vor allem auf Plattformen für Makroaufgaben drohen dabei die Grenzen zwischen Arbeit und Person sowie zwischen Arbeit und Spaß zu verwischen. Der digitale Raum soll auch zu einem kreativen Raum werden, in dem sich die Crowdworker auch aufhalten und austauschen, wenn sie nicht direkt an einem Auftrag arbeiten. Dies wird besonders im folgenden Zitat deutlich, in dem ein Mitarbeiter der Plattform Pmacro7 beschreibt, dass die Plattform Arbeitsplattform und Social-Media-Plattform zugleich sei:

> „Es sind nicht nur Künstler [*auf der Plattform*], die auch tatsächlich kreieren, sondern es gibt auch sehr viele Leute, die sich für Kunst interessieren aus verschiedenen Bereichen. Das ist im Prinzip eine Social Plattform, wie ein Facebook für die Künstlercommunity. [...] [*Wir*] haben eine Unterscheidung zwischen Creatives und Supporters. Die wissen schon, wer jetzt einfach da ist, um sich das anzusehen, wer wirklich auch was kreiert und hoch lädt und sich beteiligt hat in der Vergangenheit. [...] [*Wir*] haben 75.000 Künstler unserer Plattform direkt und 3 Millionen Social Fans." (Pmacro7)

5. Schlussfolgerungen

Crowdwork wird in der Öffentlichkeit als gänzlich neue Form der digitalen Arbeit beschrieben, die mit Regulierungsformen bricht, die für traditionelle Beschäftigungsverhältnisse charakteristisch sind. Obwohl Crowdwork als Phänomen durchaus neu ist, zeigt die vorliegende empirische Analyse, dass sich durchaus Kontinuitäten zu bisherigen Entwicklungen ausmachen lassen. Diese werden deutlich, wenn Crowdwork als eine Strategie der Entgrenzung der Arbeit aufgefasst wird. Crowdwork versucht neue Produktivitäts- und Rationalisierungspotentiale zu erschließen, indem es Mechanismen der Vermarktlichung, der Flexibilisierung und der Subjektivierung mobilisiert. In diesem Sinne steht es durchaus in der Tradition von Managementkonzepten des Business Process Outsourcing, der strukturellen Reorganisation von Unternehmen und der Einführung neuer, marktbasierter Leistungsregulierungssysteme.

Neu ist vor allem die Plattform als Form der Arbeitsregulierung. Die Plattform ist eben kein Betrieb, sondern eine Software. In der Crowdwork tritt die Organisation den Arbeitskräften als vermeintlich neutrale Technik gegenüber, die jedoch durchaus Macht- und Herrschaftsverhältnisse schafft. Für die arbeitssoziologische Theoriebildung bedeutet das einerseits, der Genese von Technik wieder stärkere Aufmerksamkeit zu widmen. Dazu zählen sowohl die Akteure als auch Prozesse hinter den Algorithmen, die beispielsweise die Reputationssysteme regulieren, besser zu verstehen.

Andererseits müssen Kategorien, Typen und Hypothesen entwickelt werden, mit denen die Materialität von Technik, also ihre Strukturierungsleistungen im Hinblick auf Arbeit – analysiert werden können. Im Fall von Crowdwork erscheinen dabei die folgenden vier Dimensionen als besonders relevant:

1. Die Regulierung der Vergütung und Qualitätskontrolle in Hinblick auf Ablehnbarkeit, Bezahlung und Extraarbeit,
2. die Ausgestaltung der Bewertungssysteme, der Rankings und der algorithmischen Auswahl von Arbeitskräften,
3. die technische Strukturierung der Kommunikationsmöglichkeiten für Nachfragen, Austausch und Beschwerden der Crowdworker,
4. die technische Verbindung des Arbeitsprozesses mit Gamification-Mechanismen, um Arbeit spielerisch erscheinen zu lassen.

Diese Dimensionen beeinflussen erheblich die Machtbeziehungen zwischen den beteiligten Akteuren (vor allem AuftraggeberInnen, Plattformen und Crowdworker). Sie wirken sich auch auf das Ausmaß der Entgrenzung aus im Sinne der Unsicherheit über Vergütung und Einkommen, des Drucks der permanenten Erreichbarkeit und Präsenz, und der Mobilisierung unbezahlter Arbeit in Form von Austausch auf Community-Spaces, gegenseitiger Unterstützung bei Problemen bis hin zur Bewertung von Arbeitsleistungen durch die Crowd.

Abschließend muss allerdings betont werden, dass die digitalen Plattformen keine eisernen Käfige sind und es keinen Automatismus der Entgrenzung gibt. Wir fanden in unseren Untersuchungen durchaus Hinweise auf interne Widersprüche und Grenzen der Leistungsregulierung in der Crowdwork. So lässt sich durchaus ein potentieller Zielwiderspruch erkennen zwischen der Vermarktlichung (z.B. der gesteigerten Konkurrenz zwischen Crowdworkern) und Flexibilisierung (z.B. dem Druck der permanenten Erreichbarkeit) einerseits und der Subjektivierung (der Vermittlung von Arbeit als Spaß und der Vermittlung von Anerkennung) andererseits. Dieser Widerspruch führt dazu, dass sich die Crowdworker teilweise ganz anders als von den Plattformen gewünscht verhalten und durchaus eigene, kreative und widerständige Handlungsweisen entwickeln. Wir fanden zum Beispiel erste Hinweise für Akzeptanzprobleme bei den digitalen Reputatiossystemen: Eben weil ihre genaue Funktionsweise oft intransparent ist, erachten die Crowdworker sie nicht als relevant und wechseln zu anderen Plattformen, sollten ihnen nicht mehr genügend Aufgaben zur Verfügung stehen. Ebenso scheinen Crowdworker informelle Praktiken (z.B. „Like-Netzwerke") zu entwickeln, mit denen sie die Reputations- und Anreizsysteme ad absurdum führen. Solche Anpassungsstrategien sind teilweise schon von ortsgebundenen Formen der plattformgesteuerten Arbeit bekannt: Uber-FahrerInnen entwickeln diverse Praktiken, um die digitale Steuerung durch die App auszutricksen (Möhlmann und Zalmanson 2017). Mehr Forschung ist hier zukünftig nötig, um nicht nur die Managementstrategien der Plattformen sondern auch die Handlungsspielräume der digitalen ArbeiterInnen zu erfassen.

Literatur

Altenried M (2017) Die Plattform als Fabrik. Crowdwork, Digitaler Taylorismus und die Vervielfältigung der Arbeit. *PROKLA,* 187 (47), 175-192.

Bergvall-Kåreborn B, Howcroft D (2014) Amazon Mechanical Turk and the commodification of labour. *New Technology, Work and Employment*, 29(3), 213-223.

Boes A, Kämpf T, Langes B, Lühr T, Steglich S (2014) *Cloudworking und die Zukunft der Arbeit. Kritische Analysen am Beispiel der Strategie „Generation Open" von IBM.* Herausgegeben von der Beratungsstelle für Technologiefolgen und Qualifizierung (BTQ) im Bildungswerk der Vereinten Dienstleistungsgewerkschaft (ver.di) im Lande Hessen e. V./ Input Consulting GmbH Stuttgart, Kassel.

Boes A, Kämpf T, Langes B, Lühr T (2016) The Disruptive Power of Digital Transformation. New Forms of Industrialising Knowledge Work. In: Briken K, Chillas S, Krzywdzinski M, Marks A (eds.) *The New Digital Workplace. How New Technologies Revolutionise Work.* London: Palgrave Macmillan 2017, 135-173.

Boudreau KJ, Lakhani KR (2013): Using the crowd as an innovation partner. *Harvard Business Review*, 91(4): 60-9.

Code of Conduct (2017) Grundsätze für bezahltes Crowdsourcing/ Crowdworking. Leitfaden für eine gewinnbringende und faire Zusammenarbeit zwischen Crowdsourcing-Unternehmen und Crowdworkern. Online unter: http://www.crowdsourcing-code.de/ (28.05.2018).

De Stefano V (2015) The Rise of the Just-in-Time Workforce: On-Demand Work, Crowdwork, and Labor Protection in the Gig-Economy. *Comparative Labor Law & Policy Journal*, 37, 471-520.

Ekbia H, Nardi B (2014) Heteromation and its (dis) contents: The invisible division of labor between humans and machines. *First Monday*, *19*(6). Online unter: http://firstmonday.org/ojs/index.php/fm/article/view/5331/4090 (28.05.2018).

Gandini A (2016) *The reputation economy. Understanding knowledge work in digital society.* London: Palgrave Macmillan.

Gandini A, Pais I, Beraldo D (2016) Reputation and trust on online labour markets: the reputation economy of Elance. In: *Work Organisation, Labour and Globalisation*, 10(1), 27-43.

Gupta N, Martin D, Hanrahan BV, O'Neill J (2014) Turk-life in India. In *Proceedings of the 18th International ACM Conference on Supporting Group Work*, 1-11.

Hirsch-Kreinsen H (2009) Entgrenzung von Unternehmen und Arbeit. In: Becker J, Deutschmann C (Hrsg.) *Wirtschaftssoziologie*. Sonderheft 49 der KZfSS, Wiesbaden: VS Verlag für Sozialwissenschaften, 447-465.

Huws U (2009) Working at the interface: Call-centre labour in a global economy. *Work Organisation, Labour and Globalisation*, 3(1), 1-8.

Huws U (2014) *Labor in the global digital economy: The Cybertariat Comes of Age*. New York: NYU Press.

Irani L (2015a) The cultural work of microwork. *New Media & Society*, 17(5): 720-739.

Irani L (2015b) Difference and dependence among digital workers: The case of Amazon Mechanical Turk. *South Atlantic Quarterly*, 114(1): 225-234.

Judge B (2016) Beyond Markets and Hierarchies? The Case of Upwork. Paper for the 28th Annual SASE Meeting.

Jürgens K, Hoffmann R, Schildmann C (2017) Arbeit transformieren! Denkanstöße der Kommission „Arbeit der Zukunft". Bielefeld: transcript Verlag.

Kittur A, Nickerson JV, Bernstein M, et al. (2013) The future of crowd work. *Proceedings of the Conference on Computer Supported Cooperative Work*, 1301-1318.

Kleemann F (2000) Informatisierung der Arbeit: Folgen für Arbeitsverhältnisse und subjektive Leistungen der Arbeitenden. *kommunikation@gesellschaft*, 1(3), 1-11.

Kleemann F, Matuschek I (2008) Informalisierung als Komplement der Informatisierung von Arbeit. In: Funken C, Schulz-Schaeffer I (Hrsg.) (2008) *Digitalisierung der Arbeitswelt. Zur Neuordnung formaler und informeller Prozesse in Unternehmen*. Wiesbaden: VS Verlag für Sozialwissenschaften, 34-67.

Kratzer N (2017): Entgrenzung. In: Hirsch-Kreinsen, H. (Hrsg.): *Lexikon der Arbeits- und Industriesoziologie*. Baden-Baden: Nomos, 187-192.

Kratzer N, Sauer D (2005) Flexibilisierung und Subjektivierung von Arbeit. *Berichterstattung zur sozioökonomischen Entwicklung in Deutschland*. Wiesbaden: VS Verlag für Sozialwissenschaften, 125-149.

Kuek SC, Paradi-Guilford C, Fayomi T, Imaizumi S, Ipeirotis P, Pina P, Singh M (2015) *The global opportunity in online outsourcing*. Washington DC: The World Bank, Nr. 22284.

Lazzarato M (1996) Immaterial Labor. In: Virno P/ Hardt M (eds.): *Radical Thought in Italy: A Potential Politics*. Minnesota: University of Minnesota Press, 142-157.

Lehdonvirta V (2016) Algorithms that Divide and Unite: Delocalisation, Identity and Collective Action in ‚Microwork'. In: Flecker J (ed.) *Space, Place and Global Digital Work*. London: Palgrave Macmillan, 53-80.

Leimeister JM, Zogaj S (2013) Neue Arbeitsorganisation durch Crowdsourcing: Eine Literaturstudie. *Arbeitspapier Hans-Böckler Stiftung*, 287.

Leimeister JM, Zogaj S, Blohm I (2015) Crowdwork – digitale Wertschöpfung in der Wolke. In: Benner C. (Hrsg.): *Crowdwork – Zurück in die Zukunft?* Frankfurt am Main: Bund-Verlag, 9-41.

Mayer-Ahuja N, Wolf H (2009) Beyond the Hype: Working in the German Internet Industry. In: McKinlay A, Smith C (eds.) *Creative Labour. Working in the Creative Industries*. London: Palgrave Macmillan, 210-233.

Mirchandani K (2012) *Phone clones: Authenticity work in the transnational service economy*. Ithaca: ILR Press.

Möhlmann M, Zalmanson L (2017) Hands on the Wheel: Navigating Algorithmic Management and Uber Drivers' Autonomy. *Proceedings of the 38th International Conference on Information Systems.*

Moldaschl M, Schultz-Wild R (1994) *Arbeitsorientierte Rationalisierung: Fertigungsinseln und Gruppenarbeit im Maschinenbau*, Frankfurt am Main: Campus Verlag.

Pongratz H, Voß G (2004) *Arbeitskraftunternehmen. Erwerbsorientierungen in entgrenzten Arbeitsformen.* Berlin: edition sigma.

Roberts S (2016) Commercial Content Moderation: Digital Laborers' Dirty Work. In: Noble SU, Tynes B (eds.) *Intersectional internet: Race, sex, class and culture online.* New York: Peter Lang Publishing,147-161.

Sarker S, Xiao X, Sarker S, Ahuja M (2012) Managing Employees' Use of Mobile Technologies to Minimize Work-Life Balance Impacts. *MIS Quarterly Executive*, 11(4), 143-157.

Sauer D, Döhl V (1997) Die Auflösung des Unternehmens? – Entwicklungstendenzen der Unternehmensreorganisation in den 90er Jahren. In: ISF München (Hrsg.) *Jahrbuch Sozialwissenschaftliche Technikberichterstattung. Schwerpunkt: Reorganisation*, 19-76.

Schröder L (2016) *Die Digitale Treppe: Wie die Digitalisierung unsere Arbeit verändert und wie wir damit umgehen.* Frankfurt am Main: Bund-Verlag.

Smith A, Page D (2016) *Shared, collaborative and on demand: The new digital economy.* Washington D.C.: Pew Research Center.

spamgirl (2015): Sechs Dollar die Stunde sind das absolute Maximum. Turken als neue Arbeitsform. In: Benner C (Hrsg.): *Crowdwork – Zurück in die Zukunft*? Frankfurt am Main: Bund-Verlag, 99-111.

The Economist (2015) *Digital Taylorism.* Online unter: https://www.economist.com/news/business/21664190-modern-version-scientific-management-threatens-dehumanise-workplace-digital (28.05.2018).

Thompson P, Briken K (2017) Actually Existing Capitalism: Some Digital Delusions. In: Briken K, Chillas S, Krzywdzinski M and Marks A (eds.) *The New Digital Workplace. How New Technologies Revolutionise Work.* London: Palgrave Macmillan, 241–263.

Vakharia D und Lease M (2015) Beyond Mechanical Turk: An analysis of paid crowd work platforms. *Proceedings of the iConference.*

Vogl E (2018) *Crowdsourcing-Plattformen als neue Marktplätze für Arbeit. Die Neuorganisation von Arbeit im Informationsraum und ihre Implikationen.* Augsburg: Rainer Hampp Verlag.

Voß GG (1998) Die Entgrenzung von Arbeit und Arbeitskraft. *Mitteilungen aus der Arbeitsmarkt-und Berufsforschung*, 31(3), 473-487.

Whitley R (2005) How national are business systems? The role of different states types and complementary institutions in constructing homogeneous systems of economic coordination and control. In: Morgan G, Whitley R and Moen E (eds.) *Changing Capitalisms?* Oxford: Oxford University Press, 190-231.

Zogaj S , Bretschneider U (2014) Analysing Governance Mechanisms for Crowdsourcing Information Systems – A Multiple Case Analysis. *Proceedings of the European Conference on Information Systems.*

Zyskowski R, Ringel Morris M, Bigham JP, Gray ML, Kane SK (2015) Accessible crowdwork? Understanding the value in and challenge of microtask employment for people with disabilities. *Proceedings of the 18th ACM Conference on Computer Supported Cooperative Work & Social Computing*, 1682-1693.

Zysman J, Newman A (2006) *How revolutionary was the digital revolution? National responses, market transitions, and global technology.* Stanford: Stanford University Press.

Diskontinuierliche Arbeit und Arbeitnehmerbegriff – Die Bedeutung der Digitalisierung für den arbeitsrechtlichen Aufgreiftatbestand[1]

Roland Schwarze

I. Einleitung

Ob die voranschreitende Digitalisierung,[2] die voranschreitende Verfügbarmachung der Realität durch ihre Verwandelbarkeit in digitale Repräsentativität, eine neue Epoche des Arbeitens hervorbringen wird, kann heute wohl niemand sagen, noch weniger, in welchen Zeiträumen sich dies ereignen würde.[3] Skeptiker können manche technologische Verheißung der letzten Jahrzehnte aufzählen, von denen kaum mehr als eine blasse Erinnerung übriggeblieben ist. Doch setzt schon das realistischere Szenario einer segmental begrenzten und evolutionären Digitalisierung der Arbeitswelt das Arbeitsrecht unter Druck. Sie bedroht durch *Diskontinuierung* der Arbeitsprozesse den arbeitsrechtlichen Aufgreiftatbestand, der mit der „persönlichen Abhängigkeit" an die *Kontinuität* des Arbeitens als Charakteristikum der analogen Arbeitswelt anknüpft. Sie trifft auf eine Arbeitsrechtspraxis, die sich in banger Scholastik an die „persönliche Abhängigkeit" als arbeitsrechtlichen Obersatz klammert. Der folgende Beitrag plädiert vor dem Hintergrund und zur Bewältigung der digitalen Herausforderung für ein Konzept, das die teleologische Reflexion der letzten Jahrzehnte[4] aufnimmt, ohne den praktischen Vorzug der „persönlichen Abhängigkeit" aufzugeben.

---

1 Vortrag des Verf. in dem in diesem Band dokumentierten Workshop, der am 2./3.12.2017 an der Helmut-Schmidt-Universität in Hamburg von den Herausgebern veranstaltet wurde. Der Vortragsstil wurde im Wesentlichen beibehalten.

2 Zur derzeitigen Praxis digitalen Arbeitens der Beitrag von Hirsch-Kreinsen (in diesem Band, S. 133 ff.).

3 Die digitale Arbeitswelt im Status der „Vision" wähnend Hammermann/Klös, Digitalisierung und „Industrie 4.0": Auswirkungen auf das Personal- und Qualifizierungsmanagement, in: Junker/Giesen/Rieble, Industrie 4.0 als Herausforderung des Arbeitsrechts, 2016, S. 78 ff.

4 Wiedemann, Das Arbeitsverhältnis als Austausch- und Gemeinschaftsverhältnis, 1966, S. 10, 14 ff.; Wank, Arbeitnehmer und Selbständige, 1988; Lieb, Arbeits-

II. Kontinuität als Kern des analogen Arbeitsmodells

Der Arbeitsprozess unter analogen Bedingungen bedarf der Verfügbarkeit der Arbeitskraft, weil die arbeitsteilige Kooperation in *realer* - räumlicher, zeitlicher, gegenständlicher und personeller - *Kontinuität* vollzogen wird. Die Arbeitsabläufe in einer Autofabrik oder in einem Anwaltsbüro bedürfen in der analogen Welt der Stetigkeit des Personals, seiner Anwesenheit an einem bestimmten Ort zu bestimmter Zeit, sie bedürfen der engen Abstimmung der Arbeiten aufeinander. Selbst einfache Arbeitsabläufe wie etwa die Organisation der Kundenbedienung in einer Bäckerei sind anders nicht zu bewältigen.

Diese Tatsache spiegelt sich im arbeitsrechtlichen Aufgreiftatbestand des § 611a BGB, der, jüngst in Kraft getreten, das, was man die „herrschende Meinung" nennen könnte, wiedergibt.[5] Der Arbeitnehmerbegriff des deutschen Rechts ist zwar ein Typusbegriff. Im Gegensatz zum Definitionsbegriff müssen zur Gegebenheit nicht alle Merkmale erfüllt sein, das Fehlen des einen kann durch die Stärke eines anderen Merkmals kompensiert werden, und man kann den Tatbestand in unterschiedlichem Grade erfüllen:[6] Der Fabrikarbeiter ist ganz und gar Arbeitnehmer, der Chefarzt oder der Fußballprofi ist es gerade noch, der angestellte Lehrer liegt in der Mitte. Doch gibt es eine Invariable, um die die variablen Merkmale kreisen – die *persönliche Abhängigkeit.* Sie bildet den Typuskern und ist, so wohl das Selbstverständnis der herrschenden Meinung, ein *notwendiges* Merkmal, dessen Fehlen den Arbeitnehmer-Tatbestand definitiv entfallen lässt.[7] Die persönliche Abhängigkeit meint die Verfügbarkeit der Arbeitskraft für den Arbeitgeber. Diese Verfügbarkeit ist eine *rechtliche* und *faktische* Verfügbarkeit. Sie schlägt sich im Rechtstatbestand der Weisungsbefugnis nach

---

recht 8. Aufl., 2003, Rn. 11 ff.; zur vertragstheoretischen Einordnung dieser Erkenntnisse und zu ihrer Bedeutung für die Unabdingbarkeit arbeitsrechtlicher Regelungen Schwarze, ZfA 2005, 81 ff.

5 Der Gesetzestatbestand entspricht wörtlich – auch in seinen Redundanzen – der „Standardformel" des BAG, die bei Reinecke NZA-RR 2016, 393, 394, dokumentiert und im Einzelnen belegt ist. S. aus der Kommentarliteratur ErfK/Preis 19. Aufl., § 611a BGB, Rn. 9 ff.; HWK/Thüsing 8. Aufl., § 611a BGB, Rn. 25; Staudinger/Fischinger (Online-Ausgabe Stand: 7.3.2018) § 611a BGB, Rn. 0.1.

6 Larenz, Methodenlehre der Rechtswissenschaft, 6. Aufl., S. 303; das dogmatische Pendant ist der „Grad" der Abhängigkeit als proprium des Arbeitnehmerstatus, BAG 14. 6. 2016, 9 AZR 305/15, Rn. 27, juris.

7 S. aus der jüngeren Rechtsprechung nur BAG 14. 6. 2016, 9 AZR 305/15, Rn. 15, juris; als bloßes Lippenbekenntnis gewertet von Wank (Fn. 3), S. 148 („..im Ernstfall…bis auf einen symbolischen Restgehalt als verzichtbar angesehen.."); s. aber etwa BAG 9. 9. 1981, 5 AZR 477/79, Leitsatz und Rn. 30, 42, juris.

Ort, Zeit und Inhalt (§ 611a Abs. 1 S. 2 BGB, § 106 GewO) nieder und drückt sich faktisch aus in der Eingliederung in einen vom Arbeitgeber organisierten Arbeitszusammenhang. Ihren praktischen Sinn erhält diese Verfügbarkeit der Arbeitskraft aus dem Einhergehen mit einem gewissen Umfang der Arbeitsleistung und einer gewissen Dauer des Arbeitsverhältnisses. Der Zusammenhang des Arbeitnehmerbegriffs mit der kontinuierlichen Form des Arbeitsprozesses ist evident: Die Verfügbarkeit der Arbeitskraft ermöglicht diesen Arbeitsprozess, umgekehrt hat der kontinuierliche Arbeitsprozess die Form abhängiger Arbeit als Regelform des Arbeitens hervorgebracht.

III. Diskontinuität als Kern des digitalen Arbeitsmodells

Die Digitalisierung der Lebens- und Arbeitswelt berührt die arbeitsrechtliche Ordnung an diesem neuralgischen Punkt. Die Digitalisierung macht die Arbeit unabhängig von einer realen Kontinuität für den Auftraggeber verfügbar. Die reale Arbeitsleistung wird durch Verwandlung in digitale Repräsentation zur Arbeitsportion, über die der Auftraggeber ohne die Person des Arbeitenden, an einem anderen Ort und zu einer anderen Zeit als denen der Leistungserbringung durch Rückverwandlung verfügen kann. Die Digitalisierung ermöglicht arbeitsteilige Kooperation im Modus der Diskontinuität. Sie macht zuerst die räumliche, dann die zeitliche, die gegenständliche und schließlich die personelle Kontinuität der Arbeit als Bedingungen arbeitsteiliger Kooperation entbehrlich. Mit ihr verblassen Weisungsunterworfenheit und Eingliederung als Befunde der Arbeitsorganisation:

- Die *räumliche Diskontinuität* löst den Arbeitenden aus einem räumlich definierten Arbeitszusammenhang. Die Arbeitsleistung ist nicht an einen bestimmten Ort – den Betrieb im räumlich-gegenständlichen Sinne – gebunden. Der Arbeitende kann seine Arbeit zu Hause oder an einem dritten Ort erledigen. Das ist bereits aus der analogen Arbeitswelt bekannt („Telearbeit“), wird aber infolge durchdringender Digitalisierung größere Teile des Arbeitslebens erfassen als bisher.
- Die *zeitliche Diskontinuität* löst den Arbeitenden aus dem zeitlich definierten Arbeitszusammenhang. Es gibt nur noch zwei Zeitpunkte: den der Zuteilung des Arbeitsauftrags und den der Ablieferung der Arbeitsportion. Der Arbeitende steht während des Arbeitsvorgangs nicht in Verbindung mit dem Auftraggeber.

- Die *gegenständliche Diskontinuität* löst parallel dazu den Arbeitenden aus dem gegenständlich definierten Arbeitszusammenhang. Was er im Ergebnis macht, ist bestimmt, was er aber wann macht, nicht mehr.[8]
- Die *personelle Diskontinuität* löst den Arbeitenden aus einem personell definierten Arbeitszusammenhang. Die Kooperation mit anderen ist nicht mehr dauerhaft, es gibt keine personelle Stetigkeit mehr. Die Arbeitszusammenhänge sind ephemer, die personelle Besetzung der Zusammenhänge wechselnd (Networking, Crowdworking). Es gibt keine stetige Verbindung mit einem bestimmten Auftraggeber.

IV. Diskontinuitätstoleranz des herrschenden Arbeitnehmerbegriffs

Die Diskontinuierung verselbständigt die Arbeit. Macht sie den Arbeitenden auch zum Selbständigen? Das ist die Frage - vielleicht die Schicksalsfrage des Arbeitsrechts. Die Aufgabe lautet dahin, die Diskontinuitätstoleranz des herrschenden, auf A. Hueck zurückgehenden[9] und von der Rechtsprechung ausgeprägten Arbeitnehmerbegriffs auszuloten. In einem ersten Schritt ist zu klären, welche Bedeutung die Kontinuität für den Arbeitnehmerbegriff spielt, wie streng also das BAG sein eigenes Dogma von der „notwendigen Weisungsgebundenheit" in der Fallanwendung handhabt. In einem zweiten Schritt ist zu klären, welche Formen diskontinuierlicher Arbeit bei Anwendung des Arbeitnehmerbegriffs dem Zugriff des Arbeitsrechts entgleiten. Im Lichte der Ergebnisse ist danach die Tragfähigkeit des Arbeitnehmerbegriffs zu diskutieren und die Grenze eines teleologisch reflektierten Arbeitnehmerbegriffs zu bestimmen. „Richterrechtlich" ist der Arbeitnehmerbegriff zu nennen, weil das Gesetz den Tatbestand nur in geringem Maße determiniert, was durch die (verunglückte) gesetzliche Rezeption der Rechtsprechung in § 611a BGB[10] eher bestätigt als geändert worden ist.

8 Simon, Die digitale Transformation von Unternehmen durch Industrie 4.0, in: Giesen/Junker/Rieble (Fn. 2), S. 21 („flexible Einbuchung in den Arbeitsprozess", „plug and play").

9 Hueck/Nipperdey Arbeitsrecht Bd. I, 1. Aufl., S. 25 f.

10 S. zu Fn. 5. Näher zu § 611a unter VI 3.

1. Unschädlichkeit örtlicher und gegenständlicher Diskontinuität

Das Dogma vom „notwendigen Weisungsrecht" hat das BAG im Laufe seiner Rechtsprechung auf ein denkbares Minimum reduziert. Für sich genommen durchaus verzichtbar ist die Weisungsunterworfenheit bezüglich des Ortes. Das Freistellen des Arbeitsortes, das schon in der Vorstufe des digitalen Zeitalters eine gewisse Verbreitung gefunden hat („Telearbeit"), ist für den Aufgreiftatbestand weitgehend unschädlich, wenn es bei der zeitlichen Bindung bleibt.[11] Auch gegenüber der inhaltlichen/gegenständlichen/fachlichen Auflockerung der Bindung ist der Arbeitnehmertatbestand tolerant. Das Beispiel des Chefarztes, wenngleich nicht eigentlich eine diskontinuierliche Gestaltung betreffend, zeigt die generelle Toleranz des Weisungsmerkmals in dieser Hinsicht.[12] Mancher Fall aus der Welt des Rundfunks kann dagegen als Vorstufe der digitalen Arbeitsorganisation gesehen werden, wenn der Inhalt der Arbeitsleistung hier entkoppelt wird vom Takt der arbeitsteiligen Kooperation. Kurzum: Für die weiteren Überlegungen kann man die räumliche und die gegenständliche Diskontinuierung der Arbeit vernachlässigen. Sie wird für die Anwendbarkeit des Arbeitnehmertatbestandes weithin unschädlich sein und macht daher nicht den Kern des Problems aus. Dieser liegt in der zeitlichen Diskontinuierung.

2. Die Toleranzgrenze gegenüber zeitlicher Diskontinuität

Als „Kern des Kerns", als unverzichtbar erweist sich die zeitliche Bindung, und zwar in beiderlei Hinsicht: bezüglich der Dauer der Arbeitszeit und bezüglich ihrer Lage, bestätigt durch die Hervorhebung der Arbeitszeitbindung in § 611a Abs. 1 S. 3 BGB. Es kann hier zwar durchaus *Flexibilisierungen* geben: in Grenzen bezüglich der Dauer der Arbeitszeit („Kapovaz" usw., § 12 TzBefrG), in großzügigeren bezüglich der Lage der Arbeitszeit (z.B. Gleitzeit, Arbeitszeitkonten). Aber dies sind nur Dehnungen, nicht Durchbrechungen der zeitlichen Kontinuität. Der Arbeitende wird nicht in eine Zeitsouveränität entlassen, die es ihm überlässt, wann er sich in die betriebliche Arbeitskontinuität begibt. Durch Kern- oder Rahmenzeiten bleibt ein Kern zeitlicher Einbindung bestehen.

---

11 S. nur BAG 24. 8. 2016, 7 AZR 625/15, Rn. 14, 16, juris, das bei „Außenarbeitnehmern" maßgeblich darauf abstellt, dass der Auftraggeber ein Weisungsrecht bezüglich der „Zeiteinteilung" hat.

12 BAG 3. 10. 1975, 5 AZR 427/74, Rn. 21, juris („kann ... ganz fehlen").

a) hinsichtlich der Dauer der Arbeitszeit

Diskontinuität bezüglich der Dauer der Arbeitszeit ist nach der Rechtsprechung uneingeschränkt statusschädlich: Wenn der Arbeitende frei darüber entscheiden kann, ob er den nächsten Arbeitsauftrag annimmt bzw. ausführt, steht er der Weisung des Arbeitgebers gerade nicht zur Verfügung.[13] Es gibt dann keine Rechtfertigung für den (vollen) arbeitsrechtlichen Schutz, vorausgesetzt der rechtlichen Ungebundenheit entspricht auch die praktische Durchführung des Vertrages.[14] Es spielt keine Rolle, wie stark die Arbeit inhaltlich determiniert ist, ob örtliche Bindung besteht und wie stark der Arbeitende in die betriebliche Organisation eingebunden ist, ebenso unerheblich ist die Tatsache, dass bislang nur für einen Auftraggeber und zu geringem Entgelt gearbeitet wurde. Im *Programmiererfall* – der Kläger bearbeitete von zu Hause aus die ihm vor allem per Email von Mitarbeitern der Beklagten erteilten Arbeitsaufträge bezüglich der Fortentwicklung der Betriebssoftware - stützt das BAG seine ablehnende Entscheidung zum Arbeitnehmerstatus entscheidend darauf, dass es weder nach der ausdrücklichen vertraglichen Vereinbarung noch nach der vertraglichen Praxis eine Pflicht des Klägers gab, der Beklagten eine bestimmte Dauer zur Verfügung zu stehen. Vielmehr konnte der Kläger einseitig, also ohne Abstimmung mit der Beklagten und ohne deren vorherige Zustimmung, mitteilen, dass er für von ihm näher bestimmte Zeiten nicht für Arbeiten zur Verfügung stehe und damit nicht nur über die Lage, sondern auch über die *Dauer seiner Arbeitszeit bestimmen*. Dem entsprach die vertragliche Praxis, die höchst unterschiedliche Monatsarbeitszeiten aufwies.[15] Dass fast alle anderen Indizien in Richtung abhängige Arbeit zeigten (Dauer der Beschäftigung, Nutzung betrieblicher Organisation, Entgelthöhe), konnte die fehlende Bindung bezüglich der Arbeitszeitdauer nicht aufheben. Die Souveränität bezüglich der Arbeitszeitdauer setzt voraus, dass der Arbeitende frei darüber entscheiden kann, ob er überhaupt einen Auftrag übernehmen will.[16]

---

13 Repräsentativ BAG 14. 6. 2016, 9 AZR 305/15, Rn. 22 ff., juris; BAG 27. 6. 2001, 5 AZR 561/99, BAGE 98, 146; an der Grenze BAG 17. 4. 2013, 10 AZR 272/12, BAGE 145, 26, wo die als Cutterin Beschäftigte die Annahme von Aufträgen ablehnen konnte, dies aber nur gelegentlich tat, so dass der Auftraggeber „grundsätzlich" die Durchführung der erteilten Aufträge erwartete und nicht „von Fall zu Fall" über die Durchführung entschieden wurde (a.a.O. Rn. 27). Zur Rechtsprechung in diesem Punkt Reinecke, NZA-RR 2016, 393, 394.

14 Näher unter V.

15 BAG 14. 6. 2016, 9 AZR 305/15, Rn. 23 f., juris.

16 So auch in BAG 14. 6. 2016, 9 AZR 305/15, Rn. 24, juris.

b) hinsichtlich der Lage der Arbeitszeit

Die vollständige Souveränität bezüglich der Lage der Arbeitszeit ist ebenfalls absolut statusschädlich, selbst wenn alle anderen Indizien für den Arbeitnehmerstatus sprechen. So muss es jedenfalls sein, wenn man das Dogma der notwendigen Weisungsunterworfenheit ernst nimmt. Paradigmatisch dafür können zwei Fallgestaltungen herangezogen werden. Im *Psychologinnenfall* war zwischen dem beschäftigenden Land und der Arbeitenden eine Tätigkeitszeit von 18 Wochenstunden vereinbart, deren Lage die Arbeitende selbst bestimmen konnte.[17] Diese formale Freiheit sieht das BAG als statusschädlich an und bestätigt die im Vertrag vereinbarte Beschäftigung als „Arbeitnehmerähnliche", obgleich sich das vereinbarte Stundenhonorar offenbar an der für die Klägerin bei Beschäftigung als Arbeitnehmerin maßgeblichen Besoldungsstufe BAT IIa orientierte:[18] Die persönliche Abhängigkeit sei nur begründet, *„wenn der Dienstberechtigte auch Einfluß darauf nimmt, wann der Dienstverpflichtete seine Tätigkeit ausübt."*[19]

Erheblich gelockert wird die zeitliche Weisungsgebundenheit allerdings bei der Vertrauensarbeitszeit. Immerhin, so die begriffliche Fixierung des BAG, verzichtet der Arbeitgeber „auf die Festlegung von Beginn und Ende der täglichen Arbeitszeit (...) und (vertraut) darauf (...), der betreffende Arbeitnehmer werde seine Arbeitspflicht in zeitlicher Hinsicht auch ohne Kontrolle erfüllen".[20] Ob das BAG damit inzwischen eine vollständige Souveränität des Arbeitnehmers bezüglich der Lage der Arbeitszeit als statusunschädlich akzeptiert, ist nicht wirklich auszumachen.[21] Es scheint den Sinn einer solchen Vereinbarung schwerpunktmäßig im Kontrollverzicht zu sehen und weniger in der Souveränität bezüglich der Lage der Arbeitszeit. Es ist nicht ausgeschlossen, dass die Verfügbarkeit des Arbeitnehmers zu

---

17 BAG 9. 9. 1981, 5 AZR 477/79, Leitsatz, juris.

18 Der Stundensatz von 17 DM (BAG 9. 9. 1981, 5 AZR 477/79, Rn. 7, juris) ergibt bei 160 Monatsstunden ungefähr den Bruttoverdienst bei mittlerer Dienstaltersstufe für das Referenzjahr 1977.

19 BAG 9. 9. 1981, 5 AZR 477/79, Rn. 30, juris; die „Zeitsouveränität" zumindest als erhebliches Merkmal wertend BAG 14. 6. 2016, 9 AZR 305/15, Rn. 22, 27, 34, juris und BAG 9. 9. 1981, 5 AZR 477/79, Rn. 30, juris. Im ersten Fall fehlte schon eine Bindung hinsichtlich der Dauer der Tätigkeit.

20 S. BAG 29. 8. 2013, 2 AZR 273/12, Rn. 35, juris; ferner BAG 23. 9. 2015, 5 AZR 767/13, Rn. 31, juris.

21 In den einschlägigen Entscheidungen (Fn. 20 m.w.N.) ging es nicht um den Arbeitnehmerstatus.

betriebsüblichen Kernzeiten dabei mitgedacht wird, so dass es letztlich auch hier bei einer Flexibilisierung der Lage der Arbeitszeit bleibt. Sollte das BAG dagegen die völlige Souveränität bezüglich der Lage der Arbeitszeit als statusunschädlich betrachten, sind zwei wichtige faktische Einschränkungen mitzudenken: Da und soweit es sich um Vollzeitarbeitsverhältnisse handelt, ergibt sich aus der Arbeitszeitdauer von rd. 40 Wochenstunden,[22] den Grenzen des AZG[23] und der Obliegenheit des Arbeitgebers, deren Einhaltung sicherzustellen,[24] ferner aus der Vorgabe von Leistungszeitpunkten mittelbar eine Bindung bezüglich der Verteilung der Arbeitszeit, die sich von Fällen der Flexibilisierung bei bestehendem Weisungsrecht wohl nicht so grundsätzlich unterscheidet, wie es auf den ersten Blick scheinen mag, und jedenfalls einen zeitlichen Rahmen bildet.[25]

Es macht aber deutlich, dass die Weisungsunterworfenheit im Sinne eines steten Zugriffs eine sachliche Verkürzung darstellt und dass es – weiter und sachlich zutreffend gefasst – vertragliche Bindung hinsichtlich der Zeit des Arbeitens heißen muss. Allerdings ist die vertragliche Bindung ohne akute Weisungsbefugnis weniger aussagekräftig für den Arbeitnehmertatbestand, es bedarf hier einer Analyse weiterer Umstände, um über die Arbeitnehmereigenschaft urteilen zu können. Ergiebig ist insbesondere der Umfang der zeitlichen Bindung. Wer sich zu 40 Stunden Arbeitsleistung die Woche verpflichtet, ist Arbeitnehmer, wenn der Gegenstand der Arbeit durch den Auftraggeber bestimmt wird. Denn aus der Bindung an 40 Wochenstunden ergibt sich im Verein mit der natürlichen Begrenztheit der persönlichen Arbeitskapazität ein Maß an zeitlicher Bindung, das zur klassischen Weisungsunterworfenheit bezüglich der Lage der Arbeitszeit keinen wesentlichen Unterschied ergibt. Als Indikator für die nichtunternehmerische Verwertung der Arbeitskraft ist sie von gleicher Ergiebigkeit. Auf die digitale Diskontinuierung der Arbeitszeit ist das 1:1 übertragbar: Die Zuweisung von stundenbezogenen Arbeitskontingenten im Umfang eines Vollarbeitsverhältnisses bedeutet eine arbeitsvertragliche Verpflichtung,

22 Der Umfang der Arbeitszeit steht nicht zur Disposition eines „Vertrauens"-Arbeitnehmers, BAG 29. 8. 2013, 2 AZR 273/12, Rn. 35, juris; BAG 24. 5. 2012, 2 AZR 124/11, Rn. 34, juris.

23 Deren z.T. geforderte weitgehende Lockerung gerade für digitale Arbeit (Wolf, in: Industrie 4.0 als Herausforderung des Arbeitsrechts, in: Giesen/Junker/Rieble (Fn. 3), S. 61, 63 f.; krit. Krause, in diesem Band, s. S. 151 ff.) hätte folglich im Einzelfall Auswirkungen auch auf die Anwendbarkeit des Arbeitsrechts, weshalb die gesetzliche Zulassung dieser Lockerungen an die ausdrückliche vertragliche Vereinbarung eines arbeitsrechtlichen Status gebunden werden könnte.

24 BAG 6. 5. 2003, 1 ABR 13/02, Rn. 65, juris.

25 Darauf abhebend BAG 25. 3. 1992, 7 ABR 52/91, Rn. 28, 34, juris.

wenn der Gegenstand der Arbeit vorgegeben ist und andere Umstände der Einordnung als unselbständig nicht entgegenstehen.

Weiter reicht die Diskontinuitätstoleranz aber nicht, wenn man die Idee der Weisungsunterworfenheit ernst nimmt. Ein Vertrag, der dem Arbeitenden nur das Datum für die Ablieferung des Arbeitsergebnisses benennt, kann nach herrschender Ansicht kein Arbeitsvertrag sein, wenn die Weisungsunterworfenheit etwas bedeuten soll. Es kann sich nur um arbeitsrechtliche Teilsachverhalte handeln, die an die wirtschaftliche Abhängigkeit anknüpfen (insbes. Heimarbeiter). Das Fehlen dieser Bindung kann durch noch so starke Fremdbestimmung in anderer Hinsicht nicht kompensiert werden. Die präzise Vorgabe des Arbeitsortes – etwa die Erledigung der Putzarbeiten auf einer Baustelle – macht einen Auftrag nicht zur abhängigen Arbeit, wenn es keinerlei Vorgaben für die zeitliche Gestaltung gibt. Und die präzise Vorgabe der Arbeitsweise (die zu verputzende Fläche, die zu verwendende Putzmasse, das Muster) noch weniger. Die erwartbar wichtigste Form diskontinuierlicher Kooperation scheidet auf der Grundlage des klassischen Arbeitnehmerbegriffs, der sein Leitmerkmal ernst nimmt, aus dem Arbeitsrecht aus: Die Bestimmung des Arbeitsinhalts durch die Vereinbarung bestimmter Arbeitsportionen, die zeitlich nur durch das Ablieferdatum determiniert ist, die der Arbeitende aber ansonsten in voller Zeitsouveränität erledigen kann.[26] Diese Fälle wären bei wirtschaftlicher Abhängigkeit und einer gewissen Kontinuität nur als arbeitnehmerähnliche Sachverhalte zu erfassen.

V. Einbeziehung faktischer Kontinuität

Erheblich vergrößert wird die Diskontinuitätstoleranz nun durch das Dogma der „tatsächlichen Durchführung“ (vgl. § 611a Abs. 1 S. 6 BGB). Die mehrfach vom BAG entschiedene Konstellation geht so, dass überhaupt keine rechtliche Bindung bezüglich der zeitlichen Verfügbarkeit vorliegt, die zeitliche Verfügbarkeit aber der Praxis entspricht. Dass also an die Stelle der rechtlichen Verpflichtung, sich zur Verfügung zu stellen, die bloße tatsächliche Bereitschaft dazu tritt und deren tatsächliche Inanspruchnahme durch den Auftraggeber. Wenn der Arbeitende es sich ohne rechtliche Verpflichtung hierzu gefallen lässt, dass über ihn verfügt wird, wie wenn er sich verpflichtet hätte, wenn er sich der faktischen Erwartung des

---

26 S. nur BAG 25. 3. 1992, 7 ABR 52/91, Rn. 28, 34, juris.

Auftraggebers fügt,[27] genügt dies für die Anwendung des Arbeitsrechts.[28] Das Dogma von der „tatsächlichen Durchführung“, demzufolge nicht die vertragliche Gestaltung, sondern die Praxis einer Arbeitsbeziehung für deren (arbeits-)rechtliche Einordnung maßgeblich sein soll, hat mehrere Bedeutungsschichten. Wenn man von den Ausnahmefällen absieht, in denen die tatsächliche Durchführung als konkludente rechtsgeschäftliche Begründung einer Weisungsgebundenheit gedeutet werden kann, stellt sich die Frage, wie aus einem rein tatsächlichen Verhalten vertragliche Pflichten entstehen können. Auf dem Boden der Vertragstheorie, die eine andere als rechtsgeschäftliche Begründung eines Arbeitsverhältnisses nicht zulässt, kann die „tatsächliche Durchführung“ der – ausdrücklichen! – rechtsgeschäftlichen Vereinbarung den Rang nur ablaufen, wenn man in ihr einen Umgehungssachverhalt sieht: hier die Umgehung des arbeitsrechtlichen Aufgreiftatbestandes und der arbeitsrechtlichen Schutzregeln.[29] Es handelt sich um das, was auf dem Boden der Vertragstheorie von der „Eingliederung“ übrigbleibt, soweit man in ihr mehr sehen möchte als den bloßen Vollzug der rechtlichen Bindung. Für die digitale Arbeitsorganisation ist diese Ausdehnung des arbeitsrechtlichen Aufgreiftatbestandes auf das rein Faktische von nicht geringer Bedeutung, da die mit der Digitalisierung einhergehende Auflockerung der vertraglichen Bindung in räumlicher und zeitlicher Hinsicht nicht selten begleitet wird von einer tatsächlichen Verdichtung jener Momente, die den Arbeitnehmer ausmachen. Eine Arbeitsorganisation, die den Arbeitenden von Rechts wegen in die raumzeitliche Souveränität entlässt, über digitale Kommunikations- und Kontrollmechaniken aber faktisch an die Kandare nimmt, faktisch Sofort-Reaktionen abverlangt und ihn damit einer faktischen Arbeitsbereitschaft unterwirft,[30] bleibt mithilfe der Umgehungsdogmatik also im Einzugsbereich des Arbeitnehmertatbestandes. Eine klare Grenze zieht das BAG aber zu Recht zwischen einer derartigen Praxis und der bloßen (inneren) Bereitschaft des Beauftragten, für den anderen nach dessen Abruf tätig zu werden.[31] Im Falle

27 BAG 17. 4. 2013, 10 AZR 272/12, BAGE 145, 26 Rn. 27; BAG 20. 5. 2009, 5 AZR 31/08, Rn. 22, juris m.w.N.; die bloße Bereitschaft des Arbeitenden genügt nicht, BAG 21. 7. 2015, 9 AZR 484/14, Rn. 25, juris; BAG 14. 6. 2016, 9 AZR 305/15, Rn. 24, juris.

28 S. etwa BAG 25. 3. 1992, 7 ABR 52/91, Rn. 28, 34, juris.

29 Dies ist wohl der von der Rechtsprechung intendierte Kern der „tatsächlichen Durchführung“, s. BAG 14. 6. 2016, 9 AZR 305/15, Rn. 15, juris.

30 S. die Beispiele bei Uffmann NZA 2016, 977, 978.

31 BAG 21. 7. 2015, 9 AZR 484/14, Rn. 25, juris; BAG 14. 6. 2016, 9 AZR 305/15, Rn. 24, juris.

des Crowdworking kann das Dogma der tatsächlichen Durchführung zu einem Arbeitsverhältnis führen, wenn als Resultat der Auftragsvergabe via Plattform eine Beschäftigungskontinuität – je nach Gestaltung mit dem Auftraggeber, wahrscheinlicher mit dem Plattformbetreiber – entsteht. Dabei muss sich der Wettbewerb gar nicht als bloße Imitation herausstellen, auch hier ist es der objektive Befund, dass über nicht unerhebliche Zeit durch immer wieder erfolgreiche Auftragswettbewerbe eine Beschäftigungskontinuität zu einem bestimmten Bewerber entsteht und infolge der Dichte der Aufträge eine faktische Verfügbarkeit entsteht. Das gilt jedenfalls dann, wenn der Auftraggeber über die Bewerbungen frei entscheiden kann und die Kontinuität das Resultat eines bewussten Entscheidens ist. Aber es wird auch bei automatischer Vergabe aufgrund eines Parameter-Wettbewerbs zu gelten haben, wenn das Resultat dasselbe ist.

VI. Die Einbeziehung faktischer Zeitbindung aufgrund Ergebnisvereinbarungen in den Arbeitnehmertatbestand

1. Induktive Rechtfertigung

Der Gedanke der Wirkungsidentität lässt sich nun fruchtbar machen für die arbeitsrechtliche Einordnung der als besonders wichtig anzusehenden Sachverhalte ohne kontinuierliche (rechtliche oder faktische) Weisungsunterworfenheit bezüglich der Lage der Arbeitszeit. Nähern wir uns dieser Gestaltung mit einem Beispiel aus der analogen Arbeitswelt. Als (vereinfachtes) Beispiel kann eine jüngere Entscheidung des United States Court of Appeals (Ninth Circuit) dienen, die von der deutschen Rechtsprechung wohl genauso entschieden werden würde wie sie vom amerikanischen Bundesgericht entschieden wurde. Das Kurierunternehmen FedEx gibt den als Selbständigen beschäftigten Paketfahrern lediglich zwei Zeitpunkte am Tag vor: Sie dürfen nicht eher losfahren, bis ihre Ladung an Paketen vollständig ist, und sie müssen zu einem bestimmten Zeitpunkt wieder zurück sein, offenbar, damit die Beladung für den nächsten Tag beginnen kann. Schließlich bestimmt FedEx die Menge der zuzustellenden Pakete (workload), und zwar, wohl aufgrund von Erfahrungswerten, so, dass die Fahrer zwischen 9,5 und 11 Stunden am Tag zu tun haben, um die Aufträge zu erledigen. Die rechtlichen Pflichten ergeben für sich und auch als Gesamtkonstrukt keine Pflicht zur Verfügungstellung der Arbeitskraft, keine Bestimmung der Lage der Arbeitszeit, doch summieren sich die einzelnen Pflichten in ihrer praktischen Wirkung („combined effect“) zu einem vergleichbaren

Tatbestand, nämlich, dass FedEx auf diese Weise die Arbeitszeit im Wesentlichen („substantially“) festlegt,[32] weshalb die Paketfahrer als Arbeitnehmer zu behandeln sind.[33]

Die FedEx-Konstellation lässt sich auf vergleichbare Fälle digitaler Arbeitsorganisation 1:1 übertragen: Mag dem zu Hause arbeitenden Programmierer nur das Arbeitsergebnis und der Zeitpunkt der Ablieferung vorgegeben sein, so ergibt sich eine der Weisungsunterwerfung ähnliche faktische Bindung, wenn die Arbeitsmenge praktisch keine Spielräume mehr lässt und zur wesentlichen Vereinnahmung der Arbeitskraft für den zwischen Beauftragung und Ablieferung des Arbeitsergebnisses liegenden Zeitraum führt.[34]

Nicht mehr zu erfassen mit dem klassischen Arbeitnehmerbegriff strenger Observanz sind Fallgestaltungen, in denen eine kontinuierliche Verfügbarkeit weder rechtlich noch faktisch noch effektiv besteht. Für das digitale Arbeitsmodell dürfte gerade diese Konstellation von zentraler Bedeutung sein. Es geht um eine vertragliche Gestaltung des Auftrages, die den Auftragnehmer nicht einer kontinuierlichen Weisungsbefugnis in zeitlich definiertem Umfang rechtlich unterwirft oder diese faktisch durchsetzt, sondern in dem ein Arbeitsergebnis definiert und ein Datum für die Ablieferung des Ergebnisses fixiert ist. Alles andere ist dem Arbeitenden freigestellt. Wer Weisungsunterworfenheit und Eingliederung als notwendiges Merkmal des Arbeitnehmertatbestandes ansieht, muss in diesen Konstellationen zu einem negativen Ergebnis kommen. Hier endet der Zugriff des Arbeitsrechts im Verständnis der heute herrschenden Meinung. Ohne Vorgaben zur Dauer der Arbeitszeit und ohne substituierende Ausschließlichkeitsbindung, bestünden sie auch nur mittelbar oder ergäben sie sich faktisch, ist man in Deutschland nicht Arbeitnehmer. Wer für die Erledigung von Arbeitsaufträgen nach Ergebnis bezahlt wird und infolge eines großzügig bemessenen Leistungszeitpunktes genügend zeitliche Dispositionsfreiheit behält und wer während dieser Zeit vom Auftraggeber „in Ruhe gelassen wird“, ist nach derzeitigem Verständnis kein Arbeitnehmer, auch dann nicht, wenn er

32 Ganz parallel BAG 25. 3. 1992, 7 ABR 52/91, Rn. 36 a.E., juris, das bei Fehlen ausdrücklicher Vorgaben für die Lage der Arbeitszeit und bloßer Vorgabe eines Ablieferungszeitpunktes auf den verbleibenden Gestaltungsspielraum abstellt.

33 Alexander v. FedEx Inc., No. 3:05-cv-38-EMC (U. S. Ct. App 9th Cir. 2014), S. 17; in BAG 27. 6. 2001, 5 AZR 561/99, BAGE 98, 146 konnte die Kurierfahrerin dagegen frei über die Entgegennahme von Beförderungsaufträgen entscheiden, deshalb war sie nicht Arbeitnehmerin.

34 Vgl. BAG 25. 3. 1992, 7 ABR 52/91, Rn. 36 a.E., juris, wo diese Bindung gerade nicht bestand.

nur einen Auftraggeber hat, wenn seine Arbeitskraft durch diesen im Wesentlichen „verbraucht“ wird und wenn der Arbeitende seine wirtschaftliche Existenz im Wesentlichen dem Einkommen aus dieser Tätigkeit verdankt und obendrein nur in Höhe üblicher Arbeitslöhne bezahlt wird. Damit würde wohl ein erheblicher Teil digitaler, diskontinuierlicher Formen der Arbeit nur die Arbeitnehmerähnlichkeit begründen.

Wäre aber eine grundlegend andere arbeitsrechtliche Einschätzung wirklich überzeugend, wenn in der zuletzt geschilderten Konstellation zwar die totale Inanspruchnahme der Arbeitskraft bliebe, aber ein größerer tatsächlicher Spielraum bezüglich der Arbeitszeit bestünde: Wenn also der „workload“ den Monat oder das Quartal als Bezugsrahmen hätte und der Arbeitende zwar seine Arbeitskraft ausschöpfte und unter der Corporate Identity des Auftraggebers arbeitete und dies zum Tariflohn eines Angestellten, sich aber etwa den Mittwoch freihalten und dies durch Mehrarbeit am Donnerstag oder durch Arbeit am Samstag auffangen könnte, wenn also zwar die Arbeitskraft im Ergebnis durch den Workload zu tarifähnlichen Entgelten abgeschöpft würde, folglich der Umfang der Arbeitzeit faktisch determiniert ist, aber die Lage der täglichen und vielleicht sogar wöchentlichen Arbeitszeit letztlich in den Händen des Arbeitenden läge? Wer das bejaht, wird in Schwierigkeiten kommen, einen Unterschied zur Vertrauensarbeit und manchem anderen Fall flexibler Arbeitszeitgestaltung zu begründen. Und er würde der Bestimmung der Lage der Arbeitszeit eine Trennkraft zubilligen, die sie aus sich heraus nicht besitzt. Wenn etwa vereinbart ist, dass Frau R die Wohnung des Herrn A jeweils dienstags von 9 – 13 Uhr zu reinigen hat, dann ist anhand dieser Vereinbarung nicht zu erkennen, ob es sich um einen Arbeitsvertrag oder einen Dienstvertrag handelt, auch dann nicht, wenn wir diesem Umstand noch hinzufügen, dass Herr A Frau R während der vier Stunden laufend Weisungen erteilt.[35] Man kann daran immerhin eine Vermutung für das Arbeitsverhältnis knüpfen, aber sie wäre schnell entkräftet, wenn sich herausstellte, dass Frau R ein Gewerbe angemeldet hat, dass sie nicht für 10 €, sondern für 35 € die Stunde zzgl. Umsatzsteuer arbeitete, dass sie noch etwa 20 andere Kunden auf diese Weise betreut. Was das schlichte Beispiel deutlich macht, ist: Das Weisungsrecht, verstanden als rein rechtlicher Befund, ist mehrdeutig, es erhält seine bestimmende Kraft, seine spezifisch arbeitsrechtliche Bedeutung erst aus dem Gesamtbild. Wenn es demnach zu schwach ist, hinreichendes Kriterium für den

35 Das sieht das BAG nicht anders, wenn es die Selbständigkeit von Versicherungsvermittlern und Handelsvertretern nicht an zeitlicher Bindung und Kontrollpflicht scheitern lässt, s. diese und die weiteren bei Reinecke, NZA-RR 2016, 393, 395 f., dokumentierten Entscheidungen.

Arbeitnehmertatbestand zu sein, spricht wenig dafür, in ihm ein notwendiges Merkmal zu sehen. Doch müsste die herrschende Lehre zu diesem Ergebnis kommen.

2. Teleologische Rechtfertigung

Dieser induktiv erzeugte Zweifel an der Notwendigkeit der Weisung wird durch die deduktiv-teleologische Analyse bestätigt. Überzeugend ist die Theorie der notwendigen Weisungsunterworfenheit nur dann, wenn der arbeitsrechtliche Schutzbedarf tatsächlich mit der rechtlichen bzw. einer rechtlich gleichstehenden faktischen Verfügbarkeit zusammenhängt und also mit deren Verschwinden nicht mehr besteht. Das wäre anzunehmen, wenn die Merkmale „Weisungsbindung" bzw. Eingliederung die Schutzbedürftigkeit des Arbeitnehmers erschöpfend kennzeichnen. Fraglos kennzeichnen sie *eine* Schutzbedürftigkeit: Einseitige Weisungsbefugnis – „Befehlsgewalt" – ist notwendig mit einem hohen Risiko unberechtigter Eingriffe in die persönliche Freiheit verbunden. Die „Eingliederung" setzt den Arbeitnehmer in erhöhtem Maße nicht steuerbaren Schadens-, Haftungs- und Störungsrisiken aus. Sie tun dies aber nicht erschöpfend: Zu dem wichtigsten Teil des arbeitsrechtlichen Schutzes – dem Schutz des Arbeitsverhältnisses und des Entgeltanspruchs als wirtschaftlicher Existenz des Arbeitenden – besteht dieser unmittelbare Zusammenhang nicht. Was hat, um es mit Wank zu sagen, die Weisungsbindung mit der Entgeltfortzahlung im Krankheitsfall zu tun?[36] Warum muss jemand, der gem. § 106 GewO gebunden ist, für den Fall der krankheitsbedingten Arbeitsunfähigkeit Entgeltfortzahlung haben? Anders als Wank würde ich einen Zusammenhang durchaus bejahen, aber dieser Zusammenhang, insoweit teile ich die Kritik Wanks, wird eben nicht aus der Tatsache der Weisungsbindung für sich deutlich, sondern erst daraus, dass man die Weisungsbindung auf den eigentlichen Schutzgrund des Arbeitsrechts – die nichtunternehmerische Verwertung der Arbeitskraft[37] – hin wertet,[38] also unter Einbeziehung aller hier-

---

36 Wank (Fn. 3), S. 149.

37 S. bereits Hueck/Nipperdey Lehrbuch des Arbeitsrechts 1931, S. 35 („im Dienst eines anderen"). Aufgegriffen im Merkmal der „Fremdbestimmtheit" in § 611a Abs. 1 S. 1 BGB. Näher Schwarze ZfA 2005, 81 ff. m.w.N.

38 Wank (Fn. 3), S. 149 f. Die Anknüpfung der Rechtsprechung an den „Grad" der Weisungsbindung (BAG 14. 6. 2016, 9 AZR 305/15, Rn. 27, juris) weist in diese Richtung.

für maßgeblichen Umstände. Erst daraus erschließt sich etwa die im Vergleich zur fachlichen und örtlichen Bindung wesentliche Bedeutung der zeitlichen Weisungsbindung, da sie die unternehmerische Freiheit zur Verwertbarkeit der Arbeitskraft viel tiefer beschränkt.

Es bedarf, um ihn offen zu legen, des Zurückgehens auf den Ausgangspunkt, der im *Gegentatbestandlichen* des Arbeitnehmerseins zum Unternehmersein liegt: Der „Arbeitnehmer" ist das Negativ zum „Unternehmer", der Arbeitnehmerbegriff ist als Gegenbegriff zu denken, dessen Merkmale sich aus einer Umpolung der Merkmale unternehmerischen Handelns ergeben.[39] Der Arbeitnehmer verwertet seine Arbeitskraft nicht selbst, er überlässt sie dem Unternehmer zur unternehmerischen Verwertung durch diesen. Diese Überlassung drückt sich unter den Bedingungen kontinuierlicher Kooperation in der analogen Welt typischerweise in einer intensiven Weisungsgebundenheit aus, insbesondere in zeitlicher Hinsicht. Die Weisungsunterworfenheit gem. § 106 GewO bildet für den typischen Fall den Kern der Freiheitseinbuße: Sie ist der vertragliche Verzicht auf einen wesentlichen Teil der unternehmerischen Freiheit, die Eingliederung die faktische Aufgabe eines erheblichen Teils dieser Freiheit. Darin liegt der sachliche Zusammenhang zwischen Weisungsunterworfenheit bzw. Eingliederung und Existenzsicherung. Und deshalb ist – abweichend zur verwerfenden Kritik Wanks – die Weisungsunterworfenheit durchaus ein faktisches Leitmerkmal des Arbeitnehmertatbestandes, das zudem den Vorzug hoher Operabilität und – das gilt zumindest für die analoge Arbeitswelt – hoher Indizkraft hat. Ein notwendiges Merkmal nichtunternehmerischer Verwertung der Arbeitskraft ist sie nicht. Weder logisch: So wie ein Unternehmer im Umfang des § 106 GewO gebunden sein kann, ohne dass der unternehmerische Charakter seines Handelns in Frage steht, kann umgekehrt die nichtunternehmerische Form des Arbeitens erfüllt sein, ohne dass es des Weisungsrechts bedarf. Noch sachlich, da die „Inanspruchnahme" der Arbeitskraft bei entsprechenden technischen Kooperationsbedingungen auch ohne solche Weisung darstellbar ist. Immerhin: Fehlt es an dem wertungsstarken Merkmal der Weisungsgebundenheit, muss die Arbeitnehmereigenschaft positiv begründet werden, und es müssen andere Merkmale den Verzicht oder Verlust an Freiheit bezüglich der Verwertung der eigenen Arbeitskraft begründen. Dafür spricht u.a. eine erhebliche quantitative Inanspruchnahme der Arbeitskraft durch denselben Auftraggeber, eine an üblichen Arbeitsentgelten orientierte Vergütung bzw. die Orientierung an der gesetzlichen

39 S. Nachweise Fn. 4.

Mindestvergütung, die unbestimmte Dauer der Beschäftigung, die Arbeitsleistung in Person, das Fehlen oder die geringe Zahl anderer Auftraggeber, das fehlende Auftreten am Markt.

3. Der von § 611a BGB belassene Auslegungsspielraum

Nun scheint die Vergesetzlichung des Arbeitnehmerbegriffs in seiner richterrechtlichen Ausprägung durch § 611a Abs. 1 S. 1 BGB die Weisungsunterworfenheit zu einem notwendigen Merkmal zu erheben und die Einbeziehung der soeben diskutierten Konstellation in den Arbeitnehmertatbestand nicht zu erlauben. Indessen definiert § 611a Abs. 1 S. 3 BGB die Weisungsgebundenheit in einer Weise, welche die faktische zeitliche Vereinnahmung der Arbeitskraft miterfassen kann. § 611a Abs. 1 S. 6 BGB stützt durch die Hervorhebung des tatsächlichen Moments diese Interpretation. § 611a Abs. 1 S. 5 BGB relativiert die Bedeutung der Weisungsgebundenheit, insofern er eine „Gesamtbetrachtung aller Umstände" gebietet und zwar nicht bezogen auf die Weisungsgebundenheit, sondern auf den ihr übergeordneten Begriff des Arbeitsvertrages. Zudem „kann" die Weisungsgebundenheit in räumlicher und vor allem zeitlicher Hinsicht vorliegen (§ 611a Abs. 1 S. 2 BGB), sie muss es also nicht. Schließlich liefert § 611a Abs. 1 S. 1 BGB mit der „Fremdbestimmtheit"[40] selbst den Verweis auf das teleologisch bestimmende Moment des „Nichtunternehmerischen". Das ergibt den nötigen Spielraum für eine Interpretation, die die Weisungsgebundenheit im strengen rechtlichen Sinne als indizstarkes und typisches Merkmal ernst nimmt, aber nicht als unverzichtbar ausweist.

VII. Die Bedeutung der wirtschaftlichen Abhängigkeit

Es bleibt auch bei einem teleologisch geläuterten Arbeitnehmerbegriff die unternehmerische Ausbeutung der Arbeitskraft als entscheidende Anknüpfung. Dafür ist die wirtschaftliche Abhängigkeit – verstanden als wirtschaftliche Angewiesenheit auf das Einkommen aus dem betreffenden Tätigkeitsverhältnis – ein typischer Begleitumstand und daher wichtiges Indiz – gerade in den Fällen, in denen die strikte Bindung bezüglich der Lage der Arbeitszeit als Leitindiz fehlt. Mehr aber nicht. Als eigener Schutztatbestand

40 S. bereits Hueck/Nipperdey Lehrbuch des Arbeitsrechts 1931, S. 35 („im Dienst eines anderen").

bleibt sie vom Arbeitnehmertatbestand getrennt.[41] Praktisch geht es v.a. um Fälle, in denen – bei wirtschaftlicher Abhängigkeit – eine rechtliche Bindung der Arbeitskraft über den konkret bestimmten Auftrag hinaus nicht besteht, in denen der Beauftragte also nicht die Versorgung mit Aufträgen beanspruchen kann und vice versa Aufträge jederzeit ablehnen kann.[42] Ob die wirtschaftliche Abhängigkeit auch künftig eine deutlich schlechtere arbeitsrechtliche Behandlung verdient, ist nicht durch Einebnung der tatbestandlichen Unterschiede zu entscheiden, sondern bei der Rechtsfolgenzuordnung des weiterhin eigens geführten Tatbestands der „Arbeitnehmerähnlichkeit". Dafür spricht der wesentliche Unterschied zwischen vertragsinternem und vertragsexternem Tatbestand, aus dem sich eine grundverschiedene Steuerbarkeit und Zurechenbarkeit für den Vertragspartner ergibt.

VIII. Die Arbeitnehmerähnlichkeit

Wenngleich die Debatte um die Arbeitnehmerähnlichkeit an dieser Stelle nicht zu führen ist, ist sie unter einem Gesichtspunkt doch aufzugreifen. Lehnt man die hier bevorzugte Fortentwicklung des Arbeitnehmerbegriffs ab, werden die hiervon erfassten Sachverhalte im Wesentlichen in die Arbeitnehmerähnlichkeit verschoben. Deren Kernmerkmal ist die wirtschaftliche Abhängigkeit, das Angewiesensein auf den Auftrag, um dessen rechtliche Einordnung es geht. Das Nichtunternehmer-Sein beruht hier auf einer schlichten Tatsache, nicht auf vertraglicher Gestaltung. Für die Tatsache genügt, dass man von einem Auftraggeber wirtschaftlich abhängig *ist*. Die Unausweichlichkeit der Situation ist nicht erforderlich. Dass der Tätige noch andere Aufträge annehmen könnte, ist unerheblich. Die wirtschaftliche Abhängigkeit bedeutet praktisch zweierlei: dass der Arbeitende kaum für andere tätig ist und daher zur Verfügung steht, ferner, dass er sich Aufträgen kaum unter Hinweis auf deren Unzeitigkeit entziehen wird.[43] De facto also wird der wirtschaftlich Abhängige dem Auftraggeber ähnlich zur Verfügung stehen wie der Rand-Arbeitnehmer. Oft ist es nur die intelligentere, bewusst arbeitsrechts-vermeidende Organisation der Arbeitsaufträge, die zwischen den Sachverhalten liegt. Diesem knappen tatbestandlichen

41 BAG 14. 6. 2016, 9 AZR 305/15, Rn. 25, juris.

42 S. den für die Digitalisierung paradigmatischen Sachverhalt im Programmiererfall, BAG 14. 6. 2016, 9 AZR 305/15, Rn. 25, juris.

43 Vgl. BAG 14. 6. 2016, 9 AZR 305/15, Rn. 25, juris ("undenkbar, Aufträge abzulehnen").

Unterschied steht auf der Rechtsfolgenseite der Sturz in die arbeitsrechtliche Not gegenüber. Der Arbeitnehmerähnliche hat lediglich den Urlaubsanspruch und kann – unter glücklichen Umständen – auf einen Mindestlohn (HAG, § 12a TVG) hoffen. Alles andere bleibt ihm versagt: (1) Er trägt sein eigenes unternehmerisches Risiko und das des Auftraggebers. (2) Er trägt sein Betriebsrisiko und das des Auftraggebers. (3) Er trägt das Risiko der Krankheit, der Invalidität (anders nur beim Arbeitsunfall). (4) Er trägt das Risiko von Eigenschäden. (5) Selbst das Haftungsrisiko wird ihm nicht abgenommen. (6) Und er trägt das Beendigungsrisiko.[44] Wie immer man über Arbeits- und Sozialschutz en gros urteilt, erschließt sich das Unbefriedigende dieser Situation schon aus dem bloßen Vergleich mit der Situation des Arbeitnehmers. Behoben wird es nur in den Fällen, in denen diesen Risiken ein Entgelt gegenübersteht, das dem Tätigen eine angemessene Risikovorsorge gestattet. Dann verschwindet allerdings auch die Situation der Arbeitnehmerähnlichkeit: Wer mit seiner Arbeit etwa 150.000 € im Jahr einnimmt, ist dem Arbeitnehmer nicht mehr wirtschaftlich ähnlich.[45] Das heißt: Das Unangemessene von Chance und Risiko ist der Situation der Arbeitnehmer-Ähnlichkeit inhärent. Dies und die Tatsache, dass die wirtschaftliche Existenz des größten Teils der Bevölkerung unmittelbar oder mittelbar an Erwerbstätigkeit hängt, führt zu der These, dass die politische Erträglichkeit der Arbeitnehmerähnlichkeit Grenzen hat und daran gebunden ist, dass der arbeitnehmerähnlich Tätige eine reelle Chance hat oder zumindest für sich sieht, dieser Situation zu entkommen, also à la longue hinreichende Aussichten auf eine Beschäftigung als Arbeitnehmer oder auf unternehmerischen Erfolg hat oder auf eine familiäre Absicherung des Risikos hoffen darf. Das ist nicht mehr der Fall, wenn die Situation, die heute als Arbeitnehmerähnlichkeit erfasst wird, infolge der Digitalisierung aus ihrer derzeitigen Randstellung[46] ins Zentrum rückt und zum Normalfall der Erwerbstätigkeit werden sollte. Wenn die Arbeitsgestaltung im Programmiererfall[47] das Modell digitalen Arbeitens bilden sollte, wird – diese Prognose ist nicht gewagt – die arbeits- und sozialversicherungsrechtliche

44 ErfK/Preis 19. Aufl., § 611a BGB, Rn. 80; HWK/Thüsing 8. Aufl., § 611a BGB, Rn. 125 f.; Nomos/Kreuder § 611a BGB, Rn. 102 ff.

45 Vgl. BAG 2.10.1990, 4 AZR 106/90, Leits. 3, juris. Die „soziale Schutzbedürftigkeit" bei 74.000 € für das Jahr 2002 verortet der TV Deutsche Welle für arbeitnehmerähnliche Personen, vgl. BAG 21.6.2011, 9 AZR 820/09, Rn. 3, juris.

46 Die Zahl der Solo-Selbständigen, unter denen man die Arbeitnehmerähnlichen erwerbsstatistisch vermuten darf, belief sich 2017 auf 2,31 Mio. Personen, die der Arbeitnehmer auf 39, 86 Mio. Personen.

47 BAG 14.6.2016, 9 AZR 305/15, juris.

Gleichstellung der Arbeitnehmerähnlichkeit mit dem heutigen Arbeitnehmerstatus in weiten Teilen folgen,[48] sei es judikativ-evolutionär durch eine allmähliche, gesetzesbezogene Ausweitung des Arbeitnehmersbegriffs, sei es legislativ-revolutionär durch den einen großen Schnitt.

IX. Desiderat

Die Diskontinuierung der Arbeit in personeller Hinsicht – modellhaft dafür das externe Crowdworking[49] – wird sich vermutlich überwiegend nicht arbeitsrechtlich fassen lassen, auch nicht als Arbeitnehmer-Ähnlichkeit im derzeitigen Sinn,[50] weil die Zurechenbarkeit zu dem einen Vertrag fehlt, den der vertragsbezogen konzipierte arbeitsrechtliche Schutz benötigt.[51] Wo nicht doch die Notwendigkeit verlässlicher und vertrauter Kooperation zumindest eine für das Arbeitsrecht verwertbare verstetigte Rahmenbeziehung zwischen Auftragnehmer und Plattformbetreiber[52] oder Auftragnehmer und Auftraggeber[53] entstehen und die wettbewerbliche Vergabe zur bloßen Imitation degenerieren lässt, wird man sich schwer damit tun, die Erledigung eines kleinen Auftrags als arbeitsrechtlich relevant zu qualifizieren. Das ist auch kein Drama, solange die Wettbewerber nicht vom wettbewerblichen Erfolg leben müssen, weil sie andere Einnahmequellen haben oder auf solche erst gar nicht angewiesen sind oder einen ausreichenden

48 Für die Weiterentwicklung des Heimarbeiterrechts in diese Richtung Kocher/Hensel NZA 2016, 984, 989 f.

49 Gemeint ist im Folgenden das „externe" Crowdworking mit wechselnden Auftraggebern. Als arbeitsrechtlicher Sachverhalt erfassbar bleibt das „interne" Crowdworking, die Arbeitsvergabe über Plattformen innerhalb eines Unternehmens bzw. Konzerns, bei dem eine stetige Beziehung zwischen Auftraggeber und Beauftragtem besteht, vgl. Uffmann, Die digitale Transformation von Unternehmen durch Industrie 4.0, in: Giesen/Junker/Rieble (Fn. 3), S. 38 ff. Zur derzeitigen Wirklichkeit des Crowdworking s. die Beiträge in diesem Band von von Schramm/Tietgen-Simonsen (S. 11 ff.) und Gebert/Krzywdzinski (S. 25 ff.).

50 Erwägend Franzen, Folgen von Industrie 4.0 für die Betriebsverfassung, in: Junker/Giesen/Rieble (Fn. +), S. 107, 115 f.

51 Näher zu den Problemen der arbeitsrechtlichen Zuordnung zum Plattformbetreiber Kocher/Hensel NZA 2016, 984, 987 f.

52 Verstetigung durch digitale Kontrollmechanismen und Arbeitsprogrammierung erörternd Kocher/Hensel NZA 2016, 984, 987 ff.

53 Vgl. Däubler/Klebe, Crowdworking - Die neue Form der Arbeit – Arbeitgeber auf der Flucht?, NZA 2015, 1032 ff. (Anspruch des Auftraggebers auf die Arbeitsleistung).

unternehmerischen Erfolg haben. Im Übrigen aber ist eine staatliche Regulierung unumgänglich, die vor allem durch staatliche Mindestentgelte, eine Mindestabsicherung der Entgeltrisiken[54] und evtl. durch die Öffnung des tariflichen Verfahrens[55] das sozial Nötige tut und der Erodierung des vertragsbezogenen arbeitsrechtlichen Schutzes entgegenwirkt.

X. Zusammenfassung

1. Das proprium des Arbeitsrechts ist der Schutz nichtunternehmerischen Arbeitens. In der analogen Arbeitswelt kommt es zu einer weitgehenden Deckung der nichtunternehmerischen Arbeit mit weisungsgebundener Arbeit: Der Arbeitsprozess unter analogen Bedingungen bedarf der realen Verfügbarkeit der Arbeitskraft, weil die arbeitsteilige Kooperation in *realer* (räumlicher, zeitlicher, gegenständlicher und personeller) *Kontinuität* vollzogen wird. Diese Verfügbarkeit wird über die arbeitsvertragliche Weisungsgebundenheit (§ 106 GewO) rechtlich hergestellt. Ihren Kern bildet die Weisungsgebundenheit in zeitlicher Hinsicht (Dauer und Lage der Arbeitszeit, § 611a Abs. 1 S. 3 BGB). Die praktische Deckung von nichtunternehmerischer Arbeit mit der arbeitsvertraglichen Weisungsbindung hat die richterrechtliche Ausformung eines arbeitsrechtlichen Aufgreiftatbestandes begünstigt, der für den arbeitsrechtlichen Vollschutz die Weisungsgebundenheit zumindest in zeitlicher Hinsicht als notwendiges Merkmal verlangt. Die nötige teleologische Reflexion führt zu einer Relativierung: Die Weisungsbindung ist ein Merkmal mit starkem Indiz- und Begründungswert und hoher Operabilität. Aber sie ist nicht unverzichtbar.
2. Die Digitalisierung verwandelt Arbeit in digitale Repräsentativität und ermöglicht die arbeitsteilige Verfügung über die Arbeit außerhalb realer Kontinuität. Sie vermehrt daher die Fälle nichtunternehmerischen Arbeitens ohne Weisungsgebundenheit in räumlicher und zeitlicher Hinsicht. Sie wird der Forderung nach teleologischer

---

54 Als Thema der digitalen Arbeitswelt benennt der Bericht des BMAS die Sozialversicherungspflicht von Solo-Selbständigen und Crowdworkern, vgl. BundesMinisterium für Arbeit und Soziales, Weissbuch Arbeiten 4.0, 2015, S. 61 f., 171 ff., 178.

55 Jüngst gegen die Einbeziehung Solo-Selbständiger in das Tarifsystem, aber nur auf der Arbeitgeberseite BAG 31. 1. 2018, 10 AZR 279/16, juris; zur kartellrechtlichen Problematik Mohr (in diesem Band, S. 99 ff.).

Läuterung des Arbeitnehmerbegriffs neues Leben einhauchen und der Verzichtbarkeit der Weisungsgebundenheit bezüglich der Lage der Arbeitszeit zum Durchbruch verhelfen.

3. Hinsichtlich der Dauer der Arbeitszeit ist die vertragliche Bindung für den Arbeitnehmertatbestand notwendig. Es genügt aber eine faktische Bindung, die aus Zeitpunkt der Beauftragung, Zeitpunkt der Ablieferung des Arbeitsergebnisses und dem zu betreibenden Arbeitsaufwand zu einer faktischen Bindung des Beauftragten führt, die ihm keinen erheblichen Gestaltungsspielraum lässt. Ohne diese Bindung kann nur ein arbeitnehmerähnlicher Sachverhalt vorliegen.
4. Sollte die Digitalisierung zu einer Umwälzung der Arbeitsorganisation führen, die zur massenhaften Verschiebung der Arbeitsgestaltung in Sachverhalte führt, die derzeit als nur arbeitnehmerähnlich beurteilt werden, wird das Arbeitsrecht über kurz oder lang nachziehen. Die Kluft zwischen Chance und Risiko im Status der Arbeitnehmerähnlichkeit ist sozialpolitisch akzeptabel, solange sie erwerbsbiografische Ausnahme bleibt und für den Einzelnen nicht als unausweichlich erscheint.

Mehr-Arbeitgeber-Beschäftigung und Tariffragmentierung: Was hat die Entgrenzung von Arbeitsverhältnissen mit dem Renovierungsbedarf der tarifpolitischen Arena zu tun?

Markus Helfen[1]

Abstract. Ausgehend von der Erosion, der Verbetrieblichung und der Desintegration der Tarifpolitik in den letzten zwei Jahrzehnten, beleuchtet der nachfolgende Beitrag die Folgen einer Entgrenzung von Arbeitsverhältnissen für die Tarifpolitik. Ins Zentrum der Argumentation wird zu diesem Zweck die Veränderung der tarifpolitischen Teilarena der industriellen Beziehungen durch eine netzwerkförmige Reorganisation der Wertschöpfung gerückt, in deren Gefolge Mehr-Arbeitgeber-Beschäftigung in verschiedenen Formen auftritt. In der tarifpolitischen Arena bewirkt Mehr-Arbeitgeber-Beschäftigung erhebliche Funktionsprobleme in der Regelfindung und Regeldurchsetzung, die sich aus Vertretungslücken, Verbandskonkurrenz und einer Pluralisierung der Verhandlungsbeziehungen ergeben. Abschließend werden einzelne Ansatzpunkte diskutiert, die tarifpolitische Arena im Hinblick auf Wertschöpfungsnetzwerke und Mehr-Arbeitgeber-Beschäftigung zu renovieren.

1 Danksagung: Mein Dank geht an die Organisatoren der Helmut-Schmidt-Universität/Universität der Bundeswehr, Wenzel Matiaske und Hans Hanau, und die Teilnehmer*innen des Interdisziplinären Workshops „Entgrenzung von Arbeitsverhältnissen“ an der Alfred Schnittke Akademie, Hamburg (01. & 2. Dezember 2017) für anregende Fragen und Diskussion. Zudem danke ich der Hans-Böckler-Stiftung (HBS) für die Förderung des Projekts "Tariflosigkeit auf dem Weg zum Normalzustand?" (Fördernummer 2011-466-2) auf dessen Grundlage dieser Beitrag entstanden ist. Dies schließt meinen Dank an Manuel Nicklich und Jörg Sydow für die Zusammenarbeit im Projekt ein, dessen gedankliche Früchte an zahlreichen Stellen in den hier vorliegenden Text einfließen.

1. Das deutsche Tarifsystem: Stabile Säule wirtschaftlicher und sozialer Integration?

Ohne jede Übertreibung ist es wohl zulässig, die heutige Gestalt des tarifpolitischen Systems in Deutschland als das Ergebnis einer Vielzahl von mitunter heftigen politischen Auseinandersetzungen zu kennzeichnen, die an die Grundfesten der gesellschaftlichen Entwicklung rühren. Schon in der Weimarer Republik wurde um das Tarifvertragssystem gerungen, bevor die NS-Diktatur die sog. Treuhänder der Arbeit einsetzte. In der Frühphase der westdeutschen Bundesrepublik wurde die staatliche Lohnschlichtung als eine Ursache sich aufschaukelnder Klassenantagonismen ausgemacht, die mit zur Destabilisierung der ersten deutschen Demokratie beigetragen haben. Und nebenbei sei bemerkt, dass auch diese erst mit dem sog. Stinnes-Legien-Abkommen, d.h. der Anerkennung der Gewerkschaften und des Tarifvertrages als Regelungsinstrument für die lohnpolitische Auseinandersetzung durch die Arbeitgeber zustande gekommen ist. Auch wenn die Interpretationen über die exakten Entwicklungen in der Entstehungsgeschichte abweichen mögen – dies muss hier den Historiker*innen überlassen bleiben (s. Führer 2004, Bührer 2006) – bleibt wohl festzuhalten, dass das Tarifvertragssystem neben der Sozialversicherung und der Mitbestimmung eine zentrale Institution für die soziale und wirtschaftliche Entwicklung in Deutschland darstellt. Dies nicht zuletzt deshalb, weil die kollektivvertragliche Regelung der materiellen Arbeits- und Beschäftigungsbedingungen einen sozio-ökonomischen Inklusionsmechanismus darstellt, der für die Beschäftigten den Erwerb sozialer Anerkennung und politische Teilhabe auch über den betrieblichen Arbeitsalltag hinaus ermöglicht. Wird dieser Mechanismus gestört, ist auch eine zentrale Säule gesellschaftlichen Zusammenhalts gefährdet.

Trotz ständiger Veränderung des Wirtschaftsgeschehens konnte sich das Regelwerk der Tarifpolitik – wenn von den indirekt einwirkenden Institutionen wie der Sozialversicherung, insbesondere der Arbeitslosenversicherung, abgesehen wird (Zachert, 2009) – bis in die jüngste Vergangenheit nahezu unverändert behaupten; eine auch im Hinblick auf die Krisenerfahrung der Jahre 2008ff. im europäischen und internationalen Vergleich markante und bemerkenswerte Besonderheit der deutschen Tarifpolitik (Streeck, 2016; Schulten & Müller, 2013). Das Tarifvertragsgesetz (TVG) datiert vom 09.04.1949 – und damit zeitlich vor dem Grundgesetz vom 23.05.1949 – und ist vor 2015 nur einmal durch die Einfügung der arbeitnehmerähnlichen Personen im Jahr 1974 geändert worden (Zachert, 2009).

Auch scheint es bei oberflächlicher Betrachtung so, als ob das Zusammenspiel von Akteuren, Regeln und Ressourcen in der Arena der Tarifpolitik vergleichsweise stabilen Ritualen und Konventionen folgt, die von einzelnen Ausnahmen abgesehen routiniert eingesetzt werden. Vor diesem Hintergrund erscheinen die gesetzgeberischen Maßnahmen der letzten Jahre – Mindestlohngesetz (MiloG) und Tarifeinheitsgesetz (Deutscher Bundestag, 2014, 2015) – als besonderer Fall. Aber wie konnte es zu dieser im Verlauf der bundesrepublikanischen Tarifgeschichte ungewöhnlichen Aktivität des Gesetzgebers überhaupt kommen?

Hier wird eine Teilantwort skizziert, die auf die Mesoebene der Unternehmensorganisation zielt, um Veränderungen auf der Makroebene der Institution zu erklären. Ausgehend von der Beobachtung, dass insbesondere der *Branchentarifvertrag* in den letzten zwei Jahrzehnten erheblichen Veränderungen ausgesetzt war, die mit den Begriffen Erosion, Verbetrieblichung und Desintegration umschrieben wurde (Bispinck, 2003, 1997; Bahnmüller, 2009), werden hier die Auswirkungen einer netzwerkförmig reorganisierten Wertschöpfung auf das Tarifsystem genauer betrachtet. Die These lautet, dass eine netzwerkförmige (Re-)Organisation eine Tariffragmentierung hervorruft, welche die etablierte Arena der Tarifpolitik schwächt (hierzu ausführlich Helfen et al., 2016). Auf Seiten der (1) Akteure zeichnet sich diese Fragmentierung durch Vertretungslücken und Konkurrenzen bei den Sozialpartnern aus, welche (2) die Prozesse der Aushandlung aufgrund der Vervielfältigung der Verhandlungsbeziehungen erschwert und (3) die Ressourcen zur Regeldurchsetzung schmälert. Die Ursache hierfür ist, dass in netzwerkförmig organisierter Wertschöpfung verschiedene Formen der Mehr-Arbeitgeber-Beschäftigung entstehen (Marchington et al., 2005). Diese Mehr-Arbeitgeber-Beschäftigung ist davon geprägt, dass sich der Arbeitsprozess über mehrere Organisationen erstreckt und sich das Arbeitsergebnis erst aus dem Zusammenspiel von Arbeitskräften – sowohl von abhängig Beschäftigte mit unterschiedlichem Vertragsstatus als auch von Selbständigen – unterschiedlicher Unternehmen ergibt (hierzu Wirth, 1999; Windeler & Wirth, 2008). Für die Tarifpolitik ist Mehr-Arbeitgeber-Beschäftigung von Bedeutung, insofern die an ihr beteiligten Arbeitgeber hinsichtlich der Arbeits- und Beschäftigungsbedingungen voneinander abweichen; es kommt zur Entstehung von tariflichen Parallelwelten im Netzwerk (Helfen, 2011). Mit anderen Worten: Netzwerkförmige Reorganisation untergräbt die Verbindlichkeit etablierter kollektivvertraglicher Lohnpolitik, indem sie Tarifunterschreitung und Tarifvermeidung ermöglicht und so eine fragmentierte Tariflandschaft schafft. Neben den unmittelbaren Folgen für die Arbeitnehmer – und auch die Arbeitgeber – ruft eine Tariffragmentierung dieser Art erhebliche Probleme für die Gestaltungsfähigkeit der etablierten Akteure in der tarifpolitischen Arena hervor. Dies zeigt einen Renovierungsbedarf der Arena an, um die Handlungsoptionen der Tarifakteure im Umgang mit Mehr-Arbeitgeber-Beschäftigung zu erweitern. Daher schließt der Beitrag mit einer Benennung einzelner Ansatzpunkte, deren Tauglichkeit und nähere Ausgestaltung durch eine interdisziplinäre Forschung aufzuklären wäre.

2. Umbruch und Wandel in der Arena der Tarifpolitik

Um das Institutionengefüge der deutschen Tarifpolitik einzuordnen, wird hier das Konzept der Arena des akteurszentrierten Institutionalismus genutzt. Folgt man Müller-Jentsch (1997: 80), dann ist eine Arena im Kern als ein gesellschaftlicher Raum der „geregelten Konfliktaustragung“ zu verstehen, in dem die hierzu legitimierten Akteure ihre Interessen unter zu Hilfenahme der zulässigen Vertretungs- und Verhandlungsformen in Vereinbarungen überführen. Im weiteren Sinne schließt die Arena zudem materielle, organisatorische, rechtliche und ideelle Handlungsressourcen und -restriktionen der Akteure ein, die den sozialen Kontext der Arena ausmachen (Müller-Jentsch, 1997). Die tarifpolitische Arena in Deutschland beruht auf dem Rechtsinstitut der Tarifautonomie – durch Tarifvertragsgesetz, praktische Übung der Sozialpartner und Richterrecht ausgestaltet –, die ihrerseits auf der Koalitionsfreiheit fußt und vor allem den Staat in der Regel aus der Lohnfestsetzung ausschließt (Müller-Jentsch, 1997, Weitbrecht, 1969). Die zentrale Arena der Tarifpolitik gruppiert sich um den Flächentarifvertrag, d.h. den regionalen Branchentarifvertrag, in dem die Arbeitsbedingungen, vor allem Löhne und Arbeitszeiten, geregelt werden. Die zentralen organisatorischen Säulen einer branchenmäßig verfassten Tarifpolitik sind die Sozialpartner – die Gewerkschaften und die Arbeitgeberverbände – die auf der Grundlage des Tarifrechts nach mehr oder weniger eingespielten Verfahren verhandeln. Neben dem Arbeitsmarktgeschehen besteht der weitere soziale Kontext der tarifpolitischen Arena zum einen aus rechtlichen und materiellen Ressourcen wie den sozialen Sicherungssystemen, in denen neben dem Staat auch die Verbände an der Aufsicht mitwirken, oder den komplementären Mitbestimmungs- und Mitwirkungsrechten der Beschäftigten über ihre Betriebsräte in der betrieblichen Arena. Zum anderen gibt es aber auch normative Orientierungen, welche den Akteuren als ideelle Handlungsressourcen zur Verfügung stehen, beispielweise die sog. Sozialpartnerschaft (hierzu etwa Behrens & Helfen, 2016; s. aber Streeck, 2016).

Trotz der erheblichen Verschiebungen in den sozialen und wirtschaftlichen Rahmenbedingungen des Arbeitsmarktgeschehens im Zeitverlauf – hier sei nur auf die gestiegene Erwerbsbeteiligung von Frauen und den Wandel der Beschäftigungsstruktur in ihrer sektoralen und qualifikatorischen Untergliederung hingewiesen (Mai & Schwahn, 2017; Dütsch et al., 2013) – sind die Grundregeln der tarifpolitischen Auseinandersetzung lange Zeit unverändert geblieben; vielmehr ging es überwiegend um eine Verarbeitung des sozioökonomischen Wandels innerhalb der Arena durch eine Modifikation der Verhandlungsgegenstände (u.a. Lohnerhöhung und Entgeltdifferenzierung, Arbeitszeitverkürzung und -flexibilisierung, Standards der Arbeitsbewertung und Eingruppierung, qualitative Tarifpolitik zur Alterssicherung über Betriebsrenten), weniger um die Veränderung der Arena selbst. Spätestens seit Mitte der 1990er Jahre ist jedoch das prozedurale Regelwerk der etablierten tarifpolitischen Arena verstärkt ins Visier der wettbewerbstheoretischen Vertreter der ökonomischen Zunft geraten (vgl. etwa Möschel, 1996). Im Verbund mit dem Arbeitgeberlager wurde an den „Grundfesten" der Tarifautonomie, vor allem aber am branchenbezogenen „Flächentarifvertrag" gerüttelt (zu dieser Diskussion etwa Franz & Rüthers, 1999; Konzen, 1996; Lieb, 1994). Die Kritik stellte im Angesicht einer stufenweise mit jeder Krise ansteigenden Massenarbeitslosigkeit und sich vertiefender Weltmarktintegration insbesondere die mangelnde Flexibilität einer über das einzelne Unternehmen ausgreifenden Tarifpolitik in Frage (Franz, 1996; s. aber Gürtzgen, 2011). Dennoch war den wiederholten Forderungen nach direkten Eingriffen in den Kernbereich der Tarifautonomie, allen voran den sog. gesetzlichen Öffnungsklauseln (Bispinck, 2003), kein Erfolg beschieden.

Schaut man demgegenüber aus der Sicht des Jahres 2018 auf die Entwicklung, ergibt sich ein anderes Bild: Während sich die Erwerbsbeteiligung erhöht und die Arbeitslosigkeit gesenkt hat, verfügt Deutschland mittlerweile über einen der größten Niedriglohnsektoren in Europa (Appelbaum & Schmitt, 2009; Bosch & Weinkopf, 2007; Kalina & Weinkopf, 2013). Diese Entwicklung hat ihrerseits Kritiker des Flächentarifvertrags auf den Plan gerufen hat, die aufgrund des Versagens der etablierten Mechanismen nach staatlichen Eingriffen verlangt haben, so zum Beispiel nach Einführung eines allgemeinen, gesetzlichen Mindestlohnes, der nunmehr seit 2015 durch das MiloG Realität ist (Deutscher Bundestag, 2014). Vor dem Hintergrund dieses Schwenks und den damit verbundenen gegenläufigen Interpretationen scheint es ratsam, sich zunächst einen groben Überblick in Bezug auf die tarifpolitische Arena, und hier besonders den *Branchentarifvertrag,* zu verschaffen. Hier lässt sich in den letzten zwei Jahrzehnten ein grundlegender Wandel konstatieren, der mit den Begriffen Erosion, Verbetrieblichung und Desintegration belegt werden kann (Bispinck 2003, 1997; Bahnmüller, 2009).

Erosion. Im Hinblick auf die *Erosion* gehört die mehrheitliche Erfassung der Beschäftigten durch eine branchenbezogene Tarifregelung der Vergangenheit an. Arbeiteten – auf Basis der Betriebsdaten des IAB-Betriebspanels ermittelt – Mitte der 1990er Jahre noch knapp über 70 Prozent der westdeutschen und über die Hälfte der ostdeutschen Beschäftigten unter Bedingungen, die von einem Branchentarifvertrag geregelt waren, so schrumpfte dieser Anteil im Jahr 2016 auf nur 51 Prozent der Beschäftigten in West- und 36 Prozent in Ostdeutschland (Müller-Jentsch & Ittermann, 2000; Ellguth & Kohaut, 2005; 2010; 2017). Für 2017 weist Kohaut (2018) auf derselben Datengrundlage für ganz Deutschland eine Tarifbindung der Beschäftigten von 47 Prozent aus; nur einer von vier Betrieben unterliegt einer Bindung an einen Branchentarifvertrag. Die amtliche Statistik weist auf Basis der Verdienststrukturerhebung bundesweit für das Jahr 2014 nur noch 41 Prozent der Arbeitnehmer aus, die unter tarifvertraglich – und zwar sowohl Branchen- als auch Haustarifvertrag – geregelten Bedingungen arbeiten; im Jahr 2010 waren es noch 55 Prozent, wobei seinerzeit allerdings nur Beschäftigte von Betrieben mit 10 sozialversicherungspflichtig Beschäftigten herangezogen wurden (Statistisches Bundesamt, 2013; 2016). Mit anderen Worten: Der Kernbereich des als "traditionell" zu bezeichnende tarifpolitische Gefüge ist soweit erodiert, dass die Tariflosigkeit eher zum „flächendeckenden Normalzustand“ geworden ist als die Tarifbindung. Und weder Firmentarifverträge noch die sog. „freiwillige Orientierung“ der Unternehmen an tariflichen Standards gleichen diese Erosion aus. Zwar hat sich die Zahl von Firmentarifverträgen in langfristiger Sicht erhöht: So weist Greef (2017: 707) aus, dass sich die Zahl der Unternehmen mit Haustarifvertrag zwischen 1990 und 2014 von 2.550 auf 10.639 Unternehmen rund vervierfacht hat. Ihr Anteil bei den von Tarifverträgen erfassten Beschäftigten stagniert jedoch in den letzten 10 Jahren in Westdeutschland bei rund 8 Prozent; für die Beschäftigten ostdeutscher Betriebe ist dieser Anteil sogar von 13 Prozent im Jahre 2006 auf 10 Prozent in 2017 gesunken (Ellguth & Kohaut, 2007; Kohaut, 2018). Und Tarifverträge wirken sicher auch über ihren unmittelbaren Geltungsbereich hinaus, indem sich etwa nicht beteiligte Arbeitgeber freiwillig an tarifvertraglichen Standards orientieren mögen. Inwieweit sich diese Orientierung tatsächlich auf die Arbeitsbedingungen auswirkt, kann auf der Grundlage der vorliegenden Daten jedoch kaum beurteilt werden; jedenfalls nährt der Umstand Zweifel, nach dem nur knapp die Hälfte der „Orientierer" tatsächlich die Entgeltregelungen der Tarifverträge zum Vergleich heranzieht (Ellguth & Kohaut, 2005).

Verbetrieblichung. Zudem deuten weitere Befunde auf erhebliche Veränderungen der traditionellen Tarifpolitik im Hinblick auf die Qualität des Regelwerks hin (schon Bispinck, 1997; 2003). Zunächst führt die *Verbetrieblichung* zu einer Flexibilisierung des tarifvertraglichen Regelwerks, wo es denn besteht. Mittlerweile sind in vielen Tarifverträgen in unterschiedlichem Ausmaß kontrollierte Öffnungsklauseln, Tarifmenüs und Wahloptionen enthalten sind, die unternehmens- und betriebsbezogene Abweichungen von tarifvertraglich vereinbarten Standards erlauben. Diese Verbetrieblichung führt zu einer Verschiebung der Kompetenzen zwischen den Tarif- und Betriebsparteien – und wohl auch zu deren Verhältnis (hierzu etwa Krause, 2009; Hoßfeld & Nienhüser, 2010): So bietet etwa ein tarifvertraglich festgelegter Arbeitszeitkorridor die Möglichkeit, die tatsächliche Lage und Länge der Arbeitszeit auf betrieblicher Ebene – ohne weitere Zwischenschaltung der Tarifparteien – in bestimmten Grenzen flexibel zu handhaben. Prominente Beispiele einer kontrollierten Dezentralisierung von Tarifverträgen sind das Pforzheimer Abkommen (Bahnmüller, 2009) oder – unternehmensbezogen – die "5000 mal 5000"-Regelungen bei Volkswagen (Oechsler & Reichmann, 2002; Schumann et al., 2005). Auswertungen zeigen, dass Öffnungsklauseln vor allem im Bereich der Arbeitszeiten relativ weit verbreitet sind und auch verhältnismäßig stark genutzt werden, wohingegen dies bei den Entgelten weniger verbreitet ist und auch weniger genutzt wird (Oechsler & Reichmann, 2002; Kohaut & Schnabel, 2007). Demgegenüber sind die sog. Härtefallklauseln an das Vorliegen schwieriger wirtschaftlicher Bedingungen des Unternehmens gebunden, die dieses gegenüber den Tarifparteien erklären muss (Bellmann et al., 1999; Bispinck, 1997). Neben den Öffnungsklauseln in bestehenden Tarifverträgen sind seit den 1990iger Jahre auch vermehrt sog. betriebliche Bündnisse geschlossen worden (Rehder, 2003; Massa-Wirth & Seifert, 2004). In den betrieblichen Bündnissen treffen die Betriebsparteien vom Flächentarifvertrag abweichende Sondervereinbarungen, die in der Regel Zugeständnisse der Arbeitnehmerseite in den Bereichen Entlohnungshöhe, Länge der Arbeitszeiten und Modernisierung der Arbeitsorganisation enthalten. Im Gegenzug geben die Unternehmen mittelfristige Investitions-, Standorterhaltungs- bzw. Beschäftigungszusagen. Solche Bündnisse waren schon Anfang der 2000er Jahre in der Hälfte der größten 120 deutschen Unternehmen anzutreffen (Rehder, 2003). Eine Untersuchung der Verbreitung von betrieblichen Bündnissen bei den übrigen Größenklassen von Unternehmen zeigt, dass ungefähr ein Drittel der Unternehmen von solchen Bündnisvereinbarungen

Gebrauch macht, wobei die kleineren Unternehmen aufgrund ihrer geringeren Tarifbindung dieses Flexibilisierungsinstrument kaum nutzen (Massa-Wirth & Seifert, 2004).

Desintegration. Des Weiteren lässt sich eine *Desintegration* der organisatorischen Säulen der Tarifpolitik feststellen. Diese organisatorische Desintegration ist in Bezug auf die Mitgliederverluste der (DGB-)Gewerkschaften vielfach dokumentiert worden (für die Politikwissenschaft: Hassel, 1999; für die BWL: Knyphausen-Aufseß et al., 2010; für die Soziologie: Brinkmann & Nachtwey, 2010). Neben der bloßen Schrumpfung hat Desintegration aber auch eine qualitative Komponente wie die sog. Vertretungskonkurrenzen zwischen Industrie- und Berufsgewerkschaften zeigen (Lesch, 2012). Selbstverständlich sind die Entwicklungsoptionen der Tarifpolitik nicht unabhängig von der Entwicklung der Gewerkschaften. Sind beispielsweise Gewerkschaften faktisch im Betrieb nicht präsent, zeigen Fallstudien, dass zwar de jure ein Tarifvertrag gelten mag, dieser aber de facto nicht greift, wenn von geltenden Tarifverträgen abgewichen wird (Bellmann et al., 1999; Rehder, 2003). Allerdings erscheint es zu einfach, wenn die schleichende Erosion der tarifpolitischen Institutionen allein auf die Schwäche der Gewerkschaften zurückgeführt wird, denn die Organisationen der Arbeitgeberseite sind für die tarifpolitische Entwicklung genauso bedeutsam (Streeck & Hassel, 2003). Im Vergleich zu den Mitgliedsverlusten der Gewerkschaften ist die Datenlage in Bezug auf die Integrationskraft der Arbeitgeberverbände jedoch ausbaufähig (s. aber Ettl & Heikenroth, 1996; Schroeder & Ruppert, 1996; Langer, 1994). Bekannt ist aber, dass die Arbeitgeberverbände in der Regel einen höheren Organisationsgrad aufweisen als die Gewerkschaften, der je nach Branche und Region zwischen 30 und 80 Prozent der Beschäftigten in der jeweiligen Verbandsdomäne schwankt (Schnabel, 2005; Silvia & Schröder, 2007). Hinweise, dass auch die Mitgliedszahlen der Arbeitgeberverbände in den 1990iger Jahren tendenziell rückläufig waren, ergeben sich etwa aus den Daten von Gesamtmetall (Silvia & Schroeder, 2007). In einer eigenen Erhebung konnte ermittelt werden, dass im Mittel 142 branchenübergreifend befragte Arbeitgeberverbände zwischen 2001 und 2005 eine leicht schrumpfende Mitgliedschaft zu verzeichnen hatten (Helfen, 2012). Hinzu kommt, dass organisationsbezogene Ausfransen an den Rändern organisierter Branchen, in denen die traditionelle Tarifpolitik – wenn auch in flexibilisierten Formen – noch überwiegt. In diesem Zusammenhang ist auf die Verbreitung von sog. "OT-Mitgliedschaften" hinzuweisen, und zwar nicht nur in der Metallindustrie (einschl. Holz und Kunststoffe), sondern auch in der Baustoffindustrie, bei

Druck und Medien, im Hotel- und Gaststättengewerbe, in der Ernährungsindustrie oder im Groß-, Einzel- und Außenhandel (Behrens, 2011). So erlauben satzungstechnische Regelungen einerseits sog. OT-Mitgliedschaften innerhalb eines ansonsten tarifgebundenen Verbandes (Moll, 2000), andererseits gibt es tariflose Verbände, bei denen Unternehmen Mitglied werden können; so zum Beispiel Verbände für industrienahe Dienstleistungen ohne Tarifbindung (Haipeter & Schilling, 2006).

3. Netzwerkförmige Reorganisation und Tariffragmentierung

Aufbauend auf diesen Befunden zur Erosion, Verbetrieblichung und Desintegration wird hier der Begriff der "Tariffragmentierung" genutzt, d.h. eine Vervielfachung der tarifpolitischen Welten einschließlich tarifloser Zustände, um diese aus einer interorganisationalen Perspektive in ihrem Zusammenhang zu deuten. Andernorts sind die Wirkungen einer netzwerkförmigen Reorganisation auf die Tarifpolitik in verschiedenen qualitativen Facetten empirisch erkundet und theoretisch interpretiert worden (u.a. Helfen et al., 2016; Helfen & Nicklich, 2013a; Helfen, 2011); hier soll es daher stärker um die Folgewirkungen und Funktionsprobleme für eine Arena der Tarifpolitik gehen, die sich trotz dieser Veränderungen weiterhin am etablierten Modell ausrichtet.

Netzwerkförmige Reorganisation. Zum Verständnis des Zusammenhangs zwischen einer Tariffragmentierung und der netzwerkförmigen Reorganisation lässt sich zunächst in einer ersten Annäherung an verschiedene Beobachtungen anknüpfen: Zunächst verbergen sich hinter der allmählichen Zunahme der Tariflosigkeit starke Unterschiede zwischen Branchen und Unternehmensgrößen (Bellmann et al., 1999; Kohaut & Schnabel, 2003). So fällt die Tarifbindung im Jahr 2016 bezogen auf die privaten Betriebe außerhalb der Landwirtschaft und des öffentlichen Dienstes bei den Dienstleistungen unterdurchschnittlich aus, wohingegen die Zweige des verarbeitenden Gewerbes mit einer überdurchschnittlichen Tarifbindung aufwarten; kleine und mittlere Unternehmen unterliegen im Vergleich mit größeren Unternehmen seltener einer Tarifbindung (Ellguth & Kohaut, 2017; Kohaut & Schnabel, 2003; Völkl, 2002). Auch die Zunahme der Haustarifverträge deutet in Richtung einer Tariffragmentierung, sofern nicht bloß die Bedingungen des Branchentarifvertrags auf einzelne Unternehmen übertragen werden. Ein Schlüssel, um diese und andere Befunde in ihrem Zusammenhang einordnen zu können, liegt – so die These – in der netzwerkförmigen (Re-)Organisation. Netzwerkförmige (Re-)Organisation umschreibt die „vielfältigen Formen, mit denen Unternehmen durch Aufspaltung, Zergliederung und Auslagerung von Unternehmensaktivitäten eine Verringerung der Wertschöpfungstiefe bewirken“ (Helfen et al., 2016: 283). In den aus diesem Restrukturierungsprozess entstehenden Wertschöpfungsnetzwerken werden marktliche, hierarchische und relationale Formen der Koordination und Zusammenarbeit kombiniert, die über das hierarchisch strukturierte Unternehmen genauso hinausgehen wie sie Organisationen aus verschiedenen Branchen und auch unterschiedlicher Größe miteinander verbinden (Grimshaw & Rubery, 2005). Die betriebswirtschaftlichen Ziele einer netzwerkförmigen (Re-)Organisation sind aus Sicht der Firmen im Kern strategische Wettbewerbsvorteile (Sydow & Wirth, 1999), die sich sowohl aus einer Externalisierung von Risiken und Kosten speisen (Nienhüser & Baumhus, 2002) als auch aus der fortgesetzten, aber indirekten Einflussnahme auf die Zulieferer und Anbieter wissensintensiver (wie IT oder Engineering) und arbeitsintensiver Dienstleistungen (z.B. Montage oder Reinigung) erwachsen (Helfen, 2014). Zugespitzt: In den entstehenden Netzwerkgebilden zielen Vermarktungsgesellschaften von Eigentumsrechten, Patenten, Markenlogos oder Immobilien in indirekter Weise über die Vertragsgestaltung auf ein Maximum an Wertaneignung bei gleichzeitiger Minimierung der direkt zu verantwortenden Wertschöpfung im Sinne einer klassischen Produktion von Waren und Dienstleistungen, die mit ihnen in der Öffentlichkeit assoziiert werden (Sydow & Helfen, 2015). Besonders prominente Beispiele für diese Form der Reorganisation liefern die Herstellung von Sportartikeln („Nikefication“, Davis, 2013) oder IT-Hardware („Wintelism“, Hürtgen et al., 2009), sie ist aber in Zeiten einer Generalisierung einer „Plattformlogik“ (Kirchner & Beyer, 2016) keinesfalls auf diese Bereiche beschränkt.

Im verarbeitenden Gewerbe beispielsweise ist die Verringerung der Wertschöpfungstiefe durch Netzwerke in Form des Fremdbezuges von Teilen und Komponenten und auch hinsichtlich der Auslagerung von Dienstleistungen sowie der horizontalen Kooperation mit anderen Unternehmen an sich schon länger ein bekannter Flexibilisierungsansatz (Nienhüser, 1999, 2007; Kalleberg, 2001; Hirsch-Kreinsen, 2001). Allerdings hat sich dieser mit der Herausbildung unternehmensnaher Dienstleistungen erheblich ausgeweitet, so dass von einer ‚Tertialisierung‘ (Helfen, 2014) industrieller Wertschöpfung gesprochen werden kann. Es ergibt sich eine "hybride Wertschöpfung" (z.B. im Maschinen- und Anlagenbau, Ganz & Bienzeisler, 2010). In dieser übernehmen industrie- und unternehmensnahe Dienstleistungsunternehmen von der Reinigung der Gebäude, der Haustechnik oder der Sicherheit über die Instandhaltung, Reinigung und Wartung der Produktionsanlagen bis hin zu Betreiberdiensten, Entwicklungsleistungen und der Lohn- und Kontraktfertigung zahlreiche Aufgaben, die immer weiter an die Kernprozesse der Unternehmen heranreichen (Helfen & Nicklich, 2013b, Hertwig et al., 2015). Die Dienstleistungsunternehmen ihrerseits übernehmen oft mehrere Aufgaben, die dann „aus einer Hand" angeboten werden (Meißner & Bochum, 2011). Beispielsweise werden von globalen Dienstleistern sowohl Sicherheitsdienstleistungen als auch Instandhaltung und „property services" angeboten. Durch die netzwerkförmige Reorganisation entstehen also auf verschiedenen Wegen aus vormals integrierten Unternehmen formal-rechtlich neue, unabhängige (Dienstleistungs-)Unternehmen, die aber nach wie vor in einer verbundenen Wertschöpfung tätig werden. In den so entstandenen Wertschöpfungsnetzwerken bestehen starke Beziehungen zwischen Kundenunternehmen und den "neuen" Dienstleistern. Ein Beispiel sind die Infrastrukturdienstleister in Chemieparks, die über Eigentumsbeziehungen mit den Hauptkunden vor Ort verbunden sind, ihr Leistungsangebot in der Regel auf einen Standort und die dort ansässigen Unternehmen beschränken und ihre Beschäftigten zwar den Arbeitgeber, nicht aber Arbeitsort und Tätigkeit wechseln (Helfen et al., 2016).

Mehr-Arbeitgeber-Beschäftigung. Aus einer Perspektive des Arbeitsverhältnisses und des Arbeitsprozesses betrachtet, führt diese Gestaltung der Wertschöpfung zu einer Situation, in der die Kontrahierung von Arbeit und das Unternehmensrecht interorganisational so kombiniert werden, dass sich ein Verschiebebahnhof in Bezug auf die unmittelbare Verantwortung für die Arbeitsbedingungen ergibt. Durch organisatorisch veränderliche "Grenzziehungen zwischen Innen und Außen des Unternehmens" (Sauer 2010: 547) stellt sich eine Art „inszenierte" Arbeitsteilung zwischen rechtlich selbständigen Organisationen in der Wertschöpfung ein, die nicht selten auf einer faktischen Beibehaltung einer gemeinsamen Arbeitsausführung beruht. Allerdings mit dem Resultat, dass ein zeitlich, numerisch und qualitativ flexibler Auf- und Abbau des Arbeitskräfteeinsatzes möglich wird (Flecker, 2009). Diese Konstellation hat David Weil treffend mit dem Begriff des "fissured workplace" belegt, d.h. von außen betrachtet, d.h. etwa aus Sicht des Kunden, wirkt die Leistungserstellung (noch) wie aus einer Hand, die dahinter stehende Organisation ist jedoch schon wie ein zerbröckelnder Fels tief von Haarrissen in Form von formal-organisatorischen Grenzen durchzogen (Weil, 2014: 7). Ein weiterer Versuch, diese Entwicklung begrifflich dingfest zu machen, ist der Begriff der „Mehr-Arbeitgeber-Beziehungen" (Marchington et al., 2011; Grimshaw & Rubery, 2005), d.h.

Situationen, in denen die Beschäftigung aus Sicht der Arbeitnehmer de facto jeweils von mehr als einem Arbeitgeber organisiert wird (s. auch Havard et al., 2009). Besonders auffällig wird diese Mehr-Arbeitgeber-Beschäftigung immer dann, wenn mehrere unabhängige Arbeitgeber im selben Arbeitsprozess und am selben Arbeitsort tätig werden („multi-employer sites"). So arbeiten zum Beispiel in Chemieparks, Automobilwerken, Flughäfen, Einkaufszentren und Krankenhäusern die unterschiedlichsten Firmen bei der Leistungserstellung netzwerkförmig zusammen. Innerhalb dieser vernetzten Leistungserstellung – nicht zuletzt aufgrund der Legalisierung entsprechender Geschäftsmodelle (z.B. Leiharbeit) – sind verschiedene Kombinationen von externer Auftragsvergabe und flexiblen Arbeitsvertragsformen genauso anzutreffen wie Ketten von Unterauftragsvergabe (für einen Überblick hierzu Deinert, 2014).

Nun hat es in den Unternehmen schon immer einen Fremdbezug von Leistungen – auch durch besondere Kontrahierungsformen für Arbeitsleistung – gegeben. Allerdings ragt die Ausbildung von Mehr-Arbeitgeber-Beziehungen über einen traditionell bloß aushelfenden oder sporadischen Einsatz von Fremdfirmen hinaus, da sie auch Tätigkeiten und Aufgaben umfasst, die arbeitsorganisatorisch zuvor Teil der originären Wertschöpfung eines Unternehmens gewesen sind. Damit verbreitert sich die Zahl der Beschäftigtengruppen, die unter diesen Bedingungen arbeiten, was zugleich auch die Ausbildung von Organisationen erlaubt, die sich auf die Vermittlung von Beschäftigung spezialisieren (Bonet et al., 2013). Das klassische Beispiel ist die Leiharbeit, in der die Beschäftigten einen Arbeitsvertrag mit einem Dienstleistungsunternehmen haben, jedoch im Arbeitskontext eines Kundenunternehmens tätig werden, sodass die eigentliche Beschäftigungsbeziehung und die Leistungsbeziehung auseinanderfallen (Bouncken et al., 2012). Dieser Typ der Beschäftigung zeigt sich in abgewandelten Formen bei der Erbringung von Dienstleistungen aller Art (Cappelli & Keller, 2013, Helfen, 2014). Zentral ist jeweils, dass die Beschäftigten für (verschiedene) Kundenunternehmen tätig werden, bei denen sie jedoch nicht direkt als Arbeitnehmer beschäftigt sind. Berücksichtigt man ferner, dass mit informationstechnologisch gestützten Varianten die Einsatzgebiete solcherart „Arbeitsvermittlung" – beispielsweise das sog. „crowdwork" (Hanau, 2016) – in einer „hyperspezialisierten Plattformökonomie" (Malone, et al, 2011; Kirchner & Beyer, 2017) in der Zukunft eher zu- als abnehmen wird, wird deutlich, dass sich Mehr-Arbeitgeber-Beschäftigung deutlich über Leiharbeit und herkömmliche Werkvertragskonstellationen hinaus entwickelt.

Tarifpolitische Folgen. Die Mehr-Arbeitgeber-Beschäftigung in Unternehmensnetzwerken stellt ein umfassendes Problem für die Regelung der

Arbeitsbedingungen dar, da klassische betriebliche und überbetriebliche Instrumente und Regeln am standardisierten Vollzeit-Arbeitsverhältnis auf Basis eines unbefristeten Arbeitsvertrages ausgerichtet sind, bei der die Arbeit dauerhaft an einem Ort unter dem Direktionsrecht eines Arbeitgebers ausgeführt wird. Die Mehr-Arbeitgeber-Beschäftigung im Netzwerk ist jedoch von Befristung, wechselnden Arbeitsorten und widersprüchlichen Autoritätsverhältnissen bei multiplen Kunden-Dienstleister-Beziehungen geprägt (Helfen, 2014). In Bezug auf die Tarifpolitik ist wohl entscheidend, dass bei Mehr-Arbeitgeber-Beschäftigung als Folge der Aufteilung der Arbeitgeberfunktion zwischen den Netzwerkpartnern Arbeitnehmer unterschiedlicher Organisationen regelmäßig im selben Arbeitskontext und Arbeitsprozess mit vergleichbaren Arbeitsaufgaben tätig werden, für sie aber verschiedene Standards in Bezug auf die Arbeitsbedingungen gelten.

Aus Sicht der *Kollektivakteure* untergräbt diese Tariffragmentierung die Herstellung von Verbindlichkeit arbeitspolitischer Regelsetzung, sofern bei Mehr-Arbeitgeber-Beschäftigung im Netzwerk die Integrationsleistung und Verpflichtungsfähigkeit branchenmäßig verfasster Verbandsorganisationen, aber auch integrierter Großunternehmen, in Mitleidenschaft gezogen wird. Im etablierten System erzeugen die Gewerkschaften und Arbeitgeberverbände Tarifbindung, indem sie ihre Mitglieder auf die Einhaltung von Vereinbarungen verpflichten (Weitbrecht, 1969; Traxler, 1999). Bei netzwerkförmiger (Re-)Organisation kommt es jedoch zur Auflösung klar umrissener Zuständigkeiten nach Branche (für die Gewerkschaften Helfen & Nicklich, 2014; für die Arbeitgeberverbände Helfen, 2013).

In Bezug auf die *Regeln* der tarifpolitischen Arena zeichnet sich Tariffragmentierung durch eine systematische Regelkonkurrenz und Regellosigkeit aus. Eine Regel*konkurrenz* besteht dann, wenn in den Netzwerkunternehmen unterschiedliche Regelungen für vergleichbare Aufgabenprofile gelten. Beispielsweise unterhalten die Netzwerkunternehmen unterschiedliche Tarife mit konkurrierenden Arbeitnehmerorganisationen für dieselbe Tätigkeitsgruppe oder ein und dasselbe Unternehmen wendet verschiedene Tarifwerke auf ein und dieselbe Tätigkeitsgruppe an. Regel*losigkeit* ist die Folge von Mehr-Arbeitgeber-Beschäftigung, wenn für einzelne Leistungen entweder keine tariflichen Regelungen bestehen – die einzelnen Netzwerkunternehmen können ja selbst tariflos sein – oder die Durchsetzung bestehender Regeln unterbrochen ist. Letzteres ist beispielsweise der Fall, wenn die formale Regelsetzung (etwa im Bereich des Dienstleisters) und die faktische Geltung der Regeln (etwa im Bereich des Kunden) auseinanderfallen. Auf diese Weise unterliegen die Beschäftigten der Dienstleistungsunternehmen oftmals nicht (mehr) den Tarifbestimmungen der Endhersteller. Ein

Beispiel ist für Unternehmen des Maschinen- und Anlagenbaus dokumentiert worden, die ihr Geschäft größtenteils in Dienstleistungsprojekten erbringen (Helfen & Nicklich, 2013b). In diesen Projekten werden auch einzelne Tätigkeiten, Arbeitsprozesse und Beschäftigtengruppen aus den Kundenunternehmen (vor allem Montage, Wartung, Produktionsarbeiten) und aus dem geltenden Tarifwerk der Metall- und Elektroindustrie herausgelöst.

Abbildung 1: Idealtypische Konstellationen bei Tariffragmentierung

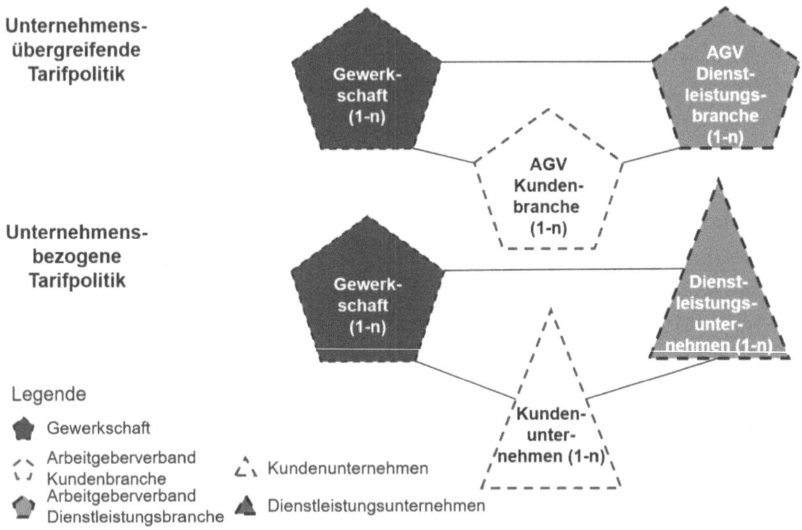

Abbildung 1 soll die Tariffragmentierung auf Grundlage von Mehr-Arbeitgeber-Beschäftigung illustrieren: Betrachtet man die unternehmens*übergreifende* Tarifpolitik treffen dann je nach Struktur des Unternehmensnetzwerkes eine oder mehrere Gewerkschaften (1-n) auf die Arbeitgeberverbände von einer oder mehrerer Kundenbranchen (1-n) und die Verbände von einer oder mehrerer Dienstleistungsbranchen (1-n) (s. Abbildung 1). Ein Beispiel liefern die Tarifbeziehungen in der Leiharbeit, in der sowohl mehrere Gewerkschaften gemeinsam mit den Verbänden der Leiharbeitsbranche verhandeln, als auch einzelne Gewerkschaften jeweils mit den Verbänden der jeweiligen Kundenbranchen der Leiharbeit (Helfen, 2013a). Schaut man auf eine unternehmens*bezogene* Tarifpolitik sehen sich eine oder mehrere Gewerkschaften zugleich einem oder mehreren Dienstleistungs- und Kundenunternehmen gegenüber. Dies tritt bei verschiedenen industrienahen Dienstleistungen in der Automobilfertigung auf, welche teilweise durch verschiedene Dienstleistungsunternehmen übernommen werden, teilweise aber auch von Einheiten des Endherstellers selbst erbracht werden. Tarifpolitisch treffen dann die Gewerkschaft, in deren Organisationsdomäne der Endhersteller fällt, und die Gewerkschaft – falls präsent – des jeweiligen Dienstleisters aufeinander (Helfen & Sydow, 2015). In beiden Fällen kann es aber auch vorkommen, dass Verbände, Unternehmen und Gewerkschaften keine expliziten Verhandlungsbeziehungen aufbauen.

Bei einer netzwerkinduzierten Tariffragmentierung geht das Auseinanderfallen unternehmens- und netzwerkbezogener Regeln mit veränderten Beziehungskonstellationen der Kollektivakteure einher. Ganz besonders lässt sich dies anhand neu entstehender *verbandlicher Konkurrenzsituationen* als eine zentrale Wirkung von netzwerkförmiger Wertschöpfung und Mehr-Arbeitgeber-Beschäftigung beobachten. Dieser Befund trifft Arbeitgeber und Arbeitnehmer gleichermaßen, ist aber besonders im Zusammenhang mit dem Auftreten der Tarifkonkurrenz zwischen Gewerkschaften in einzelnen Großunternehmen des Verkehrssektors bzw. bei bestimmten Berufsgruppen im Gesundheitssektor auf besondere Aufmerksamkeit gestoßen und hat auch den Gesetzgeber unter dem Stichwort der „Tarifeinheit" auf den Plan gerufen (Lesch & Petters, 2012; Bispinck & Dribbusch, 2008; Keller, 2008; Deutscher Bundestag, 2015). Unter dem Radar dieser Diskussion bleiben aber die eher diffusen Formen der Nicht-, Mangel- und Ersatzvertretung, die aufgrund von Mehr-Arbeitgeber-Beschäftigung auch in anderen Branchen in Erscheinung treten und ebenso eine Tariffragmentierung begünstigen. Ein Beispiel sind die arbeitsintensiven, industrienahen und unternehmensbezogenen Dienstleistungen (hierzu Helfen & Nicklich, 2013a). Hier sind Unklarheiten in Bezug auf die Gültigkeit von Tarifverträgen genauso anzutreffen wie konkurrierende und fehlende Verbandsstrukturen auf Arbeitgeberseite, aber auch Tarifgemeinschaften von Gewerkschaften für einzelne Unternehmen. Auf Seiten der „neuen" Dienstleistungsunternehmen, die über ihre Tätigkeit bei den „neuen" Kunden in deren Wertschöpfung eingebunden bleiben, entstehen auf diese Weise besondere Schwierigkeiten für eine tarifpolitische Einbindung: Es werden verschiedene Tarifverträge mit mehreren Gewerkschaften für ein Unternehmen genauso abgeschlossen wie andere Unternehmen tariflos bleiben (Helfen 2013a). Sofern neue Unternehmensverbände entstehen, bilden diese keine Tarifzuständigkeit aus. Nicht immer liegt dies daran, dass die Mitgliedschaft sich generell einer tarifpolitischen Verantwortung entziehen möchte; oft sind auch einzelne – zumeist größere Dienstleistungsunternehmen noch an Haustarifverträgen und Übergangsregelungen aus ihrer Entstehungsgeschichte gebunden. Im Ergebnis wirken in den Unternehmen aber unterschiedliche Tarifwerke, was der Entwicklung einer selbstständigen Tarifpolitik entgegensteht.

Diese Tariffragmentierung betrifft die Funktionsfähigkeit der tarifpolitischen Arena systematisch, und zwar nicht nur in Bezug auf einzelne Fälle skandalöser Arbeitsbedingungen bei verschachtelter Unterauftragsvergabe (Hertwig et al. 2015), sondern auch in Kernbereichen traditioneller Tarifpolitik wie dem Automobilbau oder der chemischen Industrie. Mehr-Arbeitgeber-Beschäftigung ist auch dort mit einer Fragmentierung vergütungspolitischer Standardsetzung verbunden, auch weil die Tarifpolitik in den Kernen überwiegend den traditionellen Regeln folgt (s. ausführlich Helfen et al., 2016). Die tarifpolitischen Folgen der Mehr-Arbeitgeber-Beschäftigung sind beispielsweise in Kundenbranchen wie der Chemie- und Automobilindustrie erheblich. Mit der netzwerkförmigen Reorganisation differenzieren sich regelrechte Vergütungskaskaden heraus, in denen sich die Vergütung der betroffenen Arbeitskräfte nach der Netzwerkposition des jeweiligen Unternehmens ausdifferenziert, auch wenn die Beschäftigten im selben Wertschöpfungskontext tätig werden. Bei Mehr-Arbeitgeber-Beschäftigung entsteht also eine zusätzliche Vergütungsdifferenzierung nach formal-organisatorischer Grenzziehung und der damit verbundenen Position des beschäftigenden Unternehmens im Netzwerk.

4. Renovierungsbedarf: Tarifpolitische Handlungsspielräume trotz Fragmentierung?

Zusammenfassend kann gesagt werden, dass eine netzwerkförmige (Re-) Organisation der Wertschöpfung und die in ihrem Gefolge auftretende Mehr-Arbeitgeber-Beschäftigung in mehrfacher Hinsicht die Funktionsfähigkeit der geregelten Konfliktaustragung in der Arena der Tarifpolitik beeinträchtigt. Zunächst geht die Auslagerung von Markt- und Kostenrisiken an Zulieferunternehmen und Dienstleister im Rahmen einer netzwerkförmigen Wertschöpfung damit einher, dass ein Teil der Beschäftigten, aus den für die auslagernden Unternehmen – zumeist mittlere und große Unternehmen – üblicherweise geltenden (Flächen-)Tarifstandards ausgeschlossen wird. Wo zuvor ein (branchenbezogenes) Tarifwerk Anwendung fand, gelten nun unterschiedliche Standards; bisweilen sogar keine mehr, da kleinere Unternehmen hinzukommen, die in ihren teilweise neu entstehenden (Sub)-

Branchen nicht tarifgebunden sind. Die mit den Kundenunternehmen netzwerkartig verbundenen Zulieferunternehmen und Dienstleister vermeiden eine unternehmensübergreifende Tarifpolitik, da sie ihre Entstehung ja gerade Geschäftsmodellen verdanken, die Lohnkostenvorteile durch Tarifunterschreitung versprechen. Hinzu kommt, dass mit einer wachsenden Bandbreite an industrie- bzw. unternehmensnahen Dienstleistungen die Nachwirkung von Tarifbedingungen aus den vormaligen Stammgeschäften heraus sukzessive unterbrochen wird. Somit greifen in einer Netzwerkkonstellation bestehend aus Kunden-, Zuliefer- und Dienstleistungsfirmen auch etablierte Instrumente der Überleitung von Tarifbedingungen nur bedingt. Eigenständige Vertretungsstrukturen etablieren sich wiederum nur sehr mühsam: Einerseits haben Verbände und Gewerkschaften – sofern in einzelnen Subbranchen überhaupt präsent und fähig, tarifpolitische Verantwortung zu übernehmen – Schwierigkeiten die eingespielten Muster der tarifpolitischen Arena auf Netzwerkkonstellationen anzuwenden, andererseits bestehen Organisationsprobleme und Zuständigkeitskonkurrenz innerhalb der sich neu formierenden Subbranchen (Helfen & Nicklich, 2014; Helfen, 2013a). Die tarifpolitische Arena in ihrer traditionell auf Branchen ausgerichteten Gestalt steht durch Tariffragmentierung unter Druck, da die Handlungsressourcen für die Definition von Tarifstandards und die Herstellung von Verbindlichkeit schwinden. Trotz einer formal-rechtlichen Kontinuität der Institution verändert Tariffragmentierung die Tarifpolitik, da die institutionalisierte Konfliktregulierung sowohl hinsichtlich der Reichweite der Regelsetzung als auch in der Substanz einer Regeldurchsetzung auf der Unternehmensebene ausgehebelt wird. Diese Tariffragmentierung stellt die Einheitlichkeit tarifpolitischer Regelsetzung grundsätzlich in Frage und reicht weit über einzelne Auseinandersetzungen zwischen Industrie- und Berufsgewerkschaften um tarifvertraglich abgesicherte Teilbelegschaften hinaus.

Trifft diese Diagnose einer durch netzwerkförmige (Re-)Organisation und Mehr-Arbeitgeber-Beschäftigung beförderten Tariffragmentierung zu, so entsteht ein erheblicher Renovierungsbedarf der tarifpolitischen Arena. Sofern der eingangs angesprochenen Fähigkeit des Tarifvertragssystems zur sozialen Inklusion weiterhin eine Bedeutung zugesprochen wird, wofür zumindest die regelmäßige Diskussion der Einkommens- und Vermögensungleichheit spricht, entsteht die Frage, wie es den tarifpolitischen Akteuren – Gewerkschaften, Arbeitgeberverbänden und nicht zuletzt auch dem Gesetzgeber – gelingen kann, der Tariffragmentierung entgegen zu wirken. Wie so oft in der Geschichte der Regelung von Arbeit kommt es darauf an, der Nutzung der Arbeitskraft Grenzen zu setzen, indem ein (Re-)Institutionalisierungsprozess in Gang gesetzt wird. Mit anderen Worten: Die bestehende tarifpolitische Arena hat einen Renovierungsbedarf, um die Institution auf eine netzwerkförmige (Re-)Organisation auszurichten und die Verfestigung tarifpolitischer Parallelwelten zu vermeiden. Aber an welcher Stelle ansetzen? Auf welcher Ebene soll eine lohnpolitische Konfliktbearbeitung stattfinden? Welche Unternehmen des Netzwerks sind daran zu beteiligen? Welche Aufgaben fallen den Gewerkschaften, Arbeitgeberverbänden, dem Gesetzgeber und ggf. weiteren Akteuren zu? Wie kann deren Kooperation untereinander und miteinander erleichtert werden?

Tabelle 1: Tariffragmentierung: Renovierung der Arena?

	Anpassung der Arena		
Adressat	**Öffnung für neue Akteure und Themen**	**Einführung neuer Regelungsformen**	**Ressourcen zur Durchsetzung**
Staat	Stützung der Verbandsbildung: Offene Verfahrensregelung, Tarifdispositive Gesetzesbestimmungen	Festlegung von Mindestbedingungen: Allgemeinverbindlich-erklärung, Öffentliche Vergaberichtlinien („Tariftreue"), Regulation von Werkverträgen	Arbeitsinspektion
Kollektivakteure	Tarifgemeinschaften, Gewerkschaftsallianzen, gemeinsame Initiativen	Netzwerktarifvertrag, netzwerkbezogene Lohnuntergrenzen, Spartentarifverträge, Regelungen zur Tarifbindung in der Lieferkette, Besserstellungs-vereinbarungen	Einführung gemeinsamer Schiedsinstanzen, Mediation und Beschwerdestellen
Betriebe & Belegschaften	Neue Themen durch direkte Beteiligung der Belegschaften, Einbeziehung von unterrepräsentierten Beschäftigtengruppen	Ausweitung von themenbezogenen Initiativrechten der Belegschaften, Erweiterung der Handlungsmöglichkeiten des Betriebsrates	Niedrigschwellige Beteiligungsangebote: (Online-)Befragungen, etc.

(Quelle: in Anlehnung an Deinert & Walser, 2015: 274, Helfen et al. 2016: 303)

Diese Fragen können hier nur aufgeworfen, nicht jedoch abschließend behandelt werden. Erste Ansatzpunkte lassen sich aber benennen, wenn man in den Blick nimmt, dass die Entstehung tarifpolitischer Parallelwelten ein Ergebnis von langwierigen Restrukturierungsprozessen ist, in die auch die tarifpolitischen Akteure – Betriebsparteien, Sozialpartner und der Gesetzgeber – eingreifen können. Möchte man diese Akteure in einer netzwerkbezogenen Perspektive unterstützen, damit sie den aus Mehr-Arbeitgeber-Beschäftigung entstehenden Herausforderungen sowohl für eine unternehmensübergreifende als auch eine unternehmensbezogene Tarifpolitik begegnen können, bieten sich verschiedene Handlungsoptionen an, die auch miteinander kombiniert werden können (vgl. Tabelle 1).

Die *gesetzgeberischen Handlungsoptionen*, um einer weiteren Ausbreitung tarifpolitischer Parallelwelten zu begegnen, sind auch mit den jüngsten Regelungen zur sog. Tarifautonomiestärkung (vor allem Mindestlohn und Erleichterung der Allgemeinverbindlicherklärung, Deutscher Bundestag, 2014) noch nicht ausgeschöpft (Bispinck, 2015; Deinert & Walser, 2015). Öffentliche Vergaberichtlinien, die eine Tarifbindung vorsehen, oder Festlegung der Verantwortung für die Tarifeinhaltung bei den Kundenunternehmen in Analogie zu einer Generalunternehmerhaftung könnten hier Ergänzungen darstellen. Solcherart Regelungen zielen letztlich auf die Durchsetzung von elementaren Mindeststandards, die stärker auf die individuellen Rechten und Ansprüche der Arbeitnehmer*innen abheben. Unterstützt durch eine konsequente Ausweitung des Arbeitsschutzes im Sinne einer sanktionsfähigen Arbeitsinspektion könnten diese auch im Netzwerk angewandt werden. Der Vorteil dieser Art Regelung ist vor allem, dass ein „Wegbrechen nach unten“ aufgehalten wird (für das Baugewerbe so auch Bosch et al., 2011). Allerdings sei hier auch darauf hingewiesen, dass die Verschiebung der Regelungsebene auf individuelle Rechtsansprüche, die durch den Staat garantiert werden, nicht nur entsprechende Ressourcen und Verfahren voraussetzt, deren Einhaltung auch zu prüfen, sondern auch die Grenzen der Tarifautonomie testet. Zudem stellen diese Instrumente im Umgang mit Mehr-Arbeitgeberbeziehungen eher eine indirekte Lösung dar, indem Arbeitsbedingungen jenseits des Wertschöpfungskontextes geregelt werden. Daher sollte auch über Möglichkeiten nachgedacht werden, das Missverhältnis zwischen bestehendem Gesetzeswerk und Wertschöpfungsorganisation direkt zu verringern, indem die Kollektivakteure bei der Verbandsbildung unterstützt werden, etwa durch offene Verfahrensregulation, in der die Kollektivakteure eine neuartige Konfliktbearbeitung erproben können, oder durch tarifdispositive Standards (s. etwa Deinert & Walser, 2015).

Kollektivakteure. Die Gewerkschaften verteidigen überwiegend die Tarifbindung in einzelnen Auslagerungsepisoden, indem sie Überleitungstarifverträge nutzen. Die hieraus entstehenden Regelungen beziehen sich jedoch oft auf Teilbelegschaften einzelner Unternehmen und fördern somit eine Tariffragmentierung. Berücksichtigt man ihren vorübergehenden Charakter, können Überleitungen die Auswirkungen der netzwerkförmigen Reorganisation nur punktuell bremsen. Hier wäre es zu überlegen, auf die Vernetzung der Wertschöpfung mit einer vernetzten Tarifpolitik im Sinne der Formierung von Gewerkschaftsallianzen und -netzwerken und Tarifgemeinschaften zu antworten. In einem weiteren Schritt wäre zu ermitteln, inwieweit sich die Arbeitgeber ihrerseits an gemeinsamen Initiativen beteiligen, um für eine netzwerkadäquate Tarifpolitik verhandlungsfähig zu werden. Ob das Ergebnis dann genuine Netzwerktarifverträge, einschließlich von netzwerkbezogenen Lohnuntergrenzen, sein können, ist fraglich, obwohl die Tarifpolitik in der Leiharbeit ein Beispiel in diese Richtung darstellt. Es stellt sich aber die Frage, ob die Unternehmen zu einer solchen interorganisationalen Kooperation im Bereich der Tarifpolitik in der Lage sind (Helfen 2014). Aus einzelwirtschaftlicher Sicht steht einer netzwerkweiten Kooperation zunächst entgegen, dass sich betriebswirtschaftliche Vorteile aus einer Mischkalkulation der Personalkosten bei Tariffragmentierung ergeben. Es bestehen aber auch Risiken, die neben etwaigen Reputationsverlusten bei Unterbietungskonkurrenz vor allem im Hinblick auf Qualität, Sicherheit, Prozesse und Konflikte die mittel- bis langfristige Netzwerkposition der Unternehmen erodieren. Diese Risiken werfen zudem die Frage nach der nachhaltigen Steuerung der Netzwerke auf, was Bedenken einschließt, dass sich Unternehmen im Netzwerk mittels (quasi-)integrierter, aber rechtlich nicht unmittelbar beschäftigter Arbeitskräfte ihrer sozialen und rechtlichen Verantwortung entledigen (Helfen, 2014). Neben einer gesetzgeberischen Unterstützung könnte die Zurückhaltung auf Arbeitgeberseite gegenüber einer Zusammenarbeit überwunden werden, wenn reflektiert wird, dass Wertschöpfungsnetzwerke bei organisatorisch getrennten, aber im Arbeitsprozess verbundenen Belegschaften durchaus verwundbar gegenüber Arbeitskampfmaßnahmen sind.

Betriebe & Belegschaften. An der Schnittstelle zwischen tarifpolitischer und betrieblicher Arena sind die begrenzten Handlungsmöglichkeiten der betrieblichen Mitbestimmung – etwa Besserstellungsvereinbarungen für das Fremdfirmenpersonal – zur Tarifstützung ausgeschöpft. Allerdings könnte stärker darüber nachgedacht werden, die Tarifpolitik aus Sicht der Beschäftigten durch andere Formen der Beteiligung auf Betriebsebene „von unten" wieder attraktiver zu machen. Dies schließt zunächst Überlegungen ein, wie insgesamt die Belegschaften miteinbezogen werden können, die in sich heterogener werden und jeweils unterschiedliche Ansprüche haben. Das beinhaltet aber auch die Frage, wie sich die Arena für neue Akteure öffnen kann. Auf diese Weise fällt die Renovierung der Arena damit zusammen, neue Themen aufzugreifen, die eine qualitative Veränderung erlauben, um die Arena zu stützen. Ein schon länger vorliegendes Thema mit diesem Potenzial ist etwa die Arbeitsbewertung von Dienstleistungstätigkeiten, die etwa Frauen benachteiligt (schon Krell, 2001). In ähnlicher Art und Weise sind auch Beteiligungskonzepte zu verstehen, die in den jüngsten Tarifverhandlungen die Zeitverwendung der Beschäftigten in der sog. Work-Life-Balance zum Gegenstand der Tarifverhandlungen gemacht haben. Die Spielräume für eine solche Verbetrieblichung auf freiwilliger Basis hängen sicher auch davon ab, wie sich aus Managementsicht die Unternehmen gegenüber Teilhabe aufstellen. Ob hier die Ermöglichung von Sammelklagen und ähnlichen Instrumenten unterstützend wirken kann, sollte genauso geprüft werden wie deren Auswirkung auf die Gesamtordnung wirtschaftlicher und industrieller Bürgerrechte, die ja im Sinne der Tarifautonomie in Deutschland stärker kollektive Züge trägt (s. aber Currie & Teague, 2016; Mückenberger, 2016).

Abschließend bleibt festzuhalten, dass aus einer Perspektive von Wertschöpfungsnetzwerken eine Renovierung der tarifpolitischen Arena erforderlich ist, die vorhandene Ansatzpunkte mit neuartigen Lösungen verknüpft. Ob genuine „Netzwerktarifverträge" zu definieren wären, die Kunden- und Dienstleistungsunternehmen, Verbände und Gewerkschaften kooperativ involvieren, oder eine auf Netzwerke bezogene Tarifpolitik erst durch die Regelung von allgemeinen Mindeststandards aus Sicht der individuellen Arbeitskräfte durch den Gesetzgeber angestoßen werden muss, ist hier nicht abschließend beantwortbar. Dennoch scheint ein Perspektivwechsel geboten, der es erlaubt, Tarifpolitik zwischen Branche und einzelnem Unternehmen zu denken, indem die Unternehmen auch in ihrer Eigenheit als Netzwerkunternehmen erfasst werden, deren Einbindung in Mehr-Arbeitgeber-Beschäftigung auch über die Arbeitsbedingungen der bei ihnen tätigen Arbeitskräfte entscheidet. Insofern die mit dieser inter-organisationalen Entwicklung verbundenen Funktionsprobleme der tarifpolitischen Arena als Institution fortwirken, scheint jedenfalls auch eine fortgesetzte wissenschaftliche Auseinandersetzung erforderlich.

Literatur

Appelbaum, E., & Schmitt, J. (2009). Low-wage work in high-income countries: Labor-market institutions and business strategy in the US and Europe. *Human Relations*, 62(12): 1907-1934.

Bahnmüller, R. (2009). Dezentralisierung der Tarifpolitik – Re-Stabilisierung des Tarifsystems? Bispinck, R. & Schulten, T. (Hg.): *Zukunft der Tarifautonomie. 60 Jahre Tarifvertragsgesetz: Bilanz und Ausblick.* VSA: Hamburg, 81-113.

Bellmann, L., Kohaut, S. & Schnabel, C. (1999): Flächentarifverträge im Zeichen von Abwanderung und Widerspruch: Geltungsbereich, Einflussfaktoren und Öffnungstendenzen. In: Bellmann, L. & Steiner, V. (Hg.). *Panelanalysen zu Lohnstruktur, Qualifikation und Beschäftigungsdynamik.* BeitrAB 229, Nürnberg, 11-44.

Behrens, M. (2011). *Das Paradox der Arbeitgeberverbände. Von der Schwierigkeit, durchsetzungsstarke Unternehmensinteressen kollektiv zu vertreten.* Berlin: Edition Sigma.

Behrens, M. & Helfen, M. (2016). The foundations of social partnership. *British Journal of Industrial Relations*, 54(2): 334-357.

Bispinck, R. (1997). Deregulierung, Differenzierung und Dezentralisierung des Flächentarifvertrages. Eine Bestandsaufnahme neuerer Entwicklungstendenzen der Tarifpolitik. *WSI-Mitteilungen*, 50(8): 553-561.

Bispinck, R. (2003). Das deutsche Tarifsystem in Zeiten der Krise – Streit um Flächentarif, Differenzierung und Mindeststandards. *WSI Mitteilungen*, 56(7): 395-404.

Bispinck, R. (2015). Tarifpolitischer Jahresbericht: zwischen Mindestlohn und Tarifeinheit. *WSI Mitteilungen*, 68(2): 125-132.

Bispinck, R. & Dribbusch, H. (2008). Tarifkonkurrenz der Gewerkschaften zwischen Über- und Unterbietung. *Sozialer Fortschritt*, 57(6): 153-163.

Bosch, G. & Weinkopf, C. (2007)(Hg.). *Arbeiten für wenig Geld. Niedriglohnbeschäftigung in Deutschland.* Frankfurt & New York: Campus.

Bosch, G., Weinkopf, C. & Worthmann, G. (2011). *Die Fragilität des Tarifsystems. Einhaltung von Entgeltstandards und Mindestlöhnen am Beispiel des Bauhauptgewerbes.* Berlin: Edition Sigma.

Bouncken, R.B., Bornewasser, M. & Bellmann, L. (2012) (Hg.). *Die neue Rolle der Zeitarbeit in Deutschland.* München/Mering: Hampp.

Brinkmann, U. & Nachtwey, O. (2010). Krise und strategische Neuorientierung der Gewerkschaften. *Aus Politik und Zeitgeschichte*, 13-14/2010: 21-29.

Bührer, W. (2006). Unternehmerverbände und Staat in Deutschland. *Aus Politik und Zeitgeschichte*, 15-16/2006: 17-24.

Cappelli, P. & Keller, J.R. (2013). Classifying Work in the New Economy. *Academy of Management Review*, 38(4): 575-596.

Currie, D. & Teague, P. (2016). Economic citizenship and workplace conflict in Anglo-American industrial relations systems. *British Journal of Industrial Relations*, 54(2): 358-384.

Davis, G.F. (2013). After the Corporation. *Politics & Society*, 41: 283-308.

Deinert, O. (2014). Kernbelegschaften - Randbelegschaften - Fremdbelegschaften. *Recht der Arbeit*, 67: 65-77.

Deinert, O. & Walser, M. (2015). *Tarifvertragliche Bindung der Arbeitgeber.* Baden-Baden: Nomos.

Dütsch, M., Liebig, V. & Struck, O. (2013). Erosion oder Stabilität der Beruflichkeit? Eine Analyse der Entwicklung und Determinanten beruflicher Mobilität. *Kölner Zeitschrift für Soziologie und Sozialpsychologie*, 65: 505-531.

Ellguth, P. & Kohaut, S. (2017). Tarifbindung und betriebliche Interessenvertretung: Ergebnisse aus dem IAB-Betriebspanel 2016. *WSI Mitteilungen*, 70(4): 278-286.

Ellguth, P. & Kohaut, S. (2010). Auf der Flucht? Tarifaustritte und die Rolle von Öffnungsklauseln. *Industrielle Beziehungen*, 17(4): 345- 371.

Ellguth, P. & Kohaut, S. (2007). Tarifbindung und betriebliche Interessenvertretung: Ergebnisse aus dem IAB-Betriebspanel 2006. *WSI Mitteilungen*, 60(9): 511-514.

Ellguth, P. & Kohaut, S. (2005). Tarifbindung und betriebliche Interessenvertretung: Aktuelle Ergebnisse aus dem IAB-Betriebspanel. *WSI-Mitteilungen*, 58(7): 398-403.

Ettl, W. & Heikenroth, A. (1996). Strukturwandel, Verbandsabstinenz, Tarifflucht: Zur Lage der Unternehmen und Arbeitgeberverbände im ostdeutschen verarbeitenden Gewerbe. *Industrielle Beziehungen*, 3(2): 134-153.

Flecker, J. (2009). Outsourcing, spatial relocation and the fragmentation of employment. *Competition & Change*, 13(3): 251-266.

Franz, W. & Rüthers, B. (1999). Arbeitsrecht und Ökonomie. Mehr Beschäftigung durch eine Flexibilisierung des Arbeitsrechts. *Recht der Arbeit*, 52 (1-2): 32-38.

Franz, W. (1996). Wirtschaftspolitisches Forum: Ist die Tarifautonomie noch zeitgemäß, *Zeitschrift für Wirtschaftspolitik*, 45: 30-57.

Führer, K.C. (2004) (Hg.). *Tarifbeziehungen und Tarifpolitik in Deutschland im historischen Wandel*. Berlin: Dietz.

Ganz, W. & Bienzeisler, B. (2010) (Hg.): *Management hybrider Wertschöpfung. Potenziale, Perspektiven und praxisorientierte Beispiele*. Stuttgart: Fraunhofer IAO.

Greef, S. (2017). Arbeitgeberverbände im Spiegel von Zahlen, Daten und Fakten. In: Schroeder, W. & Weßels, B. (Hg.). *Handbuch Arbeitgeber- und Wirtschaftsverbände in Deutschland*. 2. Aufl. Wiesbaden: Springer, 673-715.

Grimshaw, D. & Rubery, J. (2005). Inter-capital relations and the network organisation: redefining the work and employment nexus. *Cambridge Journal of Economics*, 29(6): 1027-1051.

Gürtzgen, N. (2011). Behindern Tarifverträge eine betriebliche Differenzierung der Entlohnung? *Zeitschrift für Arbeitsmarktforschung*, 44(1-2): 155-161.

Haipeter, T. & Schilling, G. (2006). *Arbeitgeberverbände in der Metall- und Elektroindustrie. Tarifbindung, Organisationsentwicklung und Strategiebildung*. Hamburg: VSA.

Hanau, H. (2016). Schöne digitale Arbeitswelt? *Neue Juristische Wochenschrift*, 36: 2613-2617.

Hassel, A. (1999). The erosion of the German system of industrial relations. *British Journal of Industrial Relations*, 37(3): 483-585.

Havard, C., Rorive, B. & Sobczak A. (2009). Client, employer and employee: Mapping a complex triangulation. *European Journal of Industrial Relations*, 15(3): 257-276.

Helfen, M. (2011). Tarifpolitische Parallelwelten. *Mitbestimmung*, 57(7-8): 20-23.

Helfen, M. (2012). Institutional continuity in German collective bargaining: Do employer associations contribute to stability? *Economic and Industrial Democracy*, 33(3): 485-503.

Helfen, M. (2013). Sozialpartnerschaft bei Arbeitgeberverbänden: "Schnee von gestern" oder vor der Renaissance? *WSI Mitteilungen*, 66(7): 482-490.

Helfen, M. (2014). Netzwerkförmige Tertialisierung und triangularisierte Beschäftigung: Braucht es eine interorganisationale Personalpolitik? *Managementforschung*, 24: 171-206.

Helfen, M. & Nicklich, M. (2013a). Zwischen institutioneller Kontinuität und De-Institutionalisierung: Industrielle Dienstleistungen als Parallelwelt überbetrieblicher Arbeitsbeziehungen. *Berliner Journal für Soziologie*, 23(3-4): 471-491.

Helfen, M. & Nicklich, M. (2013b). Dienstleistungsorientierte Projektifizierung und tarifpolitische Fragmentierung: Zwei Fallstudien aus dem Maschinen- und Anlagenbau. *Industrielle Beziehungen*, 20(2): 142-161.

Helfen, M. & Nicklich, M. (2014). Gewerkschaften zwischen Konkurrenz und Kooperation? Inter-organisationale Beziehungen in der Facility Services-Branche. *Industrielle Beziehungen*, 21(2): 181-204.

Helfen, M., Nicklich, M. & Sydow, J. (2016). Interorganisationale Netzwerke und tarifpolitische Fragmentierung: Hebt Mehr-Arbeitgeber-Beschäftigung die Tarifeinheit aus den Angeln? *Industrielle Beziehungen*, 23(3): 280-308.

Helfen, M. & Sydow, J. (2015). Mehr-Arbeitgeber-Beziehungen in der deutschen Automobilindustrie: Arbeitspolitische Herausforderungen für Management und Arbeitnehmervertretung. In: Romahn, H. & Rehfeld, D. (Hg.) *Lebenslagen – Beiträge zur Gesellschaftspolitik*. Marburg: Metropolis, 363-384.

Hertwig, M., Kirsch, J. & Wirth, C. (2015). Onsite-Werkverträge: Verbreitung und Praktiken im verarbeitenden Gewerbe. *WSI Mitteilungen*, 68(6): 457-465.

Hirsch-Kreinsen, H. (2001). Unternehmensnetzwerke – revisited. *Zeitschrift für Soziologie*, 31(2): 106-124.

Hoßfeld, H. & Nienhüser, W. (2010). Alles auf Betriebsebene regeln? Dezentralisierung der Tarifbeziehungen aus Sicht betrieblicher Akteure. *WSI Mitteilungen*, 63(3): 126-134.

Huertgen, S., Lüthje, B., Schumm, W. & Sproll, M. (2009). *Von Silicon Valley nach Shenzen. Globale Produktion und Arbeit in der IT-Industrie*. Hamburg: VSA.

Kalina, T. & Weinkopf, C. (2013): *Niedriglohnbeschäftigung 2011*. IAQ-Report 1-2013. Universität Duisburg-Essen.

Kalleberg, A. L. (2001). Organizing flexibility: The flexible firm in a new century. *British Journal of Industrial Relations*, 39(4): 479-504.

Keller, B. (2008). Der aufhaltsame Aufstieg von Berufsverbänden. Bedingungen, Ziele und Folgen. *Sozialer Fortschritt*, 57(6): 163-173.

Kirchner, S. & Beyer, J. (2016). Die Plattformlogik als digitale Marktordnung. *Zeitschrift für Soziologie*, 45(5): 1-16.

Knyphausen-Aufseß, D. z., Linke, R. & Nikol, P. (2010). Die deutschen Gewerkschaften: Ein Review der aktuellen Forschungsliteratur. *Zeitschrift für Betriebswirtschaft*, 80:561-609.

Kohaut, S. (2018). *Tarifbindung: Der Abwärtstrend hält an*. IAB Forum. www.iab-forum.de, 31.5.2018.

Kohaut, S. & Schnabel, C. (2003). Tarifverträge – nein danke!?, Ausmaß und Bestimmungsgründe der Tarifbindung west- und ostdeutscher Betriebe. *Jahrbücher für Nationalökonomie und Statistik*, 223 (3): 312-331.

Kohaut, S. & Schnabel, C. (2007). Tarifliche Öffnungsklauseln – Verbreitung, Inanspruchnahme und Bedeutung. *Sozialer Fortschritt*, 56(2): 33-40.

Konzen, H. (1996). Die Tarifautonomie zwischen Akzeptanz und Kritik. In: Berthold, N. et. alt. (Hrsg.). *Die Tarifautonomie auf dem Prüfstand*. Schriften des Vereins für Socialpolitik, N.F. Bd. 244, Berlin, 24-42.

Krause, R. (2009). Gewerkschaften und Betriebsräte zwischen Kooperation und Konfrontation. *Recht der Arbeit*: 129-143.

Krell, G. (2001). Zur Analyse und Bewertung von Dienstleistungsarbeit. Ein Diskussionsbeitrag. *Industrielle Beziehungen*, 8(1): 9-37.

Langer, A. (1994). Arbeitgeberverbandsaustritte – Motive, Abläufe und Konsequenzen. *In-dustrielle Beziehungen*, 1(2): 132-154.

Lesch, H. & Petters, L.M. (2012). Die Konfliktintensität von Tarifverhandlungen bei Tarifpluralität. *Wirtschaftsdienst*, 92(5): 294-299.

Lieb, M. (1994): Mehr Flexibilität im Tarifvertragsrecht? „Moderne" Tendenzen auf dem Prüfstand. *Neue Zeitschrift für Arbeitsrecht*, 11(7+8): 289-336, 337-384.

Mai, C.-M. & Schwahn, F. (2017). Erwerbsarbeit in Deutschland und Europa im Zeitraum 1991 bis 2016. *Wirtschaft und Statistik*, 3-2017: 9-21.

Malone, T. W., Laubacher, R. & Johns, T. (2011). The age of hyper-specialization. *Harvard Business Review*, 89(July-August): 57-65.

Marchington, M., Grimshaw, D., Rubery, J. & Willmott, H. (2005) (Hg.): *Fragmenting work. Blurring organizational boundaries and disordering hierarchies*. Oxford: Oxford University Press.

Massa-Wirth, H. & Seifert, H. (2004). Betriebliche Bündnisse für Arbeit mit begrenzter Reich-weite? *WSI Mitteilungen*, 57(5): 246-254.

Meißner, R. & Bochum, U. (2011). *Industrie- und Produktions-Services. Studie zu einer Branche „under cover"*. Berlin: FAST.

Möschel, W. (1996). Wirtschaftspolitisches Forum: Ist die Tarifautonomie noch zeitgemäß? *Zeitschrift für Wirtschaftspolitik*, 45: 39-48.

Moll, F. (2000). *Tarifausstieg der Arbeitgeberseite: Mitgliedschaft im Arbeitgeberverband ohne „Tarifbindung"*. Schriften zum Sozial- und Arbeitsrecht Bd. 179. Berlin: Duncker & Humblot.

Mückenberger, U. (2016). Citizenship at work. A guiding principle for social and trade union policy. Transfer, 22(1): 25-44.

Müller-Jentsch, W. (1997). *Soziologie der industriellen Beziehungen*. 2. Aufl. Frankfurt/New York: Campus Verlag.

Müller-Jentsch, W. & Ittermann, P. (2000). *Industrielle Beziehungen – Daten, Zeitreihen, Trends 1950 bis 1999*. Frankfurt & New York: Campus.

Nienhüser, W. (1999). Personalwirtschaftliche Konsequenzen der Externalisierung von Arbeit – Die Bauwirtschaft als prototypisches Beispiel. In: Sydow, J. & Wirth, C.

(Hg.). *Arbeit, Personal und Mitbestimmung in Unternehmungsnetzwerken*. München & Mering: Hampp, 143-173.

Nienhüser, W. & Baumhus, W. (2002). "Fremd im Betrieb": Der Einsatz von Fremdfirmenpersonal als Arbeitskräftestrategie. In: Martin, A. & Nienhüser, W. (Hg.). *Neue Formen der Beschäftigung – neue Personalpolitik?* München & Mering: Hampp, 61-120.

Nienhüser, W. (2007). Betriebliche Beschäftigungsstrategien und atypische Arbeitsverhältnisse. Eine Erklärungsskizze aus Sicht einer politischen Personalökonomik. In: Keller, B. & Seifert, H. (Hg.). *Atypische Beschäftigung. Flexibilisierung und soziale Risiken*. Berlin: Sigma, S. 45-65.

Oechsler, W.A. & Reichmann, L. (2002). Entgeltflexibilisierung. Zur Rolle des Tarifvertrags bei aktuellen Flexibilisierungstendenzen. *Zeitschrift für betriebswirtschaftliche Forschung*, 54(9): 527-542.

Rehder, B. (2003). *Betriebliche Bündnisse für Arbeit in Deutschland, Mitbestimmung und Flächentarif im Wandel*. Frankfurt & New York: Campus.

Sauer, D. (2010). Vermarktlichung und Vernetzung der Unternehmens- und Betriebsorganisation. In: Böhle, F., Voß, G. & Wachtler, G. (Hg.): *Handbuch Arbeitssoziologie*. Wiesbaden: VS-Verlag, 545-568.

Schnabel, C. (2005). Gewerkschaften und Arbeitgeberverbände: Organisationsgrade, Tarifbindung und Einflüsse auf Löhne und Beschäftigung. *Zeitschrift für Arbeitsmarktforschung*, 38(2+3): 181-196.

Schulten, T. & Müller, T. (2013). Ein neuer europäischer Interventionismus? Die Auswirkungen des neuen Systems der europäischen Economic Governance auf Löhne und Tarifpolitik. *Wirtschaft und Gesellschaft*, 39(3): 291-321.

Schumann, M., Kuhlmann, M., Sanders, F. & Sperling, H. J. (2005): Antitayloristisches Fabrikmodell – AUTO 5000 bei Volkswagen. *WSI-Mitteilungen*, 58(1): 3-10.

Schroeder, W. & Ruppert, B. (1996). Austritte aus Arbeitgeberverbänden, Motive-Ursachen-Ausmaß. *WSI-Mitteilungen*, 49(5): 316- 328.

Silvia, S. J. & Schroeder, W. (2007): Why Are German Employers' Associations Declining? Arguments and Evidence. *Comparative Political Studies*, 40(12): 1433-1459.

Sydow, J. & Wirth, C. (1999) (Hg.): *Arbeit, Personal und Mitbestimmung in Unternehmensnetzwerken*. München & Mering: Hampp.

Sydow, J. & Helfen, M. (2015). Arbeit in Netzwerkorganisationen – Wertschaffung durch Verzicht auf Wertschöpfung? *Zeitschrift für Arbeitswissenschaft*, 69(4): 223-226.

Statistisches Bundesamt (2013). *Tarifbindung in Deutschland 2010*. Wiesbaden.

Statistisches Bundesamt (2016). *Tarifbindung in Deutschland 2014*. Wiesbaden.

Streeck, W. & Hassel, A. (2003). The crumbling pillars of social partnership. *West European Politics*, 26(4): 101-124.

Streeck, W. (2016): Von Konflikt ohne Partnerschaft zu Partnerschaft ohne Konflikt: Indsutrielle Beziehungen in Deutschland. *Industrielle Beziehungen*, 23(1): 47-60.

Traxler, F. (1999). Gewerkschaften und Arbeitgeberverbände: Probleme der Verbandsbildung und Interessenvereinheitlichung. In: Müller-Jentsch, W. (Hg.). *Konfliktpartnerschaft. Akteure und Institutionen der industriellen Beziehungen.* München & Mering: Hampp, 57-77.

Tünte, M., Apitzsch, B. & Shire, K.A. (2011). Neue Beschäftigungsstrategien jenseits von externer und interner Flexibilisierung. *Berliner Journal für Soziologie*, 21(3): 363-381.

Völkl, M. (2002). *Der Mittelstand und die Tarifautonomie. Arbeitgeberverbände zwischen Sozialpartnerschaft und Dienstleistung.* München & Mering: Hampp.

Weil, D. (2014): *The fissured workplace. Why work became so bad for so many and what can be done to improve it.* Cambridge: Harvard.

Weitbrecht, H. (1969). *Effektivität und Legitimität der Tarifautonomie. Eine soziologische Untersuchung am Beispiel der deutschen Metallindustrie.* Berlin: Duncker & Humblot.

Windeler, A. & Wirth, C. (2018): Netzwerke und Arbeit. In: Böhle, F., Voß, G. G. & Wachtler, G. (Hg.): *Handbuch Arbeitssoziologie. Band 2: Akteure und Institutionen.* 2. Aufl.. Wiesbaden: Springer, 237-275.

Wirth, C. (1999): *Unternehmensvernetzung, Externalisierung von Arbeit und industrielle Beziehungen.* München & Mering: Hampp.

Zachert, U. (2009). 60 Jahre Tarifvertragsgesetz – Eine rechtspolitische Bilanz. *WSI Mitteilungen*, 62(4): 179-184.

Gesetzestexte

Deutscher Bundestag (2014): Gesetz zur Stärkung der Tarifautonomie (Tarifautonomiestärkungsgesetz). 11. August 2014. Bundesgesetzblatt Teil 1 Nr. 39. Bonn.

Deutscher Bundestag (2015): Entwurf eines Gesetzes zur Tarifeinheit (Tarifeinheitsgesetz). Gesetzentwurf der Bundesregierung. Deutscher Bundestag Drucksache 18/4062. 20.02.2015. Berlin.

Grundgesetz für die Bundesrepublik Deutschland in der im Bundesgesetzblatt Teil III, Gliederungsnummer 1001, veröffentlichten bereinigten Fassung, das zuletzt durch Artikel 1 des Gesetzes vom 13. Juli 2017 (BGBl. I S. 2347) geändert worden ist

Tarifvertragsgesetz (TVG) in der Fassung der Bekanntmachung vom 25. August 1969 (BGBl. I S. 1323), das zuletzt durch Artikel 1 des Gesetzes vom 3. Juli 2015 (BGBl. I S. 1130) geändert worden ist.

Mindestlohngesetz (MiloG) vom 11. August 2014 (BGBl. I S. 1348), das zuletzt durch Artikel 2 Absatz 4 des Gesetzes vom 18. Juli 2017 (BGBl. I S. 2739) geändert worden ist.

Soloselbständige zwischen Wettbewerbsrecht und Kollektivarbeitsrecht

Jochen Mohr

I. Einführung

1. Zu den Regelungsbereichen des Wettbewerbsrechts und des kollektiven Arbeitsrechts

Die Abgrenzung des Wettbewerbsrechts – nach deutschem Sprachgebrauch synonym: des Kartellrechts – vom kollektiven Arbeitsrecht bildet einen klassischen, nichtdestotrotz noch immer umstrittenen Fragenkomplex des wirtschaftsbezogenen Privatrechts.[1] Dieser findet seinen Ausgangspunkt in einem historisch unterschiedlichen Verständnis der beiden Rechtsgebiete hinsichtlich des zutreffenden Weges zur Sicherung eines chancengleichen vertraglichen Interessenausgleichs der Bürgerinnen und Bürger in gegenseitiger Selbstbestimmung.[2] Das Arbeitsrecht ist traditionell von dem bipolaren Interessenkonflikt zwischen Arbeitnehmern und Arbeitgebern geprägt, der sich in der Bipolarität der Tarifparteien beim Abschluss von Tarifverträgen fortsetzt.[3] Da die einzelnen Arbeitnehmer den Arbeitgebern jedenfalls bei generalisierender Betrachtung strukturell unterlegen sind, erlaubt ihnen die Rechtsordnung durch Art. 28 EU-Grundrechtecharta und

---

1 Aus arbeitsrechtlicher Sicht *Höpfner*, Die Tarifgeltung im Arbeitsverhältnis, 2015, S. 586; *Bourazeri*, Tarifautonomie und Wirtschaftskrise, 2019, S. 319 ff.; aus wettbewerbsrechtlicher Sicht Immenga/Mestmäcker/*Emmerich*, 5. Aufl. 2012, Band 1, Art. 101 Abs. 1 AEUV Rn. 24.

2 *Mohr*, Sicherung der Vertragsfreiheit durch Wettbewerbs- und Regulierungsrecht, 2015, S. 136 ff.; vertiefend *Schröder*, Die Entwicklung des Kartellrechts und des kollektiven Arbeitsrechts durch die Rechtsprechung des Reichsgerichts vor 1914, 1988.

3 *Säcker*, Grundprobleme der kollektiven Koalitionsfreiheit, 1969, S. 30; *Mohr/Wolf*, JZ 2011, 1091; MüKoEUWettbR/*Säcker/Mohr*, 2. Aufl. 2015, Einl. Rn. 1432.

Art. 9 Abs. 3 GG ausnahmsweise die Bildung gegengewichtiger Marktmacht, in ökonomischer Diktion also von „countervailing power".[4] Insoweit folgerichtig klassifiziert die in Deutschland herrschende Ansicht die Tarifautonomie als kollektiv ausgeübte Privatautonomie,[5] wobei zur Begründung der Tarifwirkungen auch auf staatliche Legitimationsakte abgestellt wird,[6] obwohl diese im Konzept der Privatautonomie eigentlich nicht angelegt sind.[7] Zuweilen wird deshalb sogar die Ansicht vertreten, dass die Lehre von der Tarifautonomie als kollektiv ausgeübter Privatautonomie lediglich als Deckmantel für eine fortschreitende Entindividualisierung und Kollektivierung des Tarifvertragswesens diene.[8]

Anders als das kollektive Arbeitsrecht will das Wettbewerbsrecht die schädlichen Außenwirkungen unternehmerischer Handlungen auf die wirtschaftliche Handlungsfreiheit aller Marktteilnehmer und auf die daraus erwachsenden freien Wettbewerbsprozesse verhindern.[9] In der Terminologie der Neuen Institutionenökonomik dient es damit der kompetitiven Neutralisierung privater Machtpositionen durch Vermeidung negativer externer Effekte auf die berechtigten Freiheitspositionen anderer Marktteilnehmer und zugleich auf die Wohlfahrt der Gesamtgesellschaft.[10] Demgemäß steht das Wettbewerbsrecht dem Konstrukt gegengewichtiger Marktmacht eher skeptisch gegenüber, schon weil letzteres – eigentlich zu verhindernde – negative Drittwirkungen auf nicht organisierte Marktteilnehmer haben kann, die sog. Außenseiter.[11] Auch kann gegengewichtige Marktmacht al-

---

4 *Säcker*, ZHR 137 (1973), 455, 464; *Rüthers*, WuW 1980, 382 ff.; grundlegend *Galbraith*, American Capitalism. The Concept of Countervailing Power, 1952.

5 BAG, Urt. v. 14.10.1997 – 7 AZR 298/96, AP TVG § 1 Tarifverträge: Metallindustrie Nr. 154.

6 *Bayreuther*, Tarifautonomie als kollektiv ausgeübte Privatautonomie, 2005, S. 179.

7 *Hartmann*, Negative Tarifvertragsfreiheit im deutschen und europäischen Arbeitsrecht, 2014, S. 125 ff.

8 *Hartmann*, Negative Tarifvertragsfreiheit im deutschen und europäischen Arbeitsrecht, 2014, S. 141.

9 *Mohr*, ZWeR 2015, 1, 8; siehe auch *Lukes*, Der Kartellvertrag, 1959, S. 135 ff.; *Fuchs*, Kartellverbot und Einzelvertrag, 1963, S. 22; *Paul*, Gesetzesverstoß und Vertrag im Wettbewerbs- und Regulierungsrecht, 2010, S. 125; *Keßler*, WRP 2006, 1061, 1067; *Glöckner*, WRP 2007, 490, 498; *Köhler*, GRUR 2004, 99, 100.

10 *Bachmann*, Private Ordnung, 2006, S. 104 f.; *Mohr*, Sicherung der Vertragsfreiheit durch Wettbewerbs- und Regulierungsrecht, 2015, S. 459; zum „Coase-Theorem" siehe *Voigt*, Institutionenökonomik, 2009, S. 56 f.

11 *Mestmäcker/Schweitzer*, Europäisches Wettbewerbsrecht, 3. Aufl. 2014, § 26 Rn. 89 ff.

lenfalls die Gewinnhöhe marktbeherrschender Unternehmen auf der Marktgegenseite begrenzen, wohingegen sie eine dynamisch effiziente Allokation der Ressourcen nicht selten verfehlt.[12] Insoweit folgerichtig sieht das Wettbewerbsrecht „countervailing power" nur in engen Grenzen als zulässig an, insbesondere wenn Nachfragemacht ein kompensatorisches Gegengewicht zur Stärke der Angebotsseite bildet. Beispiele sind Einkaufskooperationen[13] und Genossenschaften.[14]

Trotz der unterschiedlichen Herangehensweise an die Problematik „privater Macht"[15] verfolgen das Arbeitsrecht und das Wettbewerbsrecht das übereinstimmende Metaziel, einen fairen und gegen Missbrauch gesicherten privatautonomen Interessenausgleich der betroffenen Rechtssubjekte zu ermöglichen.[16] Sie stellen damit zugleich die prozeduralen Voraussetzungen für eine sinnvoll zu nutzende „funktionsfähige Vertragsfreiheit"[17] und für die Herstellung von prozeduraler Vertragsgerechtigkeit bereit.[18] Sofern also das Primat eines freien und unverfälschten Wettbewerbs und das den Arbeitsmarkt prägende Gegenmachtprinzip als unüberbrückbar angesehen werden,[19] muss dies mit anderen Regelungsprinzipien als der Sicherung individueller Selbstbestimmung begründet werden, insbesondere mit dem öf-

12 Monopolkommission, Fusionskontrolle bleibt vorrangig, Hauptgutachten III, 1980, Rn. 509.

13 *Säcker/Mohr*, WRP 2011, 793, 804 f.

14 *Mändle*, in: Festschrift für Schachtschnabel, 1979, S. 247, 255.

15 *Mohr*, Sicherung der Vertragsfreiheit durch Wettbewerbs- und Regulierungsrecht, 2015, S. 22 f. und öfter.

16 *Roth*, in: FIW (Hrsg.), Tarifautonomie und Kartellrecht, 1990, S. 7, 10; *Mohr/Wolf*, JZ 2011, 1091.

17 *Raiser*, JZ 1958, 1 ff.; *ders.*, in: Festschrift zum 100-jährigen Bestehen des DJT, Band 1, 1960, S. 101, 129 ff. Die Parallele zwischen dem Schutz eines funktionsfähigen Wettbewerbs und einer funktionsfähigen Vertragsfreiheit ist angelegt bei *Reichold*, JJZ 1992, S. 63, 68 und 79.

18 *Mohr*, Sicherung der Vertragsfreiheit durch Wettbewerbs- und Regulierungsrecht, 2015, S. 454; *Fornasier*, Freier Markt und zwingendes Vertragsrecht, 2013, S. 42; siehe zum Zusammenhang zwischen Wettbewerbsschutz und Vertragsgerechtigkeit auch *Canaris*, AcP 200 (2000), 273, 294; *Adomeit/Mohr*, Rechts- und Wirtschaftsphilosophie, 4. Aufl. 2017, Teil 9 Rn. 8.

19 *Rieble*, Arbeitsmarkt und Wettbewerb, 1996, Rn. 114; *Reichold*, in: Festschrift für Reuter, 2010, S. 759, 769; *Breuer*, Das EU-Kartellrecht im Kraftfeld der Unionsziele, 2013, S. 835: Fundamentalkonflikt.

fentlich-rechtlichen Sozialstaatsprinzip gem. den Art. 27 ff. EU-Grundrechtecharta und den Art. 20 Abs. 1, 28 Abs. 1 GG.[20] Auf wirtschaftsphilosophischer Ebene hängt dies letztlich mit der Frage zusammen, ob das Sozialrecht als Teil der Wirtschaftsverfassung angesehen wird oder als deren Gegengewicht.[21] Dessen ungeachtet ist im Rahmen der konkreten Rechtsanwendung sowohl im kollektiven Arbeitsrecht als auch im Wettbewerbsrecht umstritten, inwieweit die Rechtsgebiete individuellen oder auch überindividuellen „objektiven" Zwecken dienen.[22] Nach überzeugender, vorliegend nicht näher auszuführender Ansicht können das kollektive Arbeitsrecht und das Wettbewerbsrecht das Privatrecht nur dann von der Auflösung gestörter Vertragsparitäten[23] in jedem Einzelfall entlasten,[24] wenn sie im Kern auf die Sicherung der individuellen Selbstbestimmung und nicht auf ein vage konturiertes öffentliches Gemeinwohl zurückgeführt werden.[25]

Da das kollektive Arbeitsrecht als das Recht der Arbeitsmärkte bei der Auflösung privater Interessengegensätze wie gesehen von graduell anderen Lösungsansätzen als das Wettbewerbsrecht geprägt ist, anerkennt die heute wohl überwiegende Ansicht bei der Anwendung des Verbots wettbewerbsbeschränkender Vereinbarungen gem. Art. 101 AEUV und § 1 GWB eine teleologisch induzierte Geltungsreduktion für Kollektivverträge.[26] Nach der Angleichung des deutschen Kartellverbots gem. § 1 GWB an die europäische Regelung in Art. 81 EG aF (Art. 101 AEUV) im Zuge der 7. GWB-

---

20 Zum deutschen Recht MüKoBGB/*Müller-Glöge*, 7. Aufl. 2016, § 611 BGB Rn. 275; zur Verortung des Arbeitsrechts in der Sozialpolitik der Union gem. Art. 151 AEUV siehe EUArbR/*Franzen*, 2. Aufl. 2018, Art. 151 AEUV Rn. 1; zu den sozialen Unionsgrundrechten EUArbR/*Schubert*, 2. Aufl. 2018, Art. 27 GRC Rn. 2, wonach die sozialen Grundrechte ein zentrales Element der Sozialstaatlichkeit im Rahmen einer sozialen Marktwirtschaft seien.

21 Zum Gleichklang von Wirtschafts- und Sozialordnung *Eucken*, Grundsätze der Wirtschaftspolitik, 1952, S. 313; *Adomeit/Mohr*, Rechts- und Wirtschaftsphilosophie, 4. Aufl. 2017, Teil 9 Rn. 56 ff.; demgegenüber sah *Karl Marx* die Gesellschaft als eine Art von Gegenmacht zur Wirtschaft an, dazu *Mestmäcker*, in: Riesenhuber (Hrsg.), Privatrechtsgesellschaft: Entwicklung, Stand und Verfassung des Privatrechts, 2007, S. 35, 50 f.

22 Zur Problemstellung *Mohr*, Sicherung der Vertragsfreiheit durch Wettbewerbs- und Regulierungsrecht, 2015, S. 56 ff.

23 BVerfG, Beschl. v. 19.10.1993 – 1 BvR 567/89 u. a., NJW 1994, 36, 38 f.

24 Zur Entlastungsfunktion des Wettbewerbsrechts *G. P. Calliess*, JJZ 2000, 85, 104 f.

25 *Hartmann*, Negative Tarifvertragsfreiheit im deutschen und europäischen Arbeitsrecht, 2014, S. 130 ff.

26 *Höpfner*, Die Tarifgeltung im Arbeitsverhältnis, 2015, S. 552; MüKoEU-WettbR/*Säcker/Mohr*, 2. Aufl. 2015, Einl. Rn. 1432 ff.

Novelle des Jahres 2005[27] bestimmt sich die Reichweite dieser Geltungsreduzierung einheitlich nach der sog. *Albany*-Doktrin des EuGH. Der Begründungsstrang lautet im Kern wie folgt:[28] Zwar seien mit Tarifverträgen zwischen Organisationen, die die Arbeitgeber und die Arbeitnehmer vertreten, zwangsläufig gewisse den Wettbewerb beschränkende Wirkungen verbunden. Die Erreichung der mit Kollektivverträgen angestrebten sozialpolitischen Ziele sei jedoch gefährdet, wenn die Sozialpartner bei der gemeinsamen Suche nach Maßnahmen zur Verbesserung der Beschäftigungs- und Arbeitsbedingungen dem Kartellverbot des Art. 101 Abs. 1 AEUV unterlägen.[29] Sofern Art. 153 Abs. 5 AEUV[30] und Art. 28 EU-Grundrechtecharta den Abschluss von Verträgen durch bestimmte Sozialpartner zur Verbesserung der Beschäftigungs- und Arbeitsbedingungen privilegierten, dürfe diese Wertung nicht durch eine Kontrolle solcher Verträge anhand von Art. 101 Abs. 1 AEUV unterlaufen werden.[31] Im Ergebnis seien mit Tarifverträgen zwar gewisse Wettbewerbsbeschränkungen verbunden. So vereinheitlichen insbesondere Flächentarifverträge die Arbeitsbedingungen tarifgebundener Arbeitnehmer und Arbeitgeber auf dem Arbeitsmarkt.[32] Diese Wettbewerbsbeschränkungen müssten aber hingenommen werden, um die sozialpolitischen Ziele der Union nicht zu gefährden.[33]

Aus dogmatischer Sicht basiert die *Albany*-Rechtsprechung auf einer Interessenabwägung zwischen divergierenden, aber formal gleichwertigen Rechtsgütern, die in einen verhältnismäßigen Ausgleich zu bringen sind.[34]

---

27 Dazu mwN Wiedemann/*Lübbig*, Kartellrecht, 3. Aufl. 2016, § 8 Rechtsgrundlagen Rn. 81.

28 Rieble/Junker/Giesen/*Ackermann*, Kartellrecht und Arbeitsmarkt, 2010, S. 19, 22 ff.

29 EuGH, Urt. v. 21.9.1999 – C-67/97, Slg. 1999, I-5863 Rn. 59 – Albany International BV/Stichting Bedrijfspensioenfonds Textielindustrie (Albany); EuGH, Urt. v. 11.12.2007 – C-438/05, EuZW 2008, 246 Rn. 29 – International Transport Workers' Federation, Finnish Seamen's Union/Viking Line (Viking); EuGH, Urt. 4.12.2014 – C-413/13, NZA 2015, 55 = NZKart 2015, 147 Rn. 22 – FNV Kunsten Informatie en Media/Staat der Nederlanden (FNV Kunsten).

30 Art. 153 Abs. 5 AEUV ist als Ausnahmevorschrift eng auszulegen; vgl. zu Art. 137 Abs. 5 EG aF EuGH, Urt. v. 13.9.2007 – C-307/05, NZA 2007, 1223 Rn. 35 ff. – Del Cerro Alonso. Ihr Aussagegehalt ist unionsrechtlich autonom zu bestimmen, vgl. EUArbR/Franzen, 2. Aufl. 2018, Art. 153 AEUV Rn. 45.

31 MüKoEUWettbR/*Säcker/Mohr*, 2. Aufl. 2015, Einl. Rn. 1437.

32 *Preis*, Kollektivarbeitsrecht, 4. Aufl. 2017, Rn. 231.

33 EuGH, Urt. v. 21.9.1999 – C-67/97, Slg. 1999, I-5863 Rn. 59 – Albany International BV/Stichting Bedrijfspensioenfonds Textielindustrie (Albany).

34 *Mohr/Wolf*, JZ 2011, 1091, 1093.

Die Reichweite der Geltungseinschränkung des europäischen Wettbewerbsrechts bestimmt sich dabei nach Unionsrecht und nicht nach nationalem kollektivem Arbeitsrecht,[35] schon weil es die Mitgliedstaaten bzw. die Kollektivparteien ansonsten in der Hand hätten, private Vereinbarungen durch Bezeichnung als Tarifverträge aus dem Anwendungsbereich des europäischen Wettbewerbsrechts herauszunehmen.[36] Einer Beurteilung anhand des Unionsrechts steht auch Art. 153 Abs. 5 AEUV nicht entgegen, wonach die Union keine Kompetenz für das Koalitionsrecht hat.[37] Denn unabhängig von der streitigen Frage, ob die Norm auch das Tarifrecht umfasst,[38] macht das Unionsrecht mit der autonomen Definition des Anwendungsbereichs des Kartellverbots gem. Art. 101 Abs. 1 AEUV gerade keine Vorgaben für die nationalen Tarifrechtsordnungen, sondern bestimmt lediglich die Reichweite des europäischen Wettbewerbsrechts in Abwägung zur ebenfalls unional anerkannten Regelungsautonomie der Tarifpartner.[39] Außerdem enthält Art. 153 Abs. 5 AEUV sowieso nur eine Regelungssperre mit Blick auf die Unionskompetenzen in Art. 153 Abs. 1 AEUV, bezieht sich also nicht auf die Wettbewerbsregeln.[40]

2. Geltung tariflicher Regelungen für selbständige Dienstleister?

Einen weiteren Meilenstein bei der Abgrenzung der Anwendungsbereiche von Wettbewerbsrecht und Arbeitsrecht bildet die *FNV-Kunsten*-Entscheidung des EuGH aus dem Jahr 2015.[41] In dieser Entscheidung stellte sich die Frage, ob nach niederländischem Recht zulässige Tarifverträge für selbständige Dienstleistungsanbieter anhand des Verbots wettbewerbsbeschränkender Vereinbarungen gem. Art. 101 AEUV geprüft werden dürfen. Konkret

---

35 Im Ergebnis ebenso *Höpfner*, Die Tarifgeltung im Arbeitsverhältnis, 2015, S. 562.

36 *Mohr/Wolf*, JZ 2011, 1091, 1093; *Latzel/Serr*, EuZW 2014, 410, 411 f.; aA *Goldmann*, EuZA 2015, 509, 516.

37 Calliess/Ruffert/*Krebber*, 5. Aufl. 2016, Art. 153 AEUV Rn. 12; aA *Fuchs*, ZESAR 2016, 297, 304.

38 Dazu näher *Bourazeri*, Tarifautonomie und Wirtschaftskrise, 2019, S. 382 ff.

39 Insoweit zutreffend *Rieble*, ZWeR 2016, 165, 167; aA Rieble/Junker/Giesen/*Ackermann*, Kartellrecht und Arbeitsmarkt, 2010, S. 19, 33 f.

40 *Bourazeri*, Tarifautonomie und Wirtschaftskrise, 2019, S. 472.

41 EuGH, Urt. v. 4.12.2014 – C-413/13, NZA 2015, 55 = NZKart 2015, 147 Rn. 35 – FNV Kunsten; dazu *Goldmann*, EuZA 2015, 509 ff.; *Esch*, jurisPR-ArbR 13/2015, Anm. 2; *Eufinger*, DB 2015, 192 f.; *Lettl*, WRP 2015, 294 ff.; *Steinle/Haußmann*, EuZW 2015, 316 f.; *Rieble*, ZWeR 2016, 165 ff.; *Fuchs*, ZESAR 2016, 297 ff.

standen tarifliche Mindesttarife für – an dieser Stelle als Arbeitshypothese unterstellt: – selbständige Orchester-Aushilfsmusikern in Rede, die einer gemischt zusammengesetzten Arbeitnehmervereinigung angehörten. Die selbständigen Orchestermusiker erbrachten für die Unternehmen auf der Grundlage von Dienstleistungsverträgen eine vergleichbare Tätigkeit wie deren Arbeitnehmer. Es war deshalb zu entscheiden, unter welchen Voraussetzungen tarifliche Bestimmungen über Mindestentgelte für Selbständige in den Anwendungsbereich des Art. 101 Abs. 1 AEUV fallen.[42] Aus wettbewerbsrechtlicher Sicht sind hierfür primär die Zwecke und Marktwirkungen der betroffenen Regelungen bedeutsam.[43] Auf den ersten Blick sichern tarifliche Mindestentgelte den Orchester-Aushilfsmusikern eine gewisse Grundvergütung.[44] Bei näherem Hinsehen können die Mindestentgelte von den Sozialpartnern aber auch dazu eingesetzt werden, einem unerwünschten „Lohndumping“ durch selbständige Dienstleister zulasten der bereits beschäftigten Arbeitnehmer entgegenzuwirken, wie ein Blick auf den Vortrag der tarifschließenden Gewerkschaft in *FNV-Kunsten* verdeutlicht:[45] Indem tarifliche Mindestentgelte für Selbständige ein Gegengewicht zu den potenziell geringeren Kosten schafften, die Arbeitgeber hätten, wenn sie Arbeitnehmer durch Selbständige ersetzten, sollten sie gewährleisten, dass Arbeitgeber nicht jeden Anreiz verlören, Arbeitnehmer einzustellen. Es ging den Tarifparteien somit gar nicht, jedenfalls nicht zuvörderst um eine „Entgeltsicherung Selbständiger“,[46] sondern genau im Gegenteil um den Schutz tariflich gesicherter Arbeitnehmer vor einem „Dumpingwettbewerb durch Nichtorganisierte“,[47] verpackt in eine vermeintliche Wohltat zugunsten der Aushilfsmusiker.

Die marktabschottenden Regelungszwecke derartiger Tarifregelungen werden offenkundig, wenn tarifliche Zahlungspflichten mittels staatlicher Hilfe, konkret mittels einer Allgemeinverbindlicherklärung gem. § 5 TVG

---

42 EuGH, Urt. v. 4.12.2014 – C-413/13, NZA 2015, 55 = NZKart 2015, 147 Rn. 29 f. – FNV Kunsten.

43 Ausführlich *Höpfner*, Die Tarifgeltung im Arbeitsverhältnis, 2015, S. 523 ff.

44 *Fuchs*, ZESAR 2016, 297, 305 f.; die Entgeltsicherung Selbständiger betont *Bayreuther*, NJW 2017, 357 ff.

45 GA *Wahl*, Schlussanträge v. 11.9.2014 – C-413/13, BeckRS 2014, 82002 Rn. 67 – FNV Kunsten.

46 So der Titel des Beitrags von *Bayreuther*, NJW 2017, 357.

47 Begrifflichkeit nach *Preis*, Kollektivarbeitsrecht, 4. Aufl. 2017, Rn. 231.

zwangsweise auch auf Selbständige erstreckt werden.[48] Die Zulässigkeit eines entsprechenden Vorgehens wird in Deutschland derzeit für sog. Soloselbständige diskutiert, die von Sozialkassen als gemeinsame Einrichtung iSd. § 4 Abs. 2 TVG auf Zahlung von tarifvertraglichen Ausbildungskostenbeiträgen in Anspruch genommen werden.[49] Als soloselbständig werden dabei Einzelunternehmer tituliert, die – wie im *FNV-Kunsten*-Fall die Aushilfsmusiker – weder Arbeitnehmer noch arbeitnehmerähnliche Personen beschäftigen, sondern die von ihnen angebotenen Leistungen allein erbringen.[50] Seit den 1980er Jahren wird eine Zunahme dieser „neuen Selbständigkeit" beobachtet,[51] wobei die derzeitige Digitalisierung der Arbeitswelt etwa in Form eines sog. Crowdworking bislang wohl zu keinem nennenswerten Anstieg der Soloselbständigkeit geführt hat.[52] Im vorliegenden Zusammenhang ist bedeutsam, dass soloselbständige Unternehmer regelmäßig nicht Mitglied eines Arbeitgeberverbands sein werden.[53] Auch Genossenschaftsmodelle stecken noch in den Kinderschuhen.[54] Demgemäß können die Tarifparteien entsprechende Ausbildungskostenumlagen nur mittels Allgemeinverbindlicherklärung eines Tarifvertrags gem. § 5 Abs. 1a S. 1 Nr. 3 TVG auf die Soloselbständigen erstrecken.[55] In diesem Sinne räumt(e) etwa § 17 des für allgemeinverbindlich erklärten Tarifvertrags über das Sozialkassenverfahren im Baugewerbe (VTV) in der Fassung vom 3. Mai 2013[56] der SoKaBau unter der Überschrift „Mindestbeitrag für die Berufsbildung" das Recht ein, „Betriebe, auch wenn sie keine gewerblichen Arbeitnehmer beschäftigen," auf Zahlung eines „jährlichen Betrag[es] in Höhe

48 GA *Wahl*, Schlussanträge v. 11.9.2014 – C-413/13, BeckRS 2014, 82002 Rn. 74 – FNV Kunsten.

49 Zu den Funktionen gemeinsamer Einrichtungen iSd. § 4 Abs. 2 TVG siehe *Preis*, Kollektivarbeitsrecht, 4. Aufl. 2017, Rn. 414.

50 *Bayreuther/Deinert*, RdA 2015, 129.

51 ErfK/*Preis*, 18. Aufl. 2018, § 611a BGB Rn. 78.

52 Kramer/*Solmecke*, IT-Arbeitsrecht, 1. Aufl. 2017, A. Digitalisierte Arbeitswelt Rn. 21; siehe auch *H. Hanau*, NJW 2016, 2613, 2616.

53 Giesen/Junker/Rieble/*Rieble*, Ordnungsfragen des Tarifvertragsrechts, 2017, S. 65, 68.

54 Dazu *Weiss-Bölz*, DStR 2017, 2497 ff.

55 Zu dieser Vorschrift ErfK/*Franzen*, 18. Aufl. 2018, § 5 TVG Rn. 14b.

56 Tarifvertrag über das Sozialkassenverfahren im Baugewerbe (VTV) vom 3 Mai 2013 in der Fassung vom 3. Dezember 2013, 10. Dezember 2014 und 24. November 2015, im Internet abrufbar unter https://www.soka-bau.de/fileadmin/user_upload/Dateien/Arbeitgeber/tarifvertrag_vtv.pdf (letzter Abruf 30.11.2017). Siehe auch Bundesministerium für Arbeit und Soziales, Bekanntmachung über die Allgemeinverbindlicherklärung eines Tarifvertrags für das Baugewerbe vom 6. Juli 2015, BAnz AT v. 14. Juli 2015, B3, S. 1-15.

von mindestens 900,00 €" in Anspruch zu nehmen.[57] Im Schrifttum wird diesem Vorgehen zuweilen sogar die Intention unterstellt, die betroffenen „Soloselbständigen durch Verteuerung ihres Geschäfts vom Markt für Bauleistungen zu vertreiben".[58] Sozialpolitisch stehe dahinter eine zunehmende Missachtung soloselbständig tätiger Unternehmer, denen ein Missbrauch des Arbeitsrechts zulasten tariflich beschäftigter Arbeitnehmer vorgeworfen werde.[59]

Tarifliche Verpflichtungen von Soloselbständigen zur Zahlung von Ausbildungskostenumlagen sind freilich bereits kollektivarbeitsrechtlich problematisch. So setzt die normative Geltungserstreckung eines Tarifvertrags gem. § 5 TVG nach allgemeinen Grundsätzen voraus, dass die betroffenen Unternehmen der Regelungsbefugnis der Tarifparteien unterliegen.[60] Ansonsten hat ein Tarifvertrag keine normative Wirkung.[61] Nicht destotrotz wird im Schrifttum eine persönliche Tarifmacht der Tarifparteien auch gegenüber Unternehmern ohne Arbeitnehmer mit der Begründung bejaht, Soloselbständige seien immerhin potenzielle Arbeitgeber, da sie theoretisch Arbeitnehmer beschäftigen könnten.[62] Vereinzelte landesarbeitsgerichtliche Entscheidungen haben sich dieser Ansicht angeschlossen.[63] In einem Beschluss vom 1. August 2017 hatte der 9. Senat des BAG Gelegenheit, sich mit dem zulässigen Rechtsweg für einen Rechtsstreit über die Wirksamkeit einer Ausbildungskostenumlage gegenüber Soloselbständigen zu befassen.[64] Obwohl sich der Beschluss auf den ersten Blick allein mit verfahrensrechtlichen Fragen befasste, sind ihm wichtige Ausführungen zur fehlenden materiellen Arbeitgebereigenschaft von Soloselbständigen zu entnehmen (siehe unter II.).

Die Einbeziehung von selbständigen Dienstleistern in Tarifverträge ist nicht nur kollektivarbeitsrechtlich, sondern auch wettbewerbsrechtlich problematisch, kann in der einheitlichen Festlegung von Beitragspflichten

---

57 Weitere Branchen benennt Giesen/Junker/Rieble/*Rieble*, Ordnungsfragen des Tarifvertragsrechts, 2017, S. 65, 68 ff.: Schornsteinfeger, Dachdecker.

58 *Rieble*, ZWeR 2016, 165, 176.

59 So *Rieble*, ZWeR 2016, 165, 169.

60 Giesen/Junker/Rieble/*Rieble*, Ordnungsfragen des Tarifvertragsrechts, 2017, S. 65, 75 f.

61 *Hromadka/Maschmann*, Arbeitsrecht, Band 2, 5. Aufl. 2010, Rn. 205.

62 *Bayreuther/Deinert*, RdA 2015, 129, 139; siehe auch *Krause*, Verhandlungen des 71. DJT Essen 2016, Band 1, Gutachten B 107.

63 LAG Köln, Urt. v. 23.10.2015 – 9 Sa 395/15, BeckRS 2016, 66451; LAG Berlin-Brandenburg, Beschl. v. 21.7.2016 – 14 BvL 5007/15 u. a., BeckRS 2016, 70880 Rn. 153.

64 BAG, Urt. v. 1.8.2017 – 9 AZB 45/17, NZA 2017, 1143.

durch (allgemeinverbindliche) Tarifverträge doch eine wettbewerbsbeschränkende Angleichung der Marktpreise von Unternehmen iSd. Art. 101 Abs. 1 AEUV liegen, auch benannt als Hardcore-Preiskartell, für das die tatbestandliche Einschränkung des Anwendungsbereichs des Kartellverbots nicht gilt (dazu III.). Der Beitrag beschränkt sich auf eine Untersuchung des Verbots wettbewerbsbeschränkender Vereinbarungen. Ein etwaiger Missbrauch einer marktbeherrschenden Stellung der tariflichen Sozialkassen zulasten der Beitragspflichtigen gem. Art. 102 AEUV, § 19 GWB – für den die Albany-Bereichsausnahme nicht gilt – wird nicht betrachtet.[65]

II. Deutsches kollektives Arbeitsrecht

Zunächst zur Frage, ob die Tarifparteien nach deutschem kollektivem Arbeitsrecht befugt sind, auch solchen Unternehmern Zahlungspflichten aufzuerlegen, die weder Arbeitnehmer noch arbeitnehmerähnliche Personen beschäftigen. Anknüpfungspunkt einer entsprechenden tariflichen Regelung könnte entweder die Eigenschaft als „potenzieller Arbeitgeber" oder der Betrieb sein. Beides ist abzulehnen.

Im Zuge der Erstreckung tariflicher Ausbildungskostenumlagen auf Selbständige im Wege der Allgemeinverbindlicherklärung von Tarifverträgen wird im Schrifttum – wie gesehen – die Ansicht vertreten, Tarifparteien seien bereits dann persönlich regelungsbefugt, wenn es sich bei den adressierten Unternehmern um potenzielle Arbeitgeber handle.[66] Diese auf den ersten Blick durchaus überraschende Ansicht[67] wird u.a. mit einer Entscheidung des BAG aus dem Jahr 1984 legitimiert, wonach es in gewissen Fallkonstellationen ausreichen solle, wenn tarifliche Regelungen an den Betrieb und nicht an den Arbeitgeber anknüpften.[68] Bei näherem Hinsehen zeigt sich freilich, dass sich diese BAG-Entscheidung vornehmlich mit Betrieben befasste, deren arbeitstechnische Zwecke fortgesetzt mit Arbeitnehmern verfolgt wurden, und die nur vorübergehend keine Arbeitnehmer beschäftigten.[69] Folgerichtig betonte das BAG, dass es an der Arbeitgebereigen-

---

65 Dazu *Höpfner*, Die Tarifgeltung im Arbeitsverhältnis, 2015, S. 585 ff.

66 *Bayreuther/Deinert*, RdA 2015, 129, 136, 139.

67 *Vetter*, NZA-RR 2017, 271.

68 BAG, Urt. v. 24.8.1994 – 10 AZR 980/93, NZA 1995, 1116.

69 BAG, Urt. v. 24.8.1994 – 10 AZR 980/93, NZA 1995, 1116, 1117.

schaft fehle, wenn eine betriebliche Tätigkeit auf Dauer nur durch den Betriebsinhaber allein wahrgenommen werde.[70] Sofern der Betriebsinhaber eine wirtschaftliche Tätigkeit erbringt, ist er vielmehr ein Unternehmen im Sinne des Wettbewerbsrechts. Mit Beschluss vom 1. August 2017 ist der 9. Senat des BAG der Sichtweise entgegengetreten, Soloselbständige fielen als potenzielle Arbeitgeber unter die Regelungshoheit der Tarifparteien.[71] Zwar beschäftigte sich der Beschluss vordergründig mit der verfahrensrechtlichen Frage, ob für Streitigkeiten über die Zahlung des Mindestbeitrags für die Berufsbildung nach § 17 des für allgemeinverbindlich erklärten Tarifvertrags über das Sozialkassenverfahren im Baugewerbe (VTV) die Arbeitsgerichte oder die ordentlichen Gerichte zuständig sind. Der 9. Senat nahm in diesem Zusammenhang aber auch zur materiellen Arbeitgebereigenschaft von Unternehmen ohne Arbeitnehmer Stellung.[72] Mit Urteil vom 31. Januar 2018 hat der 10. Senat des BAG sodann festgestellt, dass die Tarifparteien ihre Normsetzungsmacht überschreiten, wenn sie Soloselbständige verpflichten, Beiträge an eine Ausbildungskostenausgleichskasse abzuführen, konkret an diejenige im Schonsteinfegerhandwerk. Im Zeitpunkt der Erstellung dieses Beitrags lag lediglich eine Pressemitteilung vor.[73]

Normativer Ausgangspunkt der überzeugenden Überlegungen des 9. Senats des BAG ist § 2 Abs. 1 Nr. 6 ArbGG, wonach die Arbeitsgerichte zuständig sind für bürgerliche Rechtsstreitigkeiten zwischen Arbeitgebern und Einrichtungen nach § 2 Abs. 1 Nr. 4 lit. b ArbGG, soweit nicht die ausschließliche Zuständigkeit eines anderen Gerichts gegeben ist. Der in Bezug genommene § 2 Abs. 1 Nr. 4 lit. b ArbGG erfasst bürgerliche Rechtsstreitigkeiten zwischen Arbeitnehmern und ihren Hinterbliebenen mit gemeinsamen Einrichtungen der Tarifvertragsparteien oder Sozialeinrichtungen des privaten Rechts, die Ansprüche aus einem Arbeitsverhältnis oder Ansprüche betreffen, die mit einem Arbeitsverhältnis in rechtlichem oder unmittelbar wirtschaftlichem Zusammenhang stehen. Wie der 9. Senat des BAG überzeugend ausführt, gibt es für den Begriff des Arbeitgebers zwar keine gesetzliche Definition. Er lässt sich jedoch mittelbar aus dem Begriff des Arbeitnehmers ableiten. Arbeitgeber ist danach derjenige, der mindestens einen Arbeitnehmer oder eine arbeitnehmerähnliche Person iSv. § 5

70 BAG, Urt. v. 24.8.1994 – 10 AZR 980/93, NZA 1995, 1116, 1117.

71 BAG, Urt. v. 1.8.2017 – 9 AZB 45/17, NZA 2017, 1143.

72 BAG, Urt. v. 1.8.2017 – 9 AZB 45/17, NZA 2017, 1143, 1144.

73 BAG, Urt. v. 31.1.2018 – 10 AZR 279/16, Pressemitteilung.

ArbGG beschäftigt.[74] Nach deutschem, durch den neuen § 611a BGB bestätigtem Verständnis ist eine natürliche Person als Arbeitnehmer einzustufen, wenn sie aufgrund eines privatrechtlichen Vertrages zur unselbständigen Erbringung von Diensten verpflichtet ist.[75] Demgemäß unterscheidet sich ein Arbeitsverhältnis von einem freien Dienstverhältnis vor allem durch den Grad der Fremdbestimmtheit bei der Erbringung der Dienstleistung.[76] Die Unselbständigkeit wird von der Rechtsprechung vor allem mit der persönlichen Abhängigkeit gleichgesetzt.[77]

In Anwendung dieser Vorgaben kann es wenig zweifelhaft sein, dass echte Soloselbständige keine Arbeitgeber sind, da sie definitionsgemäß keine Arbeitnehmer beschäftigen.[78] Auch sind echte Soloselbständige nicht als Arbeitnehmer einzustufen, sofern sie weder einem umfassenden Weisungsrecht des Vertragspartners unterliegen, noch in dessen Arbeitsorganisation eingegliedert sind, noch direkt an den wirtschaftlichen Chancen und Risiken des Vertragspartners teilhaben, sondern als „Ich-AG's" nicht selten mit erheblichen eigenen wirtschaftlichen Risiken zu kämpfen haben.[79] Folgerichtig unterliegen echte Soloselbständige unter keinem Gesichtspunkt der Tarifmacht.[80]

Auch verfahrensrechtlich sind Soloselbständige mit dem 9. Senat des BAG nicht als Arbeitgeber anzusehen.[81] So knüpft § 2 Abs. 1 Nr. 6 ArbGG gerade nicht an den Betrieb, sondern an die Arbeitgebereigenschaft an. Mit dem 9. Senat kann es dabei dahinstehen, ob das ArbGG alle bürgerlich-

---

74 BAG, Beschl. v. 15.3.2011 – 10 AZB 49/10, NZA 2011, 653.

75 ErfK/*Preis*, 18. Aufl. 2018, § 611 BGB Rn. 35; *Lunk/Rodenbusch*, GmbHR 2012, 188.

76 BAG, Urt. v. 12.12.2001 – 5 AZR 253/00, NZA 2002, 787, 788. Nach BAG, Urt. v. 9.6.1993 – 5 AZR 123/92, AP § 611 BGB Abhängigkeit Nr. 66 ist die fachliche Weisungsgebundenheit für Dienste höherer Art nicht immer typisch. Die Art der Tätigkeit könne es mit sich bringen, dass dem Dienstverpflichteten ein hohes Maß an Gestaltungsfreiheit, Eigeninitiative und fachlicher Selbständigkeit verblieben. Es verbleibe jedoch bei einem Weisungsrecht etwa hinsichtlich der Arbeitsorganisation hinsichtlich des Ortes und der Zeit der Arbeitsleistung; vgl. *Sagan/Hübner*, AG 2011, 852, 853.

77 BAG, Urt. v. 20.8.2003 – 5 AZR 610/02, NZA 2004, 39 ff.

78 BAG, Urt. v. 1.8.2017 – 9 AZB 45/17, NZA 2017, 1143 Rn. 12 aE.; *H. Hanau*, NJW 2016, 2613, 2615.

79 Plastisch Giesen/Junker/Rieble/*Rieble*, Ordnungsfragen des Tarifvertragsrechts, 2017, S. 65, 66 f.

80 Sehr deutlich *Löwisch/Rieble*, Tarifvertragsgesetz, 4. Aufl. 2017, § 2 Rn. 374 ff.; *Vetter*, NZA-RR 2017, 281, 283.

81 BAG, Urt. v. 1.8.2017 – 9 AZB 45/17, NZA 2017, 1143 Rn. 13 ff.

rechtlichen Streitigkeiten, die in einer greifbaren Beziehung zu einem Arbeitsverhältnis stehen, auch prozessual den Gerichten für Arbeitssachen zuzuweisen soll.[82] Denn an einem solchen Bezug zu einem Arbeitsverhältnis fehlt es, wenn ein Soloselbständiger auf Zahlung eines tariflich statuierten Ausbildungskostenbeitrags in Anspruch genommen wird, obwohl er kein Arbeitgeber ist.[83] Insbesondere reicht es für eine arbeitsrechtliche Streitigkeit nicht aus, dass Ausbildungskostenbeiträge etwa nach § 17 VTV den Zweck haben, für die tarifvertraglich festgelegten Leistungen im Berufsbildungsverfahren verwendet zu werden, da die Beitragspflichten selbst keinerlei unmittelbare, „direkte" Beziehung oder unmittelbaren Zusammenhang zu einem Arbeitsverhältnis haben,[84] sondern nur mittelbar den Arbeitnehmern anderer Unternehmen zugutekommen. Zwar setzt die Tariffähigkeit des Arbeitgebers nicht erst mit Abschluss des ersten Arbeitsvertrags ein, sofern die Beschäftigung von Arbeitnehmern konkret vorgesehen ist. Selbst wenn diese Sichtweise auf den Arbeitgeberbegriff des ArbGG zu übertragen wäre, setzte dies jedoch voraus, dass auch die Beitragspflicht an die konkret vorgesehene – und in jedem Einzelfall konkret nachzuweisende – Beschäftigung von Arbeitnehmern und nicht an die wirtschaftliche Tätigkeit in einem Betrieb anknüpfte.[85] Wie noch zu zeigen ist, stellt sich eine vergleichbare Problematik im Hinblick auf die Reichweite des wettbewerbsrechtlichen Tarifprivilegs. Dieses Privileg ist zum Schutz des Kernbereichs der Tarifautonomie gegenständlich auf Kollektivvereinbarungen beschränkt, die nach ihrem Gegenstand „unmittelbar" die Beschäftigungs- und Arbeitsbedingungen von Arbeitnehmern regeln.[86] Hiervon ist nicht auszugehen, wenn Arbeitnehmer nur mittelbar von einer Angleichung der Wettbewerbsbedingungen von Unternehmen, also von einem klassischen Preis- oder Konditionenkartell profitieren.[87] Im Ergebnis sollte damit für Soloselbständige primär der Staat Sozialkassen schaffen, wie er dies für Landwirte und Künstler getan hat. Und vornehmlich der Staat kann wie in § 2 SGB VI Soloselbständige in eine Solidargemeinschaft mit Arbeitnehmern nehmen.[88]

---

82 BAG, Beschl. v. 25.11.2014 – 10 AZB 52/14, NZA 2015, 252 Rn. 8.

83 BAG, Urt. v. 1.8.2017 – 9 AZB 45/17, NZA 2017, 1143 Rn. 16.

84 BAG, Urt. v. 1.8.2017 – 9 AZB 45/17, NZA 2017, 1143 Rn. 16.

85 BAG, Urt. v. 1.8.2017 – 9 AZB 45/17, NZA 2017, 1143 Rn. 17.

86 MüKoEUWettbR/*Säcker/Mohr*, 2. Aufl. 2015, Einl. Rn. 1444 f.

87 *Mohr/Wolf*, JZ 2011, 1091, 1098.

88 Überzeugend *Löwisch/Rieble*, Tarifvertragsgesetz, 4. Aufl. 2017, § 4 TVG Rn. 376.

Theoretisch können Soloselbständige allerdings als arbeitnehmerähnliche Personen iSd. § 12a TVG zu qualifizieren sein,[89] wodurch sie als „unechte Soloselbständige“ der Regelungsmacht der Tarifparteien unterfallen. Die Einordnung als arbeitnehmerähnliche Person setzt voraus, dass eine Person zwar nicht persönlich, aber wirtschaftlich von nur einem einzigen Auftraggeber abhängig ist, was sich aus zeitlichen oder finanziellen Gesichtspunkten ergeben kann.[90] Dies wird im Schrifttum etwa für die freien Mitarbeiter von Rundfunkanstalten erwogen, wie sie auch dem *FNV-Kunsten*-Fall zugrunde lagen.[91] Demgegenüber werden Soloselbständige im Baugewerbe nicht selten für mehrere Auftraggeber tätig sein, weshalb das Dienstverhältnis auch unter wirtschaftlichen Gesichtspunkten nicht mit einem Arbeitsverhältnis vergleichbar ist.[92] Entscheidend sind insoweit die Umstände des Einzelfalles.

Kommen wir zu einem ersten Zwischenergebnis: Soloselbständige Unternehmer sind weder Arbeitgeber noch Arbeitnehmer im Sinne des deutschen Kollektivarbeitsrechts, weshalb sie nicht der Regelungsmacht der Tarifparteien unterliegen. Soloselbständige sind auch nicht als arbeitnehmerähnliche Personen einzustufen, sofern sie in relevantem Umfang für mehrere Auftraggeber tätig sind und die grundlegenden wirtschaftlichen Risiken selbst tragen.

III. Europäisches Wettbewerbsrecht

Die Einbeziehung soloselbständiger Personen in Tarifverträge verstößt zusätzlich gegen Art. 101 Abs. 1 AEUV, wenn hierin eine rechtswidrige Beschränkung des Wettbewerbs auf den Produktmärkten zwischen Unternehmen oder durch Vereinigungen von Unternehmen zu sehen ist, die nicht von einer tatbestandlichen Einschränkung des Art. 101 Abs. 1 AEUV im Interesse der kollektiven Verbesserung der Beschäftigungs- und Arbeitsbedingungen durch die Sozialpartner gedeckt ist.

---

89 *Löwisch/Rieble*, Tarifvertragsgesetz, 4. Aufl. 2017, § 12a TVG Rn. 27.

90 ErfK/*Franzen*, 18. Aufl. 2018, § 12a TVG Rn. 4.

91 *Rieble*, ZWeR 2016, 165, 172.

92 Giesen/Junker/Rieble/*Rieble*, Ordnungsfragen des Tarifvertragsrechts, 2017, S. 65, 76.

1. Tatbestandliche Restriktion von Art. 101 Abs. 1 AEUV bei Verträgen zwischen Sozialpartnern zur Verbesserung der Beschäftigungs- und Arbeitsbedingungen

a) Tarifverträge als zulässige Kartelle

Zum Verhältnis der Wettbewerbsvorschriften zu Tarifverträgen hat sich der EuGH erstmalig in den Rechtssachen *Albany*, *Brentjens'* und *Drijvende Bokken* geäußert.[93] Im Ergebnis dieser sog. *Albany*-Doktrin anerkennt der EuGH eine gegenständlich begrenzte Einschränkung des Verbots wettbewerbsbeschränkender Vereinbarungen gem. Art. 101 Abs. 1 AEUV für Tarifvereinbarungen.[94] Zwar seien – wie einleitend erläutert – mit Tarifverträgen zwischen Organisationen, die die Arbeitgeber und die Arbeitnehmer vertreten, zwangsläufig gewisse wettbewerbsbeschränkende Wirkungen verbunden. Die Erreichung der mit Tarifverträgen angestrebten sozialpolitischen Ziele sei jedoch ernsthaft gefährdet, wenn die Sozialpartner bei der gemeinsamen Suche nach Maßnahmen zur Verbesserung der Beschäftigungs- und Arbeitsbedingungen dem Verbot wettbewerbsbeschränkender Vereinbarungen unterlägen.[95] Somit kann die durch Tarifverträge bewirkte Koordinierung von Lohn- und Arbeitsbedingungen auf dem Arbeitsmarkt zwar den Wettbewerb einschränken, bei dem konkurrierende Bewerber um einen Arbeitsplatz ihre Arbeitsleistung anbieten und die Unternehmen diese Bewerber in Konkurrenz zueinander nachfragen.[96] Dieser Wettbewerb wird zum Schutz der Tarifautonomie aber nicht an den Vorgaben des Wettbe-

---

93 EuGH, Urt. v. 21.9.1999 – C-67/97, Slg. 1999, I-5863 – Albany International BV/Stichting Bedrijfspensioenfonds Textielindustrie (Albany); EuGH, Urt. v. 21.9.1999 – C-115/97 u. a., Slg. 1999, I-6025 – Brentjens' Handelsonderneming BV/Stichting Bedrijfspensioensfonds voor de Handel in Bouwmaterialen (Brentjens'); EuGH, Urt. v. 21.9.1999 – C-219/97, Slg. 1999, I-6121 – BV Maatschappij Drijvende Bokken/Stichting Pensioenfonds voor de Vervoer- en Havenbedrijven (Drijvende Bokken); siehe zum Folgenden auch MüKoEUWettbR/*Säcker/Mohr*, 2. Aufl. 2015, Einl. Rn. 1435 ff.; *Mohr/Wolf*, JZ 2011, 1091 ff.; *Höpfner*, Die Tarifgeltung im Arbeitsverhältnis, 2015, S. 562 ff.

94 EuGH, Urt. v. 21.9.1999 – C-67/97, Slg. 1999, I-5863 – Albany; EuGH, Urt. v. 21.9.1999 – C-115/97 u.a., Slg. 1999, I-6025 – Brentjens'; EuGH, Urt. v. 21.9.1999 – C-219/97, Slg. 1999, I-6121 – Drijvende Bokken.

95 EuGH, Urt. v. 21.9.1999 – C-67/97, Slg. 1999, I-5863 Rn. 59 – Albany; EuGH, Urt. v. 4.12.2014 – C-413/13, NZA 2015, 55 = NZKart 2015, 147 Rn. 22 – FNV Kunsten.

96 *Säcker*, ZHR 137 (1973), 455, 464.

werbsrechts, sondern an denjenigen des kollektiven Arbeitsrechts gemessen.[97] Die Nichtanwendbarkeit des Wettbewerbsrechts auf den Arbeitsmarkt setzt allerdings zwei kumulativ geltende Bedingungen voraus, die auf die Art des Vertrages und seinen Gegenstand blicken.[98] Die konkrete Prüfung obliegt nach der Struktur des Vorlageverfahrens gem. Art. 267 AEUV den nationalen Gerichten.[99]

b) Art der Vereinbarung

Erstens müssen die Vereinbarungen nach ihrer Art aus einem Dialog zwischen den Sozialpartnern folgen, also das Ergebnis von „Tarifverhandlungen" zwischen Arbeitgebern bzw. ihren Interessenvertretungen und Arbeitnehmerorganisationen („Sozialpartnern") sein. Das Kriterium der „Art der Vereinbarung" ist primär formeller Natur, da es hierfür auf die Stellung der Vertragsparteien, ihre Tätigkeit und die Rechtsnatur des Vertrages ankommt.[100] Nach ihrer Rechtsnatur muss es sich bei der Vereinbarung um eine Kollektivvereinbarung handeln.[101] Insoweit ist es zwar nicht erforderlich, dass es sich bei der Kollektivvereinbarung um einen Tarifvertrag iSd. deutschen TVG handelt. Es ist jedoch ein spezifisch unionsrechtliches Verständnis anzulegen, um das primäre Wettbewerbsrecht nicht der Dispositionsfreiheit der nationalen Rechtsordnungen anheim zu stellen.[102] Auch unionsrechtlich sind von der *Albany*-Bereichsausnahme über Art. 28 EU-

97 Näher *Immenga,* Grenzen des kartellrechtlichen Ausnahmebereichs Arbeitsmarkt, 1989, S. 9 f.; *Mohr/Wolf,* JZ 2011, 1091, 1092 mwN.

98 EuGH, Urt. v. 21.9.1999 – C-67/97, Slg. 1999, I-5863 Rn. 62 f. – Albany; MüKoEUWettbR/*Säcker/Mohr*, 2. Aufl. 2015, Einl. Rn. 1437; *Höpfner*, Die Tarifgeltung im Arbeitsverhältnis, 2015, S. 579; *Fuchs*, ZESAR 2016, 297, 299.

99 So EuGH, Urt. v. 9.7.2009 – C-319/07, Slg. 2009, I-5963 Rn. 51 – 3F/Kommission.

100 EuGH, Urt. v. 21.9.1999 – C-67/97, Slg. 1999, I-5863 Rn. 62 – Albany; EuGH, Urt. v. 21.9.1999 – C-115/97 u. a., Slg. 1999, I-6025 Rn. 59 – Brentjens'; EuGH, Urt. v. 21.9.1999 – C-219/97, Slg. 1999, I-6121 Rn. 47 – Drijvende Bokken; *Lettl*, WRP 2015, 294, 297.

101 EuGH, Urt. v. 4.12.2014 – C-413/13, NZA 2015, 55 = NZKart 2015, 147 Rn. 26 – FNV Kunsten.

102 *Mohr/Wolf,* JZ 2011, 1091, 1093.

Grundrechtecharta wohl alle Vereinbarungen erfasst, die dem Schutzbereich des Art. 9 Abs. 3 GG unterfallen.[103] Hiernach müssen die vertragschließenden Parteien nach Stellung und Tätigkeit als Sozialpartner zu bewerten sein.[104] Welche Vereinigungen im Einzelnen als Sozialpartner zu verstehen sind, ist noch nicht im Detail geklärt.[105] Eine Arbeitnehmervereinigung muss jedenfalls die Beschäftigungs- und Arbeitsbedingungen von Arbeitnehmern im Sinne des Unionsrechts gegenüber Arbeitgebern verbessern wollen.[106] Durch den Bezug auf Arbeitnehmer im Sinne des Unionsrechts stellt der EuGH explizit klar, dass die erfassten Sozialpartner unionsrechtlich und nicht nach nationalem Recht zu bestimmen sind.[107] Erfasst sind damit zwar Vereinbarungen auf Unternehmensebene zwischen Unternehmensführung und Belegschaft, wie sie in einigen Mitgliedstaaten üblich sind.[108] Nicht unter das Merkmal der Kollektivvereinbarung fallen demgegenüber Abreden, die von einem Berufsverband von Fachärzten geschlossen werden, da für Angehörige freier Berufe keine den Art. 151 ff. AEUV entsprechenden Vorschriften existieren.[109] Eine Künstlergewerkschaft handelt nach *FNV-Kunsten* ebenfalls nicht als Sozialpartner, sondern in Wirklichkeit als Unternehmervereinigung, wenn sie – nach nationalem Recht zulässige – Tarifverträge zugunsten oder zulasten selbständiger Künstler schließt.[110] Der EuGH betont, dass der AEU-Vertrag zwar einen Dialog der Sozialpartner vorsehe, jedoch keine Bestimmungen enthalte, die wie die Art. 153 AEUV und Art. 155 AEUV sowie die Art. 1 und 4 des Abkommens über die Sozialpolitik[111] selbständige Leistungserbringer ermutige, in einen

103 Auf Art. 9 Abs. 3 GG stellt ab *Höpfner*, Die Tarifgeltung im Arbeitsverhältnis, 2015, S. 587.

104 EuGH, Urt. v. 4.12.2014 – C-413/13, NZA 2015, 55 = NZKart 2015, 147 Rn. 27 ff. – FNV Kunsten.

105 *Goldmann*, EuZA 2015, 509, 516.

106 Im Umkehrschluss EuGH, Urt. v. 4.12.2014 – C-413/13, NZA 2015, 55 = NZKart 2015, 147 Rn. 29 – FNV Kunsten.

107 AA unter Verweis auf Art. 153 Abs. 5 AEUV und Art. 28 EU-Grundrechtecharta *Goldmann*, EuZA 2015, 509, 516.

108 GA *Fennelly*, Schlussanträge v. 11.5.2000 – C-222/98, Slg. 2000, I-7111 Rn. 24 mit Fn. 13 – Hendrik van der Woude/Stichting Beatrixoord.

109 EuGH, Urt. v. 12.9.2000 – C-180/98 u.a., Slg. 2000, I-6451 Rn. 67 ff. – Pavel Pavlov/Stichting Pensioenfonds Medische Specialisten (Pavlov).

110 EuGH, Urt. v. 4.12.2014 – C-413/13, NZA 2015, 55 = NZKart 2015, 147 Rn. 28 – FNV Kunsten; *Goldmann*, EuZA 2015, 509, 513; *Löwisch/Rieble*, Tarifvertragsgesetz, 4. Aufl. 2017, § 1 TVG Rn. 1094.

111 ABl. 1992, C 191, S. 91.

solchen Dialog mit den Arbeitgebern zu treten, denen gegenüber sie Leistungen aufgrund eines Dienstleistungsvertrags erbringen, und daher Kollektivvereinbarungen mit diesen Arbeitgebern zu schließen, um ihre Beschäftigungs- und Arbeitsbedingungen zu verbessern.[112] Anders als im deutschen Schrifttum vertreten reicht es damit nicht aus, dass „ein Mitgliedstaat für bestimmte Gruppen von Selbständigen eine den Arbeitnehmern vergleichbare Schutzwürdigkeit sieht und deshalb Tarifverträge vorsieht".[113] Die Vorschriften über den sozialen Dialog gelten vielmehr nur zum Schutz der Arbeitnehmer und nicht zum Schutz selbständig Tätiger gegenüber ihren Vertragspartnern.[114]

Entscheidend ist damit die Einordnung der von den Kollektivparteien „vertretenen" Personen als selbständig tätige Unternehmen oder als unselbständig tätige Arbeitnehmer im Sinne des Unionsrechts. Hierauf soll im weiteren Verlauf der Untersuchung näher eingegangen werden. Schon an dieser Stelle lässt sich festhalten, dass Kollektivparteien, die tarifliche Regelungen für echte Selbständige treffen, materiell als Unternehmensvereinigungen und nicht als Arbeitnehmervertreter agieren, weshalb die Vereinbarungen nach ihrer Art nicht unter das wettbewerbsrechtliche Tarifprivileg fallen.

c) Gegenstand der Vereinbarung

Als zweite Bedingung für die Herausnahme einer Kollektivvereinbarung aus dem Anwendungsbereich des Kartellverbots gilt nach überzeugender Ansicht des EuGH, dass die Vereinbarung nach ihrem Gegenstand unmittelbar sozialpolitische Ziele verfolgen und damit unmittelbar zur Verbesserung der Beschäftigungs- und Arbeitsbedingungen der Arbeitnehmer beitragen muss.[115] Dem Kartellverbot entzogen sind hiernach tarifliche Regelungen der Kernarbeitsbedingungen, etwa des Arbeitsentgelts, der Dauer

112 EuGH, Urt. v. 4.12.2014 – C-413/13, NZA 2015, 55 = NZKart 2015, 147 Rn. 29 – FNV Kunsten.

113 So aber Fuchs, ZESAR 2016, 197, 304 f.

114 Anders die Interpretation von Lettl (WRP 2015, 294, 298), wonach ein Tarifvertrag eine Regelung enthalten müsse, die einen Dialog zwischen den Sozialpartnern zur Verbesserung der Beschäftigungs- und Arbeitsbedingungen fördere.

115 EuGH, Urt. v. 21.9.1999 – C-67/97, Slg. 1999, I-5863 Rn. 63 – Albany.

des Erholungsurlaubs oder der individuellen Arbeitszeit (nicht: der betrieblichen Öffnungszeiten).[116] Dogmatisch lässt sich dies damit rechtfertigen, dass bei derartigen Regelungen eine weitere Prüfung der wettbewerblichen Auswirkungen nicht erforderlich ist, weil den Unternehmen trotz der tariflichen Regelung auf den Produktmärkten ein relevanter Handlungsspielraum verbleibt, da die Regelung den Einsatz einzelner Wettbewerbsparameter im Verhältnis zur Marktgegenseite lediglich vorstrukturiert und nicht vorwegnimmt.[117] Spiegelbildlich sind reine Marktregelungen am Kartellverbot zu messen, da ihnen der Bezug zu den Beschäftigungs- und Arbeitsbedingungen fehlt.[118] Streitig ist demgegenüber die zutreffende Behandlung sog. Tarifvertragsregelungen mit Doppelwirkung, die zwar unmittelbar zur Verbesserung der Arbeitsbedingungen von Arbeitnehmern beitragen, aber zugleich mittelbare Folgewirkungen auf nachgelagerten Produktmärkten haben. Dies kann vorliegend nicht vertieft werden.[119]

Das Erfordernis der unmittelbaren Verbesserung der Beschäftigungs- und Arbeitsbedingungen ist nicht verwirklicht, wenn selbständig tätige Unternehmer mittels allgemeinverbindlicher Tarifverträge zur Zahlung von Ausbildungskostenbeiträgen verpflichtet werden sollen. Wie einleitend erörtert, sollen derartige Zahlungspflichten bei wirtschaftlicher Betrachtung die tariflich gesicherten Arbeitnehmer vor einem „Dumpingwettbewerb" schützen.[120] Sie zielen damit gerade nicht auf eine Verbesserung der Beschäftigungsbedingungen der Soloselbständigen ab, sondern sollen die Arbeitsbedingungen von tariflich beschäftigten Arbeitnehmern sichern. Darüber hinaus können derartige Beitragspflichten dazu führen, dass gering verdienende Soloselbständige ihre Dienstleistungen nicht mehr gewinnbringend am Markt anbieten können. Sofern formal als selbständige Dienst-

---

116 Viol, Die Anwendbarkeit des Europäischen Kartellrechts auf Tarifverträge, 2005, S. 320; Kordel, Arbeitsmarkt und Europäisches Kartellrecht, 2004, S. 182 ff.; im Ergebnis auch Kulka, RdA 1988, 336, 342 f.

117 Mohr/Wolf, JZ 2011, 1091, 1099; ebenso US Supreme Court, 421 U. S. 616, 622 ff. (1975); Mühlbach, Tarifverträge in der europäischen Kartellkontrolle, 2007, S. 308. Zum deutschen Recht vgl. auch Säcker/Oetker, Grundlagen und Grenzen der Tarifautonomie, 1992, S. 216.

118 Roth, in: FIW (Hrsg.), Tarifautonomie und Kartellrecht, 1990, S. 7, 17; Salje, ZfA 1991, 653, 656; Rieble/Junker/Giesen/Ackermann, Kartellrecht und Arbeitsmarkt, 2010, S. 30 u. 36 f.; Rieble/Junker/Giesen/Reichold, Kartellrecht und Arbeitsmarkt, 2010, S. 71 f.

119 Näher MüKoEUWettbR/Säcker/Mohr, 2. Aufl. 2015, Einl. Rn. 1440 ff.; Höpfner, Die Tarifgeltung im Arbeitsverhältnis, 2015, S. 581 ff.

120 Begriff nach Preis, Kollektivarbeitsrecht, 4. Aufl. 2017, Rn. 231.

leistungsanbieter auftretende Personen in Wirklichkeit als „Scheinselbständige“ und damit als Arbeitnehmer einzustufen sind, stellen tarifliche Mindestentgelte demgegenüber einen zulässigen Regelungsgegenstand dar, da sie einen unmittelbaren Bezug zur Verbesserung gerade der Beschäftigungs- und Arbeitsbedingungen der Scheinselbständigen haben.[121]

Im Schrifttum wird in Zweifel gezogen, ob das Unmittelbarkeitserfordernis eine konstitutive Voraussetzung der Bereichsausnahme von Art. 101 Abs. 1 AEUV darstelle.[122] Für ein derartiges Unmittelbarkeitserfordernis spricht jedoch, dass der EuGH in *FNV-Kunsten* die Argumentation von Generalanwalt *Wahl* nicht aufgegriffen hat, wonach eine relevante Verbesserung der Beschäftigungs- und Arbeitsbedingungen auch in tariflichen Mindestarbeitsbedingungen zugunsten von Selbständigen liege, da hiermit ein Abbau von Arbeitsverhältnissen und damit ein „Sozialdumping“ zulasten tariflich Beschäftigter verhindert werde.[123] Ließe man schon eine derart mittelbare Verbesserung der Beschäftigungs- und Arbeitsbedingungen ausreichen, um eine tatbestandliche Einschränkung des Kartellverbots zu begründen, wären selbst klassische Hardcore-Kartelle kontrollfrei, da die beteiligten Unternehmen die erzielten Monopolrenditen ja dazu einsetzen könnten, die Beschäftigungs- und Arbeitsbedingungen der bei ihnen beschäftigten Arbeitnehmern zu verbessern. Dies wird man in einer wettbewerblich organisierten Marktwirtschaft kaum als sinnvolles Ergebnis erachten können. Denn die Verhinderung von Verdrängungswettbewerb ist lediglich Motiv und mittelbare Folge kollektiver Mindestentgelte für Selbständige.[124] Auch nach deutschem Recht reicht es – wie gesehen – für eine arbeitsrechtliche Streitigkeit nicht aus, dass Sozialkassenbeiträge den Zweck haben, für die tarifvertraglich festgelegten Leistungen im Berufsbildungsverfahren verwendet zu werden, da die Beitragspflicht Selbständiger selbst keinerlei unmittelbare Beziehung zu einem Arbeitsverhältnis hat.[125]

121 EuGH, Urt. v. 4.12.2014 – C-413/13, NZA 2015, 55 = NZKart 2015, 147 Rn. 39 – FNV Kunsten.

122 Goldmann, EuZA 2015, 509, 515.

123 GA Wahl, Schlussanträge v. 11.9.2014 – C-413/13, BeckRS 2014, 82002 Rn. 66-83 – FNV Kunsten; dazu Höpfner, Die Tarifgeltung im Arbeitsverhältnis, 2015, S. 571; Rieble, ZWeR 2016, 172 ff.; im Ergebnis auch Goldmann, EuZA 2015, 509, 516.

124 So Höpfner, Die Tarifgeltung im Arbeitsverhältnis, 2015, S. 571.

125 BAG, Urt. v. 1.8.2017 – 9 AZB 45/17, NZA 2017, 1143 Rn. 16.

d) Keine Differenzierung zwischen Anbieter- und Nachfragewettbewerb

Keinen Erkenntnisgewinn bringt die im Schrifttum vorgebrachte Differenzierung zwischen Anbieterwettbewerb – dieser könne dem Kartellverbot unterliegen – und Nachfragewettbewerb im Sinne einer potenziellen Beschäftigung von Arbeitnehmern – dieser sei vom Kartellverbot ausgenommen.[126] So wird der Nachfragewettbewerb vom Recht gegen Wettbewerbsbeschränkungen ebenso geschützt wie der Anbieterwettbewerb.[127] Zudem kommt ein Tarifprivileg sowieso nicht in Betracht, wenn eine tarifliche Regelung die Angebotsbedingungen von selbständigen Personen regelt.

e) Keine Ausnahme vom Kartellverbot bei Machtungleichgewichten

Nicht weiter hilft schließlich die im Schrifttum vertretene Ansicht, die Ausnahme von Kollektivverträgen vom Kartellverbot solle dem Machtungleichgewicht zwischen Arbeitnehmern und Arbeitgebern Rechnung tragen, das nicht nur bei einer persönlichen, sondern auch bei einer wirtschaftlichen Abhängigkeit formal selbständig Tätiger zu bejahen sei.[128] Diese Sichtweise übersieht, dass nicht nur das kollektive Arbeitsrecht, sondern auch das Wettbewerbsrecht dem Ausgleich von übermäßigen privaten Machtpositionen dient. Sofern eine Vereinbarung somit nicht dem Regelungsregime des kollektiven Arbeitsrechts unterfällt, kann sie gleichwohl im Hinblick auf ihre negativen Drittwirkungen für die Verbraucher überprüft werden.

2. Unternehmen als Normadressaten des Wettbewerbsrechts

a) Wirtschaftlich tätige selbständige Einheit

Die Normadressaten des Wettbewerbsrechts werden einheitlich mit den Begriffen „Unternehmen“ und „Unternehmensvereinigung“ umrissen.[129] Da

---

126 So aber Bayreuther/Deinert, RdA 2015, 129, 139.

127 Säcker/Mohr, WRP 2011, 793 ff.

128 Grillberger, DRdA 2015, 165, 167; Fuchs, ZESAR 2016, 297, 306.

129 Die persönliche Reichweite der Wettbewerbsregeln bestimmt sich einheitlich für die Art. 101 ff. AEUV, die FKVO, das sonstige wettbewerbsrechtliche Sekundärrecht sowie grundsätzlich auch für das angeglichene nationale Wettbewerbsrecht;

das Unionsrecht in allen Mitgliedstaaten einheitlich anzuwenden ist, ist der europäische Unternehmensbegriff autonom zu bestimmen.[130] Bei teleologisch-funktionalem Verständnis ist ein Unternehmen im Sinne des Wettbewerbsrechts jede eine wirtschaftliche Tätigkeit ausübende Einheit unabhängig von ihrer Rechtsform und der Art ihrer Finanzierung.[131]

Eine „wirtschaftliche“ Tätigkeit ist jedes Anbieten von Produkten oder Dienstleistungen auf einem Markt.[132] Das Nachfragen von Produkten oder Dienstleistungen ist jedenfalls dann eine wirtschaftliche Tätigkeit, wenn das nachgefragte Produkt später – nachdem es etwa bearbeitet wurde – wieder auf einem Markt angeboten werden soll.[133] Eine Tätigkeit kann auch dann wirtschaftlicher Art sein, wenn sie nicht der Gewinnerzielung dient[134] oder wenn mit ihr auch gemeinnützige Zwecke verfolgt werden.[135] Keine wirtschaftliche Tätigkeit ist demgegenüber die originär-hoheitliche Betätigung des Staates. Hoheitlich sind alle Aktivitäten, die auf einem staatlichen Sonderrecht beruhen und im Allgemeininteresse ausgeübt werden.[136]

Die wirtschaftliche Tätigkeit muss von einer „Einheit“ erfolgen.[137] Als derartige Einheiten sieht die hA nicht nur juristische, sondern auch natürliche Personen an, soweit sie wirtschaftlich tätig werden,[138] etwa Einzelkaufleute.[139] Auch soloselbständige Personen bilden damit relevante Einheiten im Sinne des Wettbewerbsrechts. In Abweichung von allgemeinen zivilrechtlichen Grundsätzen kann eine wirtschaftliche Einheit rechtlich aus

vgl. KK-KartR/Füller, 1. Aufl. 2015, Art. 101 AEUV Rn. 10; Immenga/Mestmäcker/Emmerich, 5. Aufl. 2012, Art. 101 AEUV Rn. 6.

130 KK-KartR/Füller, 1. Aufl. 2015, Art. 101 AEUV Rn. 10; FK/Roth/Ackermann, Art. 81 EG Grundfragen Rn. 10; MüKoEUWettbR/Säcker/Herrmann, 2. Aufl. 2015, Einl. Rn. 947.

131 EuGH, Urt. v. 23.4.1991 – C-41/90, Slg. 1991, I-1979 Rn. 21 – Höfner und Elser.

132 St. Rspr., zB EuGH, Urt. v. 12.9.2000 – C-180/98 u.a., Slg. 2000, I-6451 Rn. 75 – Pavlov.

133 Die reine Nachfragetätigkeit soll demgegenüber keine unternehmerische Betätigung darstellen, vgl. EuGH, Urt. v. 11.7.2006 – C-205/03, Slg. 2006, I-6295 – FENIN. AA BGHZ, 152, 347, 351 f. – Feuerwehrschläuche; Säcker/Mohr, WRP 2011, 793, 798 f.

134 EuGH, Urt. v. 16.11.1995 – C-244/94, Slg. 1995, I-4013 Rn. 21 – Fédération française des sociétés d'assurance.

135 EuGH, Urt. v. 25.10.2001 – C-475/99, Slg. 2001, I-8089 Rn. 18 ff. – Ambulanz Glöckner.

136 EuGH, Urt. v. 19.1.1994 – C-364/92, Slg. 1994, I-43 Rn. 27 – Eurocontrol.

137 Grundlegend EuGH, Urt. v. 12.7.1984 – Rs. 170/83, Slg. 1984, 2999 Rn. 11 – Hydrotherm Gerätebau.

138 KK-KartR/Füller, 1. Aufl. 2015, Art. 101 AEUV Rn. 32.

139 EuGH, Urt. v. 9.7.1969 – Rs. 5/69, Slg. 1969, 295 – Völk/Vervaecke.

mehreren natürlichen oder juristischen Personen gebildet werden.[140] Teleologisch lässt sich eine derart weite Interpretation mit der Erwägung rechtfertigen, dass das Wettbewerbsrecht flexibel auf neue Erscheinungsformen des Wirtschaftslebens reagieren soll.[141] Zudem fehlt bei einer wirtschaftlichen Einheit die für das Kartellverbot charakteristische Koordinierung mehrerer selbständiger Einheiten.[142]

Die Rechtsfigur der wirtschaftlichen Einheit wird von der Rechtsprechung nicht nur zur Zurechnung eines Fehlverhaltens von Arbeitnehmern[143] und von Scheinselbständigen zum Unternehmen[144] heranzogen,[145] sondern auch zur Zurechnung eines Fehlverhaltens von abhängigen Unternehmen zur beherrschenden Muttergesellschaft.[146] Die Unionsorgane gehen im Einzelfall selbst dann von einer einzigen wirtschaftlichen Einheit aus, wenn keine gesellschaftsrechtlichen, sondern bloß enge vertragliche Bindungen bestehen, beispielsweise, wenn ein Handelsvertreter Produkte im Namen und für Rechnung eines Auftraggebers verkauft und dessen Weisungen befolgen muss, sodass er bei wirtschaftlicher Betrachtung in das Unternehmen

140 Vgl. EuGH, Urt. v. 10.9.2009 – C-97/08, EuZW 2009, 816 Rn. 55 – Akzo Nobel.

141 MüKoEUWettbR/Herrmann, 2. Aufl. 2015, Einl. Rn. 945.

142 Dies betont KK-KartR/Füller, 1. Aufl. 2015, Art. 101 AEUV Rn. 34, wonach eine Einheit auch dann ein selbständiges Unternehmen sei, wenn sie unter der Leitungsmacht eines anderen Unternehmens stehe. Entscheidend für die Anwendung der Wettbewerbsregeln sei vielmehr, ob zwischen den Unternehmen ein beschränkbarer Wettbewerb bestehe oder nicht.

143 EuGH, Urt. v. 21.7.2016 – C-542/14, WuW 2016, 423 Rn. 23 – Remonts: „Ein Angestellter erfüllt aber seine Aufgaben zugunsten und unter der Leitung des Unternehmens, für das er arbeitet, und wird daher als Teil der wirtschaftlichen Einheit angesehen, die dieses Unternehmen bildet."

144 EuGH, Urt. v. 4.12.2014 – C-413/13, NZA 2015, 55 = NZKart 2015, 147 Rn. 35 f. – FNV Kunsten.

145 Krit. zu dieser dogmatischen Herleitung Bechtold, ZEuP 2017, 701, 707, wonach die Zurechnung des Fehlverhaltens von Arbeitnehmern und Scheinselbständigen zum Unternehmen keine Frage des Unternehmensbegriffs – und somit auch keine Frage der wirtschaftlichen Einheit – sei.

146 EuGH, Urt. v. 11.7.2013 – C-440/11 P, NZA 2013, 167 Rn. 38 – Kommission/Stichting Administratiekantoor Portielje: Einer Muttergesellschaft könne „das Verhalten ihrer Tochtergesellschaft insbesondere dann zugerechnet werden [...], wenn die Tochtergesellschaft trotz eigener Rechtspersönlichkeit ihr Marktverhalten nicht autonom bestimmt, sondern im Wesentlichen Weisungen der Muttergesellschaft befolgt, und zwar vor allem wegen der wirtschaftlichen, organisatorischen und rechtlichen Bindungen zwischen diesen beiden Rechtssubjekten".

des Auftraggebers eingegliedert ist.[147] Trägt der Handelsvertreter keine nennenswerten Risiken mit Blick auf den Abschluss oder die Abwicklung der Verträge, ist er als sog. echter Handelsvertreter kein Unternehmen im Sinne von Art. 101 AEUV.[148] Neuerdings kommt über die wirtschaftliche Einheit sogar die Zurechnung eines Fehlverhaltens eines selbständigen Dienstleisters in Betracht, sofern der Dienstleister – vergleichbar einem scheinselbständig Beschäftigten[149] – in Wirklichkeit unter der Leitung oder der Kontrolle des beschuldigten Unternehmens stand.[150] Wie nachfolgend zu zeigen ist, ist der Terminus der „wirtschaftlichen Einheit“ um den Begriff „selbständig“ zu ergänzen, da dieses Merkmal die Unabhängigkeit der wirtschaftlichen Tätigkeit im Gegensatz zur abhängigen wirtschaftlichen Tätigkeit eines Arbeitnehmers kennzeichnet.[151] Folglich sind Arbeitnehmer der wirtschaftlichen Einheit desjenigen Unternehmens zuzurechnen, in dem sie tätig sind.

b) Unselbständig tätige Arbeitnehmer

Der unionsrechtliche Begriff des Unternehmens ist von demjenigen des unselbständig tätigen Arbeitnehmers abzugrenzen. Mangels eines einheitlichen europäischen Arbeitsrechts bestimmt das Unionsrecht den Arbeitnehmerbegriff nicht immer selbst, sondern gerade in umsetzungsbedürftigen

147 Vgl. EuGH, Urt. v. 16.12.1975 – Rs. 40/74, Slg. 1975, 1663 Rn. 481 – Suiker Unie; ausführlich Europäische Kommission, Leitlinien für vertikale Beschränkungen, ABl. 2010 C 130/1 Rn. 12 ff.

148 Trägt der Handelsvertreter die geschäftlichen und finanziellen Risiken, spricht man hingegen von einem „unechten Handelsvertreter“. Siehe zu dieser Unterscheidung EU-Kommission, Leitlinien für vertikale Beschränkungen, ABl. EU v. 19.5.2010 Nr. C 130/1 Rn. 12 ff.

149 EuGH, Urt. v. 21.7.2016 – C-542/14, WuW 2016, 423 Rn. 27 – Remonts (unter Verweis auf EuGH, Urt. v. 4.12.2014 – C-413/13, NZA 2015, 55 = NZKart 2015, 147 Rn. 35 f. – FNV Kunsten): „Es lässt sich allerdings nicht ausschließen, dass unter bestimmten Umständen ein Dienstleister, der sich als selbständig ausgibt, in Wirklichkeit unter der Leitung oder der Kontrolle eines Unternehmens, das seine Dienste in Anspruch nimmt, tätig ist. Dies wäre beispielsweise der Fall, wenn er bezüglich der Art und Weise, wie er die vereinbarte Tätigkeit ausübt, über wenig oder überhaupt keine Autonomie und Flexibilität verfügt und seine angebliche Selbständigkeit ein Arbeitsverhältnis verschleiert […].“

150 EuGH, Urt. v. 21.7.2016 – C-542/14, WuW 2016,423 Ls. 1 – Remonts.

151 Zutreffend Lettl, WRP 2015, 294, 300.

Richtlinien auch durch Rückverweisung auf die nationalen Arbeitsrechtsordnungen.[152] Auf der Ebene des primären Wettbewerbsrechts ist der Arbeitnehmerbegriff demgegenüber autonom zu ermitteln, schon weil sich über diesen Begriff die Reichweite der Bereichsausnahme von Art. 101 Abs. 1 AEUV für Tarifverträge bestimmt. Zudem ist dieser Begriff mit dem ebenfalls primärrechtlich definierten Unternehmen als dem Normadressaten des Wettbewerbsrechts abzustimmen.[153]

Unionsrechtlich ist – im Begriffskern ähnlich wie in Deutschland[154] – von einem Arbeitsverhältnis auszugehen, wenn eine natürliche Person während einer bestimmten Zeit für eine andere natürliche oder juristische Person nach deren Weisung Leistungen erbringt, für die sie als Gegenleistung eine Vergütung erhält.[155] Die Weisungsgebundenheit bestimmt sich grundsätzlich danach, inwieweit die Freiheit der Person bei der Wahl von Zeit, Ort und Inhalt ihrer Arbeit eingeschränkt ist.[156] Zusätzlich ist bedeutsam, ob eine Person (nicht) an den geschäftlichen Risiken des Vertragspartners beteiligt und während der Dauer des Rechtsverhältnisses in dessen Unternehmen eingegliedert ist, weshalb beide als Arbeitgeber und Arbeitnehmer eine wirtschaftliche Einheit bilden.[157] Im Ergebnis ist eine Gesamtheit derjenigen Faktoren und Umstände entscheidend, die in materieller Hinsicht die Beziehungen zwischen den Parteien charakterisieren, wozu auch der freie Einsatz eigener Hilfskräfte gehören kann.[158] Folgerichtig schließt es die formale Bezeichnung einer Person als selbständig nicht aus, dass sie materiell als Arbeitnehmer einzustufen ist, wenn ihre Selbständigkeit ein Arbeitsverhältnis lediglich verschleiert.[159]

Anders als im deutschen Recht kennt das primäre Unionsrecht keine Ausdifferenzierung der schutzbedürftigen Personen in Arbeitnehmer und arbeitnehmerähnliche Personen. Der EuGH argumentiert beim Begriff des

---

152 Junker, EuZA 2016, 184, 187.

153 EuGH, Urt. v. 4.12.2014 – C-413/13, NZA 2015, 55 = NZKart 2015, 147 Rn. 35 – FNV Kunsten; siehe auch EUArbR/Franzen, 2. Aufl. 2018, Art. 153 AEUV Rn. 5.

154 So Rieble, ZWeR 2016, 165, 171.

155 EuGH, Urt. v. 11.11.2010 – C-232/09, NZA 2011, 143 Rn. 39 – Danosa; EuGH, Urt. v. 20.9.2007 – C-116/06, NZA 2007, 1274 Rn. 25 – Kiiski; EuGH v. 6.11.2003 – C-413/01, NZA 2014, 87 Rn. 23 f. – Ninni-Orasche; weitere Nachweise bei Mohr, ZHR 178 (2014), 326, 339.

156 EuGH, Urt. v. 13.1.2004 – C-256/01, EuZW 2004, 210 Rn. 72 – Allonby.

157 EuGH, Urt. v. 4.12.2014 – C-413/13, NZA 2015, 55 = NZKart 2015, 147 Rn. 36 – FNV Kunsten.

158 EuGH, Urt. v. 14.12.1989 – C-3/87, Slg. 1989, 4459 Rn. 36 – Agegate.

159 EuGH, Urt. v. 11.11.2010 – C-232/09, NZA 2011, 143 Rn. 41 – Danosa.

unselbständig tätigen Arbeitnehmers vielmehr – ebenso wie beim Begriff des Unternehmens – funktional-marktbezogen.[160] Seine Ausführungen legen insoweit den Schluss nahe, dass es keine dritte Kategorie der bloß wirtschaftlich abhängigen Personen gibt, dass die nach deutschem Recht arbeitnehmerähnlichen Personen unionsrechtlich mithin in unselbständige Arbeitnehmer und in selbständige Unternehmen aufzuteilen sind.[161] So betont der EuGH zwar in *FNV-Kunsten*, dass es die formale Einstufung als selbständiger Leistungserbringer nach innerstaatlichem Recht nicht ausschließe, eine Person als Arbeitnehmer im Sinne des Unionsrechts einzustufen, wenn ihre Selbständigkeit nur fiktiv sei und damit ein tatsächliches Arbeitsverhältnis verschleiert werde.[162] Die Eigenschaft als Arbeitnehmer im Sinne des Unionsrechts werde insbesondere nicht dadurch berührt, dass eine Person aus steuerlichen, administrativen oder verwaltungstechnischen Gründen nach innerstaatlichem Recht als selbständiger Dienstleistungserbringer beschäftigt werde, sofern die Voraussetzungen des Arbeitnehmerbegriffs erfüllt seien.[163] Der EuGH benennt damit keine eigenständigen Kriterien, auf deren Grundlage die Eigenschaft als Arbeitnehmer und als Scheinselbständiger auseinanderfallen können, vergleichbar der deutschen Unterscheidung in Arbeitnehmer und Arbeitnehmerähnliche.[164] Vielmehr bestimmt er die Scheinselbständigkeit unter Bezug auf die Differenzierung zwischen Unternehmen und Arbeitnehmer.[165] Ein Dienstleistungserbringer verliert seine Eigenschaft als unabhängiger Wirtschaftsteilnehmer und damit als Unternehmen, wenn er sein Verhalten auf dem Markt in Wirklichkeit gar nicht selbständig bestimmt, sondern „vollkommen abhängig von seinem Auftraggeber ist, weil er keines der finanziellen und wirtschaftlichen Risiken aus dessen Geschäftstätigkeit trägt und als Hilfsorgan in sein Unternehmen eingegliedert ist".[166] Er ist dann als Teil der wirtschaftlichen Einheit des Auftraggebers anzusehen. Dies nimmt inhaltlich Bezug auf die

---

160 So die überzeugende Bewertung von Fuchs, ZESAR 2016, 297, 305 f.; Rieble, ZWeR 2016, 165, 170 f.

161 Löwisch/Rieble, Tarifvertragsgesetz, 4. Aufl. 2017, § 12a TVG Rn. 25.

162 EuGH, Urt. v. 4.12.2014 – C-413/13, NZA 2015, 55 = NZKart 2015, 147 Rn. 35 – FNV Kunsten.

163 EuGH, Urt. v. 4.12.2014 – C-413/13, NZA 2015, 55 = NZKart 2015, 147 Rn. 36 – FNV Kunsten.

164 Ebenso Goldmann, EuZA 2015, 509, 514; Fuchs, ZESAR 2016, 297, 301.

165 EuGH, Urt. v. 4.12.2014 – C-413/13, NZA 2015, 55 = NZKart 2015, 147 Rn. 31 ff. – FNV Kunsten.

166 EuGH, Urt. v. 4.12.2014 – C-413/13, NZA 2015, 55 = NZKart 2015, 147 Rn. 33 – FNV Kunsten.

im deutschen Recht geführte Diskussion über Scheindienstverträge und Scheinwerkverträge.[167]

c) Zwischenergebnis

Mit Blick auf die vorstehend geschilderten Grundsätze sind Soloselbständige auch unionsrechtlich nicht als Arbeitnehmer einzustufen, soweit sie ihr Verhalten auf dem Markt selbständig bestimmen und die finanziellen und wirtschaftlichen Risiken aus der Geschäftstätigkeit selbst tragen. Eine Einstufung als scheinselbständig und damit als Arbeitnehmer kommt nur dann in Betracht, wenn Soloselbständige ausweislich der zugrundeliegenden vertraglichen Regelungen und der faktischen Handhabung keine effektive Möglichkeit haben, in relevantem Umfang auch noch für andere Auftraggeber tätig zu sein.[168] Letzteres wird man mit Blick auf die Aushilfsmusiker im *FNV-Kunsten*-Fall bejahen können. Demgegenüber werden selbständige Bauhandwerker wohl häufig für verschiedene Auftraggeber tätig und damit nicht scheinselbständig iSd. des europäischen Wettbewerbsrechts sein.

3. Anwendung von Art. 101 Abs. 1 AEUV auf tarifliche Pflichten zur Zahlung von Ausbildungskostenbeiträgen zulasten Soloselbständiger

a) Vereinbarung zwischen Unternehmensvereinigungen

Will man eine tariflich statuierte Pflicht zur Zahlung von Ausbildungskostenbeiträgen am Maßstab des Art. 101 Abs. 1 AEUV messen, sind zunächst die tauglichen Normadressaten zu bestimmen. Da das Wettbewerbsrecht wie gesehen nur für Unternehmen gilt, sind Arbeitnehmer nicht erfasst, sofern sie in einem Abhängigkeitsverhältnis zum Arbeitgeber stehen und deshalb keine wirtschaftliche Tätigkeit ausüben.[169] Hiervon zu unterscheiden ist die – vorliegend nicht bedeutsame – Frage, ob Arbeitnehmer jedenfalls dann als Unternehmen einzustufen sind, wenn sie ihre Arbeitsleistung als

167 Dazu ErfK/Wank, 18. Aufl. 2018, § 10 AÜG Rn. 1 f.

168 So Löwisch/Rieble, Tarifvertragsgesetz, 4. Aufl. 2017, § 12a TVG Rn. 27.

169 EuGH, Urt. v. 16.9.1999 – C-22/98, Slg. 1999, I-5665 Rn. 24 ff. – Becu u.a.; Mühlbach, Tarifverträge in der europäischen Kartellkontrolle, 2007, S. 134 f.; MüKoEUWettbR/Säcker/Mohr, 2. Aufl. 2015, Einl. Rn. 1448; aA Kordel, Arbeitsmarkt und Europäisches Kartellrecht, 2004, S. 32 f.; Rieble/Junker/Giesen/Ackermann, Kartellrecht und Arbeitsmarkt, 2010, S. 26 f.

Bewerber auf dem Arbeitsmarkt anbieten.[170] Dafür spricht, dass sie gerade noch keine Arbeitnehmer sind, dagegen, dass sie sich schon in einem Arbeitsvertrags-Anbahnungsverhältnis befinden. Da Arbeitnehmer keine Unternehmen sind, sind auch Gewerkschaften als Zusammenschlüsse von Arbeitnehmern regelmäßig keine tauglichen Normadressaten.[171] Letztere unterfallen aber dann dem funktionalen Unternehmensbegriff, wenn ihnen eine bestimmte wirtschaftliche Tätigkeit selbst zuzurechnen ist.[172] Im Rahmen von Tarifverhandlungen mit Arbeitgebern handeln Gewerkschaften grundsätzlich als „Bevollmächtigte" der Arbeitnehmer und nicht für sich selbst, weshalb sie hier keine Unternehmen sind.[173] Etwas anders gilt nach der Entscheidung des EuGH in Sachen *FNV-Kunsten*, wenn Gewerkschaften Tarifverträge zugunsten selbständiger Unternehmen schließen, die nach nationalem Recht Gewerkschaftsmitglieder sein dürfen. In derartigen Fallgestaltungen handeln die Gewerkschaften bei materieller Betrachtung nämlich gar nicht als Sozialpartner, sondern als Unternehmensvereinigungen.[174] Dies gilt umso mehr, wenn Gewerkschaften gemeinsam mit Arbeitgeberverbänden Ausbildungskostenbeiträge zulasten Soloselbständiger vereinbaren.

Ein Arbeitgeberverband stellt eine Vereinigung von Unternehmen und seine Zustimmung zum Tarifvertrag eine satzungsmäßige Beschlussfassung

---

170 Dafür Lettl, WRP 2015, 294, 299 f.

171 GA Jacobs, Schlussanträge v. 28.1.1999 – C-67/96, Slg. 1999, I-5754 = ECLI:EU:C:1999:28 Rn. 218 – Albany; MüKoEUWettbR/Säcker/Mohr, 2. Aufl. 2015, Einl. Rn. 1448.

172 GA Jacobs, Schlussanträge v. 28.1.1999 – C-67/96, Slg. 1999, I-5754 = ECLI:EU:C:1999:28 Rn. 219 ff. – Albany.

173 GA Jacobs, Schlussanträge v. 28.1.1999 – C-67/96, Slg. 1999, I-5754 = ECLI:EU:C:1999:28 Rn. 227 – Albany; von Wallwitz, Tarifverträge und die Wettbewerbsordnung des EG-Vertrages, 1997, S. 147; Reichold, in: Festschrift Reuter, 2010, S. 759, 763 ff.; Rieble/Junker/Giesen/Reichold, Kartellrecht und Arbeitsmarkt, 2010, S. 62; aA Kulka, WuW 1987, 5, 17 f.; ders., RdA 1988, 336, 338 f.; Immenga, Grenzen des kartellrechtlichen Ausnahmebereichs Arbeitsmarkt, 1989, S. 46 ff.; Roth, in: FIW (Hrsg.), Tarifautonomie und Kartellrecht, 1990, S. 7, 13 f.; Reuter, Anm. zu EzA Art. 9 Abs. 3 Arbeitskampf Nr. 94; Kordel, Arbeitsmarkt und Europäisches Kartellrecht, 2004, S. 38.

174 EuGH, Urt. v. 4.12.2014 – C-413/13, NZA 2015, 55 = NZKart 2015, 147 Rn. 28 – FNV Kunsten; zustimmend Höpfner, Die Tarifgeltung im Arbeitsverhältnis, 2015, S. 579 f.

dar, die auf ihre den Wettbewerb zwischen den Verbandsmitgliedern beschränkenden Auswirkungen überprüft werden kann.[175] Zwar ist ein Aushandeln von Arbeitsbedingungen als solches keine für den relativ-funktionalen, tätigkeitsbezogenen Unternehmensbegriff konstituierende wirtschaftliche Tätigkeit. Dieses Aushandeln lässt sich aber nicht vom späteren unternehmerischen Marktauftritt der Verbandsmitglieder trennen, der durch Bindung an den gleichen Tarifvertrag verbandsweit koordiniert wird.[176] Zudem wäre eine Verabredung der Unternehmen, in Tarifverhandlungen eine wettbewerbsbeschränkende Klausel durchzusetzen, ihrerseits als vorgelagerte Vereinbarung zwischen Unternehmen anzusehen, ohne dass sich deren Auswirkungen auf den Wettbewerb von denjenigen des Zustimmungsbeschlusses zum Tarifvertrag unterscheiden.[177]

Bei tariflich vereinbarten Ausbildungskostenbeiträgen zulasten Soloselbständiger handelt es sich somit um eine Vereinbarung zwischen zwei Unternehmensverbänden, die nach Art. 101 AEUV bzw. nach § 1 GWB auf ihre wettbewerblichen Auswirkungen überprüft werden kann. Zwar sind derartige Vereinbarungen zwischen Unternehmensvereinigungen nicht vom Wortlaut der Art. 101 Abs. 1 AEUV, § 1 GWB erfasst. Bei funktionaler Betrachtung macht es jedoch keinen Unterschied, ob eine wettbewerbsbeschränkende Vereinbarung von Unternehmen oder von Unternehmensvereinigungen geschlossen wird, die die Unternehmen kraft Mitgliedschaft oder kraft normativer Geltungserstreckung vertreten.

---

175 Hendriks, Arbeitsrechtliche Vereinbarungen und Kartellrecht, 1976, S. 124 ff.; Kordel, Arbeitsmarkt und Europäisches Kartellrecht, 2004, S. 244; Immenga, Grenzen des kartellrechtlichen Ausnahmebereichs Arbeitsmarkt, 1989, S. 37; Mühlbach, Tarifverträge in der europäischen Kartellkontrolle, 2007, S. 144; Rieble/Junker/Giesen/Reichold, Kartellrecht und Arbeitsmarkt, 2010, S. 64 f.; Viol, Die Anwendbarkeit des Europäischen Kartellrechts auf Tarifverträge, 2005, S. 183 ff.; v. Wallwitz, Tarifverträge und die Wettbewerbsordnung des EG-Vertrages, 1997, S. 153 f.; Kulka, WuW, 1987, 5, 19; Nacken, WuW 1988, 475, 485; Buchner, ZHR 134 (1970), 165, 166; Schoch, BB 1965, 477, 478; Mohr/Wolf, JZ 2011, 1091, 1096 f.

176 Mohr/Wolf, JZ 2011, 1091, 1096 f.

177 Markert, WuW 1965, 922, 927; Lutz, WuW 1963, 715 f.

b) Staatlich veranlasste Wettbewerbsbeschränkung

Mit Blick auf den funktionalen Unternehmensbegriff des europäischen Wettbewerbsrechts könnte die Normadressatenstellung der Kollektivparteien insoweit in Zweifel gezogen werden, als Tarifverträge auf Soloselbständige mittels Allgemeinverbindlicherklärung, also durch staatliches Verwaltungshandeln für anwendbar erklärt werden. Tatsächlich können Unternehmen für Wettbewerbsbeschränkungen nicht verantwortlich gemacht werden, die ihnen durch den Staat vorgeschrieben werden. In diesem Fall begeht vielmehr der jeweilige Mitgliedstaat eine Vertragspflichtverletzung, die zum Gegenstand eines Vertragsverletzungsverfahrens gemacht werden kann.[178] Es ist allerdings zweifelhaft, ob die Allgemeinverbindlicherklärung von Tarifverträgen die Tarifparteien aus ihrer Verantwortung für wettbewerbsbeschränkende und damit unzulässige Vereinbarungen entlässt, da letztere nach dem Konzept der kollektiv ausgeübten Privatautonomie auch, eigentlich sogar primär auf den tariflichen Regelungen basieren.[179] Es wird lediglich der persönliche Geltungsbereich der Tarifverträge auf Nichtmitglieder erstreckt. Vor diesem Hintergrund spricht Einiges dafür, eine Verantwortlichkeit sowohl der Tarifparteien als auch des Staates anzuerkennen, die die Wettbewerbsbeschränkung zusammen herbeiführen.

c) Bezweckte Wettbewerbsbeschränkung

Nach dem Telos des Kartellverbots handelt es sich um eine „bezweckte Wettbewerbsbeschränkung“, wenn die negativen Auswirkungen der Kollusion auf die Wettbewerbsfreiheit Dritter und den Wettbewerbsprozess unter Berücksichtigung des wirtschaftlichen und rechtlichen Zusammenhangs schon nach dem Inhalt der Vereinbarung und den mit ihr verfolgten Zielen so schwerwiegend sind, dass die Rechtsordnung diese ohne den konkreten Nachweis einer negativen Drittwirkung untersagen kann und muss.[180] Die

---

178 Näher MüKoEUWettbR/Säcker/Mohr, 2. Aufl. 2015, Einl. Rn. 1451 f.; Höpfner, Die Tarifgeltung im Arbeitsverhältnis, 2015, S. 570.

179 Zum begrenzten staatlichen Einfluss auf den Inhalt von Tarifregelungen Hartmann, Negative Tarifvertragsfreiheit im deutschen und europäischen Arbeitsrecht, 2014, S. 190 ff.

180 EuGH, Urt. v. 13.7.1966 – Rs. 56/64 u. 58/64, Slg. 1966, 322, 390 – Consten und Grundig; Fleischer/Körber, WuW 2001, 6, 9; Mohr, ZWeR 2015, 1, 12.

erwarteten Marktauswirkungen müssen typischerweise schädlich sein, weshalb eine Untersuchung der tatsächlichen Folgen des Verhaltens entbehrlich ist.[181] In der Praxis wird dies bei sog. Kernbeschränkungen (z.B. Preis-, Mengen-, Kunden- oder Gebietsabsprachen) unterstellt, da eine fehlende Kenntnis der Beteiligten bei derart krassen Wettbewerbsverstößen nicht plausibel ist.[182] Vor diesem Hintergrund handelt es sich bei der Verpflichtung Soloselbständiger zur Zahlung tariflicher Ausbildungskostenbeiträge um eine bezweckte Beschränkung des Wettbewerbs zwischen Unternehmen auf der selben Marktstufe, da diese im Ergebnis wie eine Preisabsprache der Unternehmen zulasten der Verbraucher wirkt.[183] Ein konkreter Nachweis wettbewerbsbeschränkender Wirkungen ist damit entbehrlich.

Das Vorliegen einer Wettbewerbsbeschränkung scheitert auch nicht an der Spürbarkeit.[184] Mit dem Merkmal der Spürbarkeit wird die Unzulässigkeit einer wettbewerbsbeschränkenden Vereinbarung von den Auswirkungen auf dem relevanten Markt abhängig gemacht.[185] Die Drittwirkungen einer wettbewerbsbeschränkenden Vereinbarung sollen hiernach nur in den Grenzen ihrer Spürbarkeit erheblich sein.[186] In seiner neueren Rechtsprechung betont der EuGH jedoch zu Recht, dass „eine Vereinbarung, die geeignet ist, den Handel zwischen Mitgliedstaaten zu beeinträchtigen, und einen wettbewerbswidrigen Zweck hat, ihrer Natur nach und unabhängig von ihren konkreten Auswirkungen eine spürbare Beschränkung des Wettbewerbs dar[stellt]".[187] Vor diesem Hintergrund sind tarifliche Ausbildungskostenbeitragspflichten zulasten Selbständiger regelmäßig als per-se-spürbare Wettbewerbsbeschränkungen anzusehen.

---

181 EuGH, Urt. v. 13.12.2012 – C-226/11, EuZW 2013, 113 Rn. 36 – Expedia; Mohr, Sicherung der Vertragsfreiheit durch Wettbewerbs- und Regulierungsrecht, 2015, S. 461 ff.

182 Europäische Kommission, Leitlinien zu Art. 81 Abs. 3, ABl. 2004 C 101/97, Rn. 23.

183 Rieble, ZWeR 2016, 165, 176.

184 So aber Bayreuther, NJW 2017, 357, 361.

185 Mohr, ZWeR 2015, 1, 9.

186 Immenga/Mestmäcker/dies., EU-Wettbewerbsrecht, 5. Aufl. 2012, Einl. D. Rn. 22.

187 EuGH, Urt. v. 13.12.2012 – C-226/11, EuZW 2013, 113 Rn. 37 – Expedia.

d) Beschränkung des zwischenstaatlichen Handels

Eine Vereinbarung ist nur dann geeignet, iSd. Art. 101 Abs. 1 AEUV den Handel zwischen den Mitgliedstaaten zu beeinträchtigen, wenn sie unmittelbar oder mittelbar, tatsächlich oder der Möglichkeit nach den Warenverkehr zwischen den Mitgliedstaaten beeinflussen kann.[188] Das Tatbestandsmerkmal der Zwischenstaatlichkeit dient der Abgrenzung des europäischen Wettbewerbsrechts vom Wettbewerbsrecht der Mitgliedstaaten. Demgemäß wird die Zwischenstaatlichkeit bereits dann bejaht, wenn sich ein wettbewerbsbeschränkendes Verhalten in mehreren Mitgliedstaaten auswirken kann.[189] Eine hinreichende Zwischenstaatlichkeit liegt aber auch dann vor, wenn eigentlich auf einen Mitgliedstaat begrenzte Vereinbarungen die Abschottung eines nationalen Marktes zur Folge haben, weil dadurch der Handel mit anderen Mitgliedstaaten unterbunden wird.[190] Vor diesem Hintergrund beschränken – zumal allgemeinverbindlich erklärte – Flächentarifverträge regelmäßig den zwischenstaatlichen Handel iSd. Art. 101 Abs. 1 AEUV. Dessen ungeachtet kann eine wettbewerbsbeschränkende Vereinbarung anhand von § 1 GWB überprüft werden, der gem. § 22 GWB iVm. Art. 3 VO Nr. 1/2003 wertungsharmonisierend mit Art. 101 Abs. 1 AEUV auszulegen ist.[191]

e) Keine Freistellung nach Art. 101 Abs. 3 AEUV

Eine Freistellung wettbewerbsbeschränkender Tarifverträge nach Art. 101 Abs. 3 AEUV bzw. nach § 2 GWB kommt regelmäßig nicht in Betracht.[192] Insbesondere werden die Verbraucher regelmäßig nicht in angemessener Weise am Kartellgewinn beteiligt sein.[193]

---

188 EuGH, Urt. v. 13.7.1966 – Rs. 56 u. 58/64, Slg. 1966, 322, 389 – Consten u. Grundig; Mohr/König, Jura 2012, 165, 171.

189 Die Kommission verlangt jedoch, dass der Handel zumindest potenziell berührt sein kann und formuliert auch insoweit eine Bagatellgrenze, vgl. Europäische Kommission, Leitlinien über den Begriff der Beeinträchtigung des zwischenstaatlichen Handels in den Artikeln 81 und 82 des Vertrags, ABl. 2004 C 101/81.

190 EuGH, Urt. v. 17.10.1972 – Rs. 8/72, Slg. 1972, 977, 991 Rn. 28, 30 – Cementhandelaren.

191 Mohr, Sicherung der Vertragsfreiheit durch Wettbewerbs- und Regulierungsrecht, 2015, S. 422 ff.

192 Rieble/Junker/Giesen/Reichold, Kartellrecht und Arbeitsmarkt, 2010, S. 55, 69.

193 Dazu Mohr/König, Jura 2012, 343, 345.

IV. Fazit

1. Die Tarifparteien haben keine Befugnis zur Regelung von Beschäftigungsbedingungen echter (Solo-)Selbständiger.
2. Die Reichweite der Bereichsausnahme für Kollektivverträge bezüglich des Verbots wettbewerbsbeschränkender Vereinbarungen gem. Art. 101 Abs. 1 AEUV und § 1 GWB bestimmt sich einheitlich nach dem Unionsrecht. Erstens müssen die Vereinbarungen nach ihrer Art aus einem Dialog zwischen den Sozialpartnern folgen. Soweit Gewerkschaften nach nationalem Recht in zulässiger Weise auch Selbständige vertreten, handeln sie nicht als Sozialpartner, sondern als Unternehmensvereinigungen. Kollektivvereinbarungen müssen zudem nach ihrem Gegenstand unmittelbar sozialpolitische Ziele verfolgen und damit unmittelbar zur Verbesserung der Beschäftigungs- und Arbeitsbedingungen der Arbeitnehmer beitragen. Dieses Erfordernis ist nicht erfüllt, wenn ein Tarifvertrag Beitragspflichten für Selbständige statuiert, die ein „Sozialdumping" zulasten tariflich beschäftigter Arbeitnehmer verhindern sollen.
3. Tarifliche Ausbildungskostenbeiträge zulasten Soloselbständiger enthalten eine bezweckte und damit per se unzulässige Wettbewerbsbeschränkung durch Unternehmensvereinigungen. Ein Nachweis schädlicher Drittwirkungen ist nicht erforderlich.

Entwicklungsperspektiven digitaler Arbeit

Hartmut Hirsch-Kreinsen

1. Vorbemerkung

Gegenstand des Beitrags ist der Zusammenhang zwischen der Einführung digitaler Technologien und den Entwicklungsperspektiven von Arbeit. Aufgegriffen wird damit ein Thema, das gesellschaftspolitisch wie auch wissenschaftlich mit Schlagworten wie Digitalisierung, Industrie 4.0 oder auch Arbeit 4.0 seit Jahren intensiv diskutiert wird. Im Mainstream dieser Debatte wird davon ausgegangen, dass in den westlichen Ländern gegenwärtig ein ausgeprägter Innovationsschub digitaler Technologien stattfindet, der zu einem weitreichenden Wandel von Arbeit und gesellschaftlichen Verhältnissen generell führe (stellvertretend z. B. Brynjolfsson/MacAfee 2014; Erixon/Weigel 2016; McAfee/Brynjolfsson 2017). Weit verbreitetes Schlagwort hierbei ist „Disruption", wonach über kurz oder lang durch Digitalisierung ein totaler Umbruch aller sozialer und wirtschaftlicher Strukturen stattfinde und vor allem im wirtschaftlichen Bereich völlig neue Profitoptionen eröffne. In Hinblick auf den Charakter des sozialen Wandels von Arbeit werden dabei allerdings sehr unterschiedliche Prognosen formuliert:

- Einerseits sind pessimistische Perspektiven weit verbreitet, die Risiken wie hohe Arbeitsplatzverluste, Dequalifizierungsgefahren und eine wachsende Kontrolle, neue Belastungen sowie daraus resultierende wachsende soziale Unsicherheiten betonen. In gesellschaftspolitischer Hinsicht weist diese Auffassung einen geradezu dystopischen Charakter auf (z. B. Schirrmacher 2015; Betancourt 2016).
- Andererseits finden sich aber auch optimistische Perspektiven, die Arbeitsplatzgewinne, eine generelle Aufwertung von Tätigkeiten und Qualifikationen, deutlich verbesserte Lern- und Qualifizierungsmöglichkeiten sowie neue Möglichkeiten der Ausgestaltung der Work-Life-Balance erwarten. Diese Erwartung steht oftmals im Kontext einer gesellschaftspolitisch gesehen ausgeprägten technikutopischen Perspektive (z. B. Rifkin 2011; Urchs/Cole 2013; Kagermann 2014; Mason 2016).

Trotz dieser grundlegenden Divergenzen ist beiden Perspektiven die Erwartung gemeinsam, dass Digitalisierung sowohl unvermeidbar als auch eine sich weitgehend autonom, ungehindert und schnell durchsetzende Entwicklung ist, die mit relativ eindeutig zu prognostizierenden negativen oder eben auch positiven sozialen Konsequenzen verbunden sei. Anders formuliert, beide Perspektiven unterstellen in unterschiedlicher Weise einen disruptiven Wandel von Arbeit und sozio-ökonomischen Verhältnissen durch Digitalisierung.

Nun kann die These von einer absehbaren disruptiven Entwicklung nicht grundsätzlich bestritten werden. Ohne Frage ist in einer ganzen Reihe von Wirtschaftssektoren und Arbeitsmarktsegmenten im Zusammenhang mit der fortschreitenden Nutzung digitaler Technologien ein anhaltender Prozess weitreichender struktureller Veränderungen im Gange. Dies betrifft seit dem Ende 1990er Jahre zunächst jene Sektoren, wo Produktion, Verkauf und Kommunikation unmittelbar auf immateriellen Transaktionen sowie der Nutzung von großen Datenmengen basieren. Zu nennen sind hier Dienstleistungssektoren wie die Musikherstellung und -distribution, das Verlags- und Zeitschriftenwesen oder auch Finanzdienstleistungen, deren Digitalisierung weitreichende Veränderungen von Firmen- und Branchenstrukturen nach sich gezogen hat (Zuboff 2010; Brynjolfsson/McAfee 2014). Insbesondere finden auch im Konsumtionsbereich durch die Nutzung digitaler Plattformen als Koordinationsmedium weitreichende Wandlungsproesse statt, die zu einer neuen Qualität der Kundenbeziehungen, Geschäftsmodellen und damit zusammenhängenden Arbeitsmustern führen. Zu nennen sind hier die durch digitale Vernetzung und Plattformen offensichtlich beschleunigte Ausweitung von Formen entgrenzter und kollaborativer Arbeit, die auch als „Crowdwork“ oder „Gigwork“ bezeichnet werden. Empirisch wird diese Entwicklung bislang hauptsächlich in Sektoren wie der IT- und Softwarebranche, einer ganzen Reihe von Dienstleistungsbereichen oder auch bei einigen Engineeringfunktionen im industriellen Bereich verortet (z. B. Leimeister/Zogaj 2013; Staab 2016; Schmidt 2017).

Indes findet sich ein als disruptiv zu charakterisierender Strukturwandel keinesfalls in allen Wirtschaftssektoren und Arbeitssegmenten. Entgegen aller Erwartungen etwa des deutschen Industrie 4.0-Diskurses belegen vielfältige Evidenzen, dass bislang insbesondere der industrielle Sektor von eher moderaten Wandlungstendenzen geprägt ist. Mit grundlegenden Strukturbrüchen industrieller Arbeit kann allenfalls langfristig gerechnet werden. Dieser Frage soll im vorliegenden Beitrag genauer nachgegangen werden. Erstens sollen langfristig mögliche, aber auch divergente Entwicklungsperspektiven von Arbeit diskutiert werden. Zweitens soll die Divergenz der möglichen Entwicklungsperspektiven begründet werden, indem auf oft übersehene Widersprüche und Barrieren der Entwicklung und Diffusion der neuen Technologien verwiesen wird. Drittens und abschließend soll auf mögliche Konsequenzen der weiteren technologischen Entwicklung eingegangen werden.

Die empirische Basis der folgenden Ausführungen umfasst einen Mix unterschiedlicher Methoden: Zum einen stützt sich die Argumentation auf die Ergebnisse laufender Analyse der einschlägigen Literatur wie des öffentlichen und wissenschaftlichen Diskurses zur Frage der sozialen Folgen der Digitalisierung. Dabei werden vor allem auch die Ergebnisse vorliegender statistisch-quantitativer Analysen zusammengefasst. Zum zweiten wird auf qualitative Ergebnisse von einer größeren Zahl Betriebsfallstudien und Expertengesprächen in Unternehmen des Verarbeitenden Gewerbes und der Logistik zurückgegriffen, die neue digitale Systeme einführen. Die qualitativen Erhebungen wurden und werden im Rahmen von verschiedenen empirischen Forschungsprojekten an der TU Dortmund durchgeführt.[1]

2. Perspektiven des Wandels von Arbeit

Die Debatte über den absehbaren Wandel von Arbeit lässt sich zu zwei großen Themenfeldern bündeln: zum einen die Frage nach den quantitativen Beschäftigungseffekte und Konsequenzen für den Arbeitsmarkt und zum zweiten die Frage nach den strukturellen Konsequenzen für die Art der Tätigkeiten und die Qualifikationsentwicklung sowie die Reichweite der Flexibilisierung Arbeit. Auf der Basis der vorliegenden Forschungsergebnisse lassen sich derzeit hierzu die folgenden Thesen formulieren:

2.1 Arbeitsmarkt und Beschäftigung

Sehr intensiv wird wissenschaftlich wie auch gesellschaftspolitisch die Frage diskutiert, welche Beschäftigungseffekte Industrie 4.0 nach sich ziehen wird. Unstrittig ist in der vorliegenden Literatur, dass kurzfristig durchaus mit Freisetzungseffekten zu rechnen sei, die aus den mit digitaler Tech-

1 Genauere Angaben zu den Forschungsprojekten und ihrer methodischen Basis finden sich unter: http://www.wiwi.tu-dortmund.de/wiwi/de/forschung/gebiete/fp- hirschkreinsen/forschung/projekte/laufende_projekte/index.html

nologie ermöglichten Automatisierungs- und Rationalisierungseffekten resultieren. Umstritten ist indes, ob diese sich auch langfristig durchsetzen oder ob sie längerfristig durch neu entstehende Arbeitsplätze kompensiert werden.

Weitgehend einig sind sich fast alle einschlägigen Autoren, dass Arbeitsplatzverluste vor allem im Segment geringqualifizierter und standardisierter Tätigkeiten in Produktion und Logistik anfallen werden. Die Voraussetzung hierfür ist, dass es sich dabei um Tätigkeiten handelt, die einen gut strukturierten und regel-orientierten Charakter aufweisen, daher in Algorithmen überführt und automatisiert werden können. Zu nennen sind hier beispielsweise Frey und Osborne (2017), die in ihrer international prominenten Studie für die nahe Zukunft auf den US-amerikanischen Arbeitsmarkt vor allem die Substitution von Berufen mit vornehmlich routinisierten Tätigkeiten prognostizieren. Ähnliche Befunde werden auch für Deutschland vorgelegt (z.B. Dengler/Matthes 2015; 2018). Darüber hinaus nehmen viele Autoren eine absehbare Substitution auch qualifizierter (nicht-)routinisierter Tätigkeiten und Berufe mit kreativen und sozial-interaktiven Aufgaben an. Dies betrifft nicht nur qualifizierte Tätigkeiten auf dem Shop-floor, sondern auch die indirekten Bereichen der Planung und Steuerung, die Verwaltung, die Produktentwicklung und das Management.

Weitreichende Substitutionsthesen sind allerdings auch umstritten. Denn, so das Argument (Vogler-Ludwig et al. 2016; Arentz et al. 2018), heben zum einen erwartbare positive Wachstums- und Beschäftigungseffekten der Digitalisierung das gesamte Beschäftigungsniveau an und zum anderen werde einfache Arbeit in einem dynamischen Wirtschaftssystem weiterhin gebraucht. Darüber hinaus wird kritisiert, dass auch Routinetätigkeiten stets Nicht-Routine-Elemente wie Erfahrungswissen einschließen, die sich computertechnisch kaum zureichend abbilden und substituieren lassen (z.B. Autor 2015; Arentz et al. 2018; Pfeiffer/Suphan 2018). Letztlich richtet sich die Kritik auch auf die als tendenziell überschätzt bezeichneten technologischen Potentiale und deren Reichweite, die methodisch zumeist auf den Einschätzungen von Technikexperten beruhen. Zusammenfassend lässt sich daher festhalten, dass die tatsächlichen quantitativen Beschäftigungseffekte der Digitalisierung derzeit nur schwer zu prognostizieren sind.

2.2 Strukturwandel

In Hinblick auf den strukturellen Wandel von Arbeit lassen sich zugespitzt drei Szenarien formulieren, die als „Upgrading“, „Polarisierung“ und „Flexibilisierung und Entgrenzung“ von Arbeit gefasst werden können (vgl. dazu auch: Ittermann et al. 2016; Hirsch-Kreinsen et al. 2018).

2.21 „Upgrading“ von Qualifikationen

Ein Szenario, das als Upgrading von Tätigkeiten und Qualifikationen gefasst werden kann, ist sowohl in der wissenschaftlichen als auch in der öffentlichen Debatte relativ weit verbreitet. Danach is ein Upgrading von Qualifikationen zunächst einmal Folge der angesprochenen Automatisierung einfacher und gering qualifizierter Tätigkeiten durch die neuen Technologien. Damit findet eine weitreichende Substitution einfacher Tätigkeiten statt, wie sie in der nationalen und internationalen Digitalisierungsdebatte vielfach prognostiziert und mit weitreichenden Arbeitsplatzverlusten verbunden wird (z.B. Bauernhansel 2014; Frey/Osborne 2017). Betroffen sind einfache Tätigkeiten etwa in der Logistik und der Montage, die sich durch einen hohen Routinecharakter, begrenzte Handlungskomplexität und geringe Anforderungen an Erfahrungswissen auszeichnen und die sich daher die relativ Problemlos informationstechnologisch in Algorithmen überführen lassen.

Darüber hinaus ist Upgrading aber auch als ein Prozess zu verstehen, der tendenziell alle Beschäftigtengruppen erfasst. Upgrading wird in dieser Perspektive als Informatisierung von Arbeit verstanden, die zu einer steigenden Verfügbarkeit einer großen Vielfalt von Informationen über laufende Prozesse führt. Deren Komplexität und Nutzung führt danach ganz generell zu neuen und bislang nicht gekannten Anforderungen an Tätigkeiten. Zuboff spricht von einer wachsenden Bedeutung von „intellective skills“, die vor allem auf einem theoretischen Verständnis von Prozessen beruhten, das Voraussetzung und Folge der Nutzung der jetzt verfügbaren Informationen sei (Zuboff 1988). Als Gewinner des fortschreitenden Einsatzes digitalisierter Technologien werden in diesem Kontext vor allem aber jene Beschäftigtengruppen angesehen, die ohnehin schon über höhere Qualifikationen und Handlungsressourcen verfügen (z.B. Brynjolfsson/McAfee 2014).

So wird auch in der Debatte über Industrie 4.0 hervorgehoben, dass eine generelle Aufwertung von Qualifikationen stattfinden werde. Verwiesen sei hier stellvertretend für eine Vielzahl von Autoren auf Kagermann, einer der

Begründer der Vision von Industrie 4.0 in Deutschland, dem zu Folge Mitarbeiter in Zukunft weniger als „Maschinenbediener“ eingesetzt werden, „sondern mehr in der Rolle des Erfahrungsträgers, Entscheiders und Koordinators...die Vielzahl der Arbeitsinhalte für den einzelnen Mitarbeiter nimmt zu“. Illustrieren lässt sich diese Auffassung am Beispiel des Robotereinsatzes in Montageprozessen. Durch die Automatisierung der Routineaufgaben können neue anspruchsvollerer Aufgaben wie Umrüsten, Einrichten und Qualitätssicherung entstehen, die zu Montagetätigkeiten eines neuen Typs gebündelt werden können.

2.22 „Polarisierung“ von Qualifikationen

Demgegenüber kann ein weiteres Szenario als Polarisierung bezeichnet werden. Besonders prominent wird dieses Szenario in der internationalen Debatte in Hinblick auf die makrostrukturelle Entwicklung von Arbeitsmärkten diskutiert. Dabei stehen häufig der US-amerikanische (z.B. Autor 2015; Worldbank 2016) verschiedentlich auch der europäische Arbeitsmarkt im Fokus des Forschungsinteresses. Daneben findet sich aber auch eine Vielzahl von Forschungsergebnissen, die Polarisierungstendenzen auf betrieblicher Ebene, vor allem im industriellen Sektor belegen.

Der Kern dieses Szenarios ist, dass mittlere Qualifikationsgruppen massiv an Bedeutung verlieren sich daher zunehmend eine Schere zwischen komplexen Tätigkeiten mit hohen Qualifikationsanforderungen einerseits und einfachen Tätigkeiten mit niedrigem Qualifikationsniveau andererseits öffnet. Denn durch den Einsatz digitaler Technologien werde zunehmend eine Automatisierung und auch eine Entwertung der Jobs mittlerer Qualifikationsgruppen Platz greifen. Daher werden einfache Tätigkeiten auch kaum, wie die Upgradingthese unterstellt, durch Automatisierung tendenziell verschwinden, vielmehr bleiben vielfach einfache Tätigkeiten erhalten und es entstehen neue einfache Tätigkeiten mit niedrigen Qualifikationsanforderungen.

Als Ursache einer fortschreitenden Polarisierung und insbesondere der Erosion der mittleren Qualifikationsgruppen kann ein Zusammenspiel von Automatisierung und Informatisierung angesehen werden. Die Voraussetzung hierfür ist, dass es sich dabei um Tätigkeiten handelt, die einen gut strukturierten und regel-orientierten Charakter aufweisen und daher, ähnlich wie viele einfache Tätigkeiten, algorithmisiert werden können. Weiterhin wird argumentiert, dass durch Informatisierung die Beschäftigten zwar über ein mehr an Informationen und Daten über laufende Prozesse verfügen, jedoch computergestützte Informationsvorgaben, etwa über entsprechend ausgelegte Assistenzsysteme ursprünglich komplexe Tätigkeiten durch ihre Modellierung und Formalisierung zugleich weitreichend standardisieren können – ein Trend, der auch als „Digital Taylorism" bezeichnet wird, da die digitalen Technologien eine Optimierung von Taylors Prinzipien der Arbeitsvereinfachung und der Arbeitskontrolle gerade auch für komplexe Tätigkeiten erlaube. So können beispielsweise durch den Einsatz entsprechend ausgelegter Assistenzsysteme viele Tätigkeiten relativ problemlos arbeitsteilig in Teiloperationen zerlegt und vereinfacht werden sowie mit restriktiven Arbeitsvorgaben, die kaum noch Handlungsspielräume erlauben, versehen werden. Zudem eröffnen sich damit deutlich gestiegene Kontrollmöglichkeiten über die Arbeit. Diese Arbeitssituation, so die nahe liegende Schlussfolgerung, führt zur Dequalifizierung ursprünglich qualifizierter Tätigkeiten, für die bislang Facharbeiter eingesetzt worden sind.

So sprechen die Autoren einer deutschen Studie über die Entwicklung qualifizierter Sach- und Facharbeitertätigkeiten davon, dass bestenfalls vom Verbleib von „Residualkategorien" von qualifizierter Arbeit gesprochen werden könne, die nicht oder nur mit einem unverhältnismäßigen Aufwand automatisiert werden können (Kinkel et al. 2008). Ähnliches lässt sich anhand der eigenen Forschungsergebnisse über Arbeit im Kontext intelligent vernetzter Logistik- und Montagesysteme zeigen. Danach entsteht tendenziell eine ausdifferenzierte Tätigkeitsstruktur zwischen einerseits anspruchsvollen, qualifizierten Tätigkeiten, die systemübergreifende Steuerungs- und Kontrollaufgaben übernehmen und andererseits abgewerteten Fachtätigkeiten bzw. verbliebenen einfachen Tätigkeiten. Es kann daher auch von neu entstehender digitaler Einfacharbeit gesprochen werden (Hirsch-Kreinsen 2017). Insgesamt entsteht damit eine polarisierte Arbeitslandschaft, die Goos und Manning (2007) anschaulich mit dem Diktum fassen, dass nunmehr nur noch „Lousy and Lovely Jobs" anzutreffen seien.

2.23 Flexibilisierung und Entgrenzung von Arbeit

Den vorliegenden Forschungsergebnissen zu Folge ist zudem mit einer fortschreitenden zeitlichen, organisatorischen und räumlichen Flexibilisierung und Entgrenzung von Arbeit im Zuge der Einführung digitaler Technologien zu rechnen. Sie sind ganz offensichtlich beiden Szenarien der Entwicklung von Tätigkeiten und Qualifikationen gemeinsam und sie ist Moment einer informationstechnologisch möglichen Transformation betrieblicher und überbetrieblicher Arbeits- und Wertschöpfungsprozesse. Eine Voraussetzung hierfür sind die mit den neuen Technologien gegebenen weitreichenden Planungs- und Steuerungsmöglichkeiten von Wertschöpfungsprozessen in ihrer Gesamtheit. Eine weitere Voraussetzung hierfür sind deutlich erweiterten Zugangsmöglichkeiten zu Daten und Informationen und den damit verbundenen Ressourcen, Hilfsmitteln sowie bislang nicht gekannte Kommunikations- und Vernetzungsmöglichkeiten für die an Wertschöpfungsprozessen Beteiligten.

Folgt den vorliegenden empirischen Befunden, so betreffen innerbetrieblich diese Tendenzen die unterschiedlichsten Beschäftigungssegmente vom Shop-floor, über Engineeringtätigkeiten bis hin zu Leitungs- und Managementfunktionen, mit im Einzelnen durchaus unterschiedlichen Konsequenzen für Tätigkeiten und Qualifikationen. Zum einen ist hier die mit modernen digitalen Technologien verbundene Abkehr von den bisherigen hierarchisch aufgebauten IT-Systemen zu sehen. Die damit verbundene Erwartung vieler Experten ist, dass dadurch die bisherigen Formen der Fabrikorganisation, insbesondere auch die bis heute existierenden mehr oder weniger zentralisierten Muster der Arbeitsorganisation und des Personaleinsatzes umgebaut und dezentralisiert werden. Eine Konsequenz ist, dass vermehrt hochflexible und temporäre Projektorganisationen und Netzwerke an die Stelle fester, vor allem auch hierarchischer Organisations- und Managementstrukturen treten (auch Spath et al. 2013).

Zum zweiten ermöglichen die neuen Systeme eine digitale Echtzeitsteuerung der Prozesse und schaffen damit die Voraussetzung dafür, die früher sequentiellen und organisatorisch differenzierten Abläufe der Planung, Steuerung und Ausführung zu reintegrieren und steuerungstechnisch autonome Organisationssegmente zu schaffen. Damit eröffnen sich zugleich neue Potentiale für eine weitere Steigerung der funktionalen und zeitlichen Flexibilität der Arbeit. Wie einzelne untersuchte Industrie 4.0-Projekte zeigen, kann dies nicht nur zu einer generellen Flexibilisierung von Arbeitszeiten, sondern in bestimmten IT-basierten Tätigkeitsbereichen wie Engineering oder Marketing zu einer Entkopplung von Arbeit und Arbeitsort genutzt werden.

Zum dritten sind die digitalen Technologien, insbesondere die Nutzung von Vernetzung und Big-Data-Methoden oftmals die Voraussetzung für neue Geschäftsmodelle und Kundenbeziehungen. Dies kann zu einer Verschiebung und Öffnung von Unternehmensgrenzen durch eine datengestützte Vernetzung mit Kunden und weiteren externen Partnern in sehr vielfältiger Weise führen. So können bisherige Service-, Logistik- und Marketingfunktionen durch eine nun engere datengestützte Vernetzung unnötig werden; ein Beispiel hierfür ist die datentechnische Synchronisation und Automatisierung der Logistikbeziehungen zwischen Lieferanten und Endabnehmern, die bisherige innerbetriebliche Logistiktätigkeiten überflüssig macht. Darüber hinaus bietet die informationstechnische Vernetzung aber auch neue Möglichkeiten für die Schaffung unternehmensübergreifender Projektgruppen etwa in Bereichen der Produktentwicklung, die Unternehmensgrenzen deutlich überschreiten. Schließlich können durch optimierte Informations- und Steuerungssysteme Dienstleistungen wie Service und Instandhaltung nun weit gezielter als früher an spezialisierte Dienstleister verlagert werden.

Dies verweist auf die überbetriebliche Dimension der digitalen Transformation von Arbeits- und Wertschöpfungsprozessen und den möglichen Wandel der zwischenbetrieblichen Arbeitsteilung und Kooperation. Unstrittig ist in der vorliegenden Literatur, dass die digitalen Technologien zu einer sehr viel weitergehenden Ausdifferenzierung von Arbeitsprozessen als früher und den via Internetplattformen koordinierten Einbezug unterschiedlichster unternehmensexterner Akteure in den Wertschöpfungsprozess genutzt werden können (z.B. Benkler 2006). Die damit neu entstehenden Arbeitsformen werden auch als „Crowdworking" bezeichnet (Leimeister/Zogaj 2013). Verstanden wird darunter die Ausdifferenzierung von Arbeitsfunktionen nicht mehr in Form einer formalisierten Auslagerung vertraglich definierten Aufgaben an ein Drittunternehmen, vielmehr geht es dabei um die Verlagerung von Arbeitsaufgaben an eine ex ante nicht definierte Anzahl unterschiedlich spezialisierter einzelner Akteure.

Indes ist das Ausmaß eines solchermaßen überbetrieblich vernetzten orts- und zeitentkoppelten Arbeitens auf Grund fehlender Forschungsergebnisse weitgehend unklar. Gleichwohl sind die möglichen Konsequenzen für Tätigkeiten und Qualifikationen Gegenstand einer intensiven Debatte und werden als sehr weitreichend eingeschätzt (Benner 2014). Auf der einen Seite finden sich, ähnlich wie im Zusammenhang mit der Upgradingthese, Argumente, die eine Steigerung der Qualität der Arbeit betonen. Hervorgehoben wird auch, dass die neuen Technologien trotz steigender betrieblicher Flexibilisierungsanforderungen auf Grund der mit ihren Social Media Funktionen gegebenen Kommunikations- und Koordinationsmöglichkeiten eine deutlich verbesserte „Work-Life-Balance" als bisher ermöglichen (z.B. Kagermann 2014). Auf der anderen Seite werden vielfältige Risiken für die Beschäftigten betont. Hingewiesen wird hierbei etwa auf eine Druck ständiger Erreichbarkeit, die fehlende sozial- und arbeitspolitische Regulation der neuen Arbeitsverhältnisse, damit neu entstehende prekäre Arbeitsformen sowie auch auf das bislang kaum einschätzbare digitale Kontrollpotential über die Arbeit.

Indes sind solche überbetrieblich ausdifferenzierten Arbeitsformen keineswegs bei allen industriellen Tätigkeiten realisierbar. Viele Tätigkeiten können auf Grund ihrer räumlich gebundenen technisch-organisatorischen Struktur oder auch auf Grund von interaktiven Beziehungen kaum in der beschriebenen Weise ausgelagert werden. Allen vorliegenden Befunden zu Folge betreffen diese Trends bislang, wenn überhaupt, nur ein kleines Beschäftigtensegment IT-gestützter wissensintensiver Tätigkeiten etwa aus Marketing-, Engineering- und FuE-Bereichen (z.B. Vogler-Ludwig et al. 2016).

3. Widersprüche des Technologieeinsatzes

Die Divergenz der Forschungsergebnisse hat eine Ursache darin, dass sich selbst bei einer verbesserten Forschungslage kaum eindeutige Prognosen formulieren und begründen lassen. Denn die sozialwissenschaftliche Technik- und Arbeitsforschung verfügt über einen breiten Fundus konzeptioneller und empirischer Forschungsergebnisse, die instruktiv zeigen, dass die Entwicklung und die Diffusion neuer Technologien alles andere als bruchlos und widerspruchsfrei verlaufen und daher die sozialen Effekte kaum, wie in einer ganzen Reihe der oben zitierten Studien, allein aus den Potentialen neuer Technologien ableitbar sind.[2] So betonen evolutionstheoretische Ansätze der Innovationsforschung (z.B. Nelson/Winter 1977), dass technologische Innovationen zwar stets zielgerichtet und dynamisch verlaufen, ihr Verlauf jedoch zugleich risikoreich und ihr Ausgang stets ungewiss ist. Entscheidend für die sich jeweils einspielenden Diffusionsmuster und die damit zusammenhängenden sozialen Konsequenzen sind vor allem ihre konkrete Auslegung im Lichte von strukturellen Anwendungserfordernissen und Vermarktungschancen neuer Technologien. Mehr noch, es muss davon ausgegangen werden, dass gerade weitreichende Innovationen wie

2 Eine prominente und international viel zitierte Studie dieser Art ist die von Frey und Osborne (2017) mit ihrer im Grunde nicht haltbaren Prognose sehr weitreichender Beschäftigungsverluste auf dem US-amerikanischen Arbeitsmarkt in Folge digitaler Technologien; zu einer konzeptionellen und methodischen Kritik vgl. z.B. Pfeiffer/Suphan (2018).

die Einführung digitaler Technologien einen ausgeprägt paradoxalen Charakter haben, d. h., diesen Innovationen sind Widersprüche immanent (Andriopoulos/Lewis 2009). Ähnlich argumentiert die arbeitssoziologische Technikforschung. Spätestens seit der kritischen Debatte um den „Technikdeterminismus“ in den 1980er Jahren wird davon ausgegangen, dass zwischen der Implementation bestimmter technischer Systeme und den Konsequenzen für Arbeit eine wenig eindeutige von vielen nicht-technischen, sozialen, arbeitspolitischen und ökonomischen Faktoren beeinflusste Beziehung besteht (z.B. Lutz 1987).

Folgt man diesen Überlegungen, so sind bei der Analyse der sozialen Konsequenzen der digitalen Technologien nicht nur ihre möglichen Entwicklungspotentiale, sondern insbesondere auch die bei ihrer Einführung auftretenden Barrieren zu berücksichtigen, die das Verhältnis von digitalen Technologien und Arbeit in schwer einschätzbarer Weise beeinflussen und daher Prognosen, die allein auf Abschätzungen der technologischen Potentiale beruhen, in Frage stellen. Als wesentlich müssen dabei vor allem Barrieren angesehen werden, die unmittelbar mit dem Prozess der Digitalisierung von Arbeit verknüpft sind. Diese sollen im Folgenden knapp zusammengefasst werden.

3.1 Widersprüche der Automatisierung

Auf widersprüchliche Effekte der Einführung digitaler Technologien weist die arbeitswissenschaftliche und die arbeitspsychologische Forschung hin. Gezeigt wird, dass mit fortschreitender Automatisierung und einer steigenden Komplexität der Systeme nur mehr eine begrenzte Beherrschbarkeit der Technologien, damit ein hohes funktionales und ökonomisches Störpotential und unkalkulierbare Anforderungen an das Arbeitshandeln einhergehen. Den Forschungsergebnissen zu Folge sind effektive Arbeitseingriffe in Systemabläufe, um Störungen präventiv zu vermeiden oder zu beheben, nicht immer möglich, da Beschäftigte oftmals nicht in der Lage sind, autonome Systeme wirksam zu kontrollieren und damit die Verantwortung über den Systembetrieb zu übernehmen (z.B. Grote 2018). Als die zentrale Ursache hierfür gilt, dass auf Grund der informationstechnologisch mediatisierten Distanz zum konkreten Systemablauf das Personal kein hinreichend valides Wissen und Erfahrungen über relevante Systemfunktionen erwerben kann. Dies sei selbst dann der Fall, wenn den Beschäftigten ein Mehr an Informationen über den laufenden Prozess zur Verfügung gestellt werde.

Verstärkt wird diese problematische Situation durch eine oftmals anzutreffende Arbeitshaltung, die auch als „automation bias“ bezeichnet wird (z.B. Hancock et al. 2013). Es handelt sich dabei um ein stark ausgeprägtes Vertrauen der Beschäftigten und des Managements in die Fähigkeit digitaler Systeme Arbeitshandeln verlässlich zu automatisieren und zu unterstützen. Es entsteht dadurch eine Arbeitssituation, die Bainbridge instruktiv als „ironies of automation“ beschrieben hat (Bainbridge 1983). Danach erzeugen hoch automatisierte Prozesse auf Grund ihres ausgeprägten Routineablaufs bei unerwartet auftretenden, in der Regel aber unvermeidbaren Störungen nur schwer zu bewältigende Arbeitssituationen. Denn zur Störungsbewältigung seien Qualifikationen und Kompetenzen, insbesondere Erfahrungswissen erforderlich, die oftmals im Routinebetrieb weder aufgebaut noch auf Dauer erhalten werden könnten.

Bei einer fortschreitenden Automatisierung lassen sich daher kaum eindeutige Aussagen in Hinblick auf eine mögliche Ab- oder Aufwertung von Tätigkeiten und Qualifikationsanforderungen deduzieren. Vielmehr können die Veränderungen von Arbeit stets nur mit Bezug auf den jeweils konkreten Systemkontext diagnostiziert und prognostiziert werden.

3.2 Bedeutung von Erfahrungswissen

Wie weiterhin arbeitssoziologsicher Studien instruktiv zeigen, nimmt daher im Kontext der fortschreitenden Automatisierung von Produktionsprozessen die Bedeutung subjektiver Qualifikationselemente wie Erfahrungswissen, gleichsam als ungeplante Folge des Technologieeinsatzes, kontinuierlich zu. Diese Bedeutung von Erfahrungswissen impliziert zugleich eine nur schwer übergehbare Barriere der Digitalisierung von Arbeitsprozessen. Denn es handelt sich dabei um den Wissenstypus des „tacit knowledge“, der sich auf Grund fehlender und nicht explizierbarer Handlungsregeln gegen eine informationstechnologische Algorithmierung grundlegend sperrt. Dieses Problem wird auch als „Polanyi's Paradox“ bezeichnet und damit auf auf Michael Polanyis bekannte Formel „We know more than we can tell“ abgestellt (Autor 2015). Konkret wird dabei auf Aufgaben verwiesen, die Flexibilität, Urteilsvermögen, sozialer Interaktion und Kommunikation sowie auch Erfahrung über bestimmte Abläufe erfordern. Diese Tätigkeitselemente finden sich in kognitiv-intellektuellen Jobs, die ein hohes Maß an Kreativität, Problemlösungsfähigkeit und Intuition aufweisen. Sie finden sich aber auch in Bereichen einfacher sensomotorischer Tätigkeiten, wo situative Anpassungsfähigkeit und flexibles Handeln, soziale Interaktion, körperliche Geschicklichkeit und Fingerspitzengefühl gefordert sind. Ohne Frage läßt sich mit diesen Argumenten das skizzierte Polarisierungsszenario und die Erosion mittlerer Qualifikationsgruppen begründen. Einzuwenden ist allerdings, dass Anforderungen an flexibles, situationsadäquates und interaktives Arbeitshandeln etwa im Zusammenhang mit wachsenden Kundenorientierung vieler Arbeitsprozesse mit dem Einsatz digitaler Technologien generell für alle Beschäftigtengruppen steigen und daraus paradoxerweise stets neue Barrieren der Digitalisierbarkeit von Arbeit erwachsen.

3.3 Dynamik von Tätigkeiten und Qualifikationen

Diese Befunde weisen darauf hin, dass Tätigkeiten und Qualifikationen sich unter den Bedingungen der fortschreitenden Digitalisierung dynamisch und oftmals unkalkulierbar wandeln. Zwar können, wie skizziert, durch die Digitalisierung routinehafte Aufgaben automatisiert werden, jedoch bedeutet dies nicht unbedingt, dass die betroffenen Tätigkeiten vollständig substituiert werden, vielmehr ergeben sich damit weite Spielräume für die Ausführung neuer Aufgaben. So argumentieren Pfeiffer und Suphan (2018), dass es nicht nur um die Frage gehen dürfe, ob ein Fertigungsmitarbeiter durch einen Schweißroboter ersetzt wird oder die Sachbearbeitungstätigkeit in der Beschaffung verschwindet, weil die Bewertung von Zulieferfirmen durch die intelligente Auswertung von Beschaffungsdaten von einem Algorithmus übernommen wird. Vielmehr müsse berücksichtigt werden, dass sich Geschäftsmodelle radikal ändern, Wertschöpfungsketten neu konturiert werden und damit bisherige Formen der Arbeitsteilungen aufgehoben und neue hybride, multidisziplinäre Anforderungsbündel entstehen.

Damit, so die Schlussfolgerung, greifen auch aus diesem Grund einfache Ableitungsprognosen zum Zusammenspiel zwischen Technik und Mensch zu kurz. Dies gilt etwa für die Polarisierungsthese, wonach insbesondere mittlere Qualifikationsgruppen von einer fortschreitenden Erosion bedroht seien. Denn oft umfassen deren Tätigkeiten verschiedene Aufgaben, sodass die Automatisierung routinehafter Tätigkeitselemente eine Ausweitung und Intensivierung der verbleibenden anspruchsvolleren Aufgaben erlaubt. Weiterhin sind die Effekte der Informatisierung, insbesondere der Aspekt der steigenden Verfügbarkeit einer großen Vielfalt von Daten und Informationen über laufende Prozesse für die Beschäftigten in Rechnung zu stellen. Deren Komplexität führt unter Umständen generell zu neuen und bislang nicht gekannten Anforderungen an Tätigkeiten. David Autor zu Folge erweitere Informatisierung daher in vielen Fällen den Horizont von Tätigkeiten (Autor 2015). Illustrieren lässt sich dies am Beispiel von untersuchten Instandhaltungstätigkeiten, wo durch digitale Informationssysteme einerseits routinehafte Dokumentationsaufgaben entfallen, sich andererseits aber auch deutlich erweiterte Diagnosemöglichkeiten und neue Handlungsspielräume für die Behebung von Systemstörungen ergeben.

4. Perspektiven

Fasst man die voranstehenden Argumente zusammen, so ist unstrittig, dass die Arbeitsfolgen der Digitalisierung uneindeutig sind und das Verhältnis zwischen digitalen Technologien und menschlicher Arbeit von Widersprüchen und Barrieren geprägt ist. Die vorliegenden Befunde stützen sowohl die Polarisierungsthese wie auch die Annahme einer generellen Aufwertung von Qualifikationen. Fraglos werden Tendenzen einer fortschreitenden Flexibilisierung und Entgrenzung von Arbeit Platz greifen, deren Folgen und Reichweite freilich auch keineswegs eindeutig prognostizierbar sind.

Indes argumentieren einige Autoren, dass diese derzeit wenig eindeutige Situation den bislang noch vorhandenen technologischen Entwicklungsdefiziten geschuldet sei, die über kurz oder lang überwunden werden. Als besonders relevante technologische Perspektive verstehen sie die weitere Entwicklung von Systemen der Künstlichen Intelligenz sowie die damit verbundene rasante Roboterentwicklung hin zu universell anwendbaren Systemen. Erwartet wird ein weiterer technologischer Qualitätssprung, nämlich die Entwicklung von Systemen, die in der Lage sind jenseits formaler Regeln nicht explizierbares Erfahrungswissen zu generieren und kontextspezifisch anzuwenden. Die gegenwärtige Debatte um die sich ständig erweiternden Anwendungsmöglichkeiten von Systemen, die auf den Prinzipien der Künstlichen Intelligenz basieren und die daher zunehmend kontextspezifisch lernfähig seien, verbinde sich die Möglichkeit, „Polanyi's Paradox" maschinell in absehbarer Zeit vollständig beherrschbar zu machen. Damit werden die jetzt noch vorhandenen Barrieren der Anwendung digitaler Technologien weit hinausgeschoben und die autonomen Handlungsmöglichkeiten der smarten Technologie steigen stetig.

In Hinblick auf die Zukunft von Arbeit werden damit neue Fragen nach dem Substitutionspotential menschlicher Arbeit und einer zukünftig denkbaren Arbeitsteilung zwischen intelligenten Maschinen und menschlichem Handeln aufgeworfen. Unmittelbar verknüpft damit ist vor allem auch die normative Frage, unter welchen Bedingungen beim Einsatz lernfähiger und

„kontextsensitiver" Maschinensystem menschliche Handlungsverantwortung überhaupt noch gesichert werden kann. Allerdings sind diese Entwicklungsperspektiven und ihre sozialen Konsequenzen bislang keineswegs ausgelotet. Selbst wenn sich aber diese technologischen Perspektiven als realisierbar und unter industriellen Bedingungen als nutzbar erweisen sollten, dürften sich kaum generelle und eindeutig prognostizierbare Trends des Wandels von Arbeit abzeichnen.

Literatur

Arentz, M.; Gregory, T.; ZTierahn, U. 2018: Digitalisierung und die Zukunft der Arbeit: Makroökonomische Auswirkungen auf Beschäftigung, Arbeitslosigkeit und Löhne von morgen. ZEW Mannheim

Andriopoulos, C.; Lewis, M. W. 2009: Exploitation-Exploration Tensions and Organizational Ambidexterity: Managing Paradoxes of Innovation In: Organization Science, Jg. 20 (2009), H. 4, S. 696 – 717

Autor D. 2015: Why Are There Still So Many Jobs? The History and Future of Workplace Automation. In: Journal of Economic Perspectives, Jg. 29 (2015), H. 3, S. 3 – 30

Bainbridge, L. 1983: Ironies of Automation. In: Automatica, Vol. 19 (1983), No. 6, 775-779

Bauernhansel, T. 2014: Die Vierte Industrielle Revolution – Der Weg in ein wertschaffendes Produktionsparadigma. In: Bauernhansel, T./ten Hompel, M./Vogel-Heuser, B. (Hg.): Industrie 4.0 in Produktion, Automatisierung und Logistik, Wiesbaden, S. 5 – 36

Benkler, Y. 2006:The Wealth of Networks. How Social Production Transforms Markets and Freedom. New Haven: Yale University Press

Benner, C. 2014: Crowd Work – Zurück in die Zukunft. Frankfurt/ M

Betancourt, M. 2015: The Critique of Digital Capitalism, New York

Bowles, J. 2014: The computerisation of European jobs – who will win and who will lose from the impact of new technology onto old areas of employment? www.bruegel.org/nc/blog/detail/article/1394-the-computerisation-of-european-jobs/ (Zugriff: 09.04.2015)

Brynjolfsson, E./McAfee, A. 2014: The Second Machine Age: Work, Progress, and Prosperity in a Time of Brilliant Technologies, Norton

Dengler K., Matthes B. 2015: Folgen der Digitalisierung für die Arbeitswelt. Substituierbarkeitspotenziale von Berufen in Deutschland. IAB Forschungsbericht 11/2015, Nürnberg

Dengler K.; Matthes B. 2018: Wenige Berufsbilder halten mit der Digitalisierung Schritt. IAB-Kurzbericht 4/2018, Nürnberg

Erixon, F./Weigel, B. 2016: The Innovation Illusion, New Haven and London

Frey, C. B./Osborne, M. A. 2017: The future of employment: How susceptible are jobs to computerisation? In: Technological Forecasting & Social Change, Jg. 114 (2017), H. 1, S. 254 – 280

Goos, M., Manning, A. 2007: Lousy and lovely jobs: The rising polarization of work in Britain. The Review of Economics and Statistics, 89 (2007) 1, 118-133

Grote, G. 2018: Gestaltungsansätze für das komplementäre Zusammenwirken von Mensch und Technik in Industrie 4.0, in: Hartmut Hirsch-Kreinsen/Peter Ittermann/Jonathan Niehaus (Hrsg.), Digitalisierung industrieller Arbeit. Baden-Baden, 2015, S. 131 – 146

Peter A. Hancock/Richard J. Jagacinski/Raja Parasuraman/ Christopher D. Wickens/Glenn F. Wilson/David B. Kaber, Human-Automation Interaction Research: Past, Present, and Future, in: Ergonomics in Design: The Quarterly of Human Factors Applications 2013, 21 (2013) 9, S. 9-14

Hirsch-Kreinsen, H. 2017: Digitalisierung industrieller Einfacharbeit. In: Arbeit, Jg. 26 (2017), H. 1, S. 7 – 32

Hirsch-Kreinsen H./Ittermann P./Niehaus J. (Hg.) 2018: Digitalisierung industrieller Arbeit. Die Vision Industrie 4.0 und ihre sozialen Herausforderungen. 2. aktualis. und überarb. Aufl. Baden-Baden

Ittermann, P./Niehaus, J./Hirsch-Kreinsen, H./Dregger, J./ten Hompel, M. 2016: Social Manufacturing and Logistics. Gestaltung von Arbeit in der digitalen Produktion und Logistik. Soziologisches Arbeitspapier Nr. 47, Dortmund

Kagermann, H. 2014: Chancen von Industrie 4.0 nutzen. In: Bauernhansl, Th./ten Hompel, M./Vogel-Heuser, B. (Hg.): Industrie 4.0 in Produktion, Automatisierung und Logistik. Anwendung, Technologien, Migration. Wiesbaden, S. 603 – 614

Kinkel, S., Friedewald, M., Hüsing, B., Lay, G., Lindner; R. 2008: Arbeiten in der Zukunft – Strukturen und Trends der Industriearbeit, Berlin

Leimeister, J. M./Zogaj, S. 2013: Neue Arbeitsorganisation durch Crowdsourcing. Eine Literaturstudie. Arbeitspapier der Hans-Böckler-Stiftung, Reihe Arbeit und Soziales, Nr. 287 (Juli 2013). Düsseldorf

Lutz, B. 1987: Das Ende des Technikdeterminismus und die Folgen, in: Burkart Lutz (Hrsg.), Technik und Sozialer Wandel. Verhandlungen des 23. Deutschen Soziologentages, Frankfurt/ M., 34-57

Mason, P. 2015: PostCapitalism. A Guide to Our Future, London

McAfee, A.; Brynjolfsson, E. 2017: Machine Platform, Crowd, Harnessing our digital future, Norton

Nelson, R. R./Winter, S. G. 1977: In Search of Useful Theory of Innovation. In: Research Policy, H. 6, S. 36 – 76

Pfeiffer, S./Suphan, A. 2018: Industrie 4.0 und Erfahrung – Das unterschätzte Innovations- und Gestaltungspotenzial der Beschäftigten im Maschinen- und Automobilbau. In: Hirsch-Kreinsen H./Ittermann P./Niehaus J. (Hg.) 2018: Digitalisierung industrieller Arbeit. Die Vision Industrie 4.0 und ihre sozialen Herausforderungen. 2. aktualis. und überarb. Aufl. Baden-Baden, S. 275 – 302

Rifkin, J. 2011: The Third Industrial Revolution. How Lateral Power is Transforming Energy, the Economy, and the World, Basingstoke

Schirrmacher, F (Hg.) 2015: Technologischer Totalitarismus, Frankfurt

Schmidt, F. A. 2017: Arbeitsmärkte in der Plattformökonomie, Friedrich-Ebert-Stiftung, Bonn

Spath, D./Ganschar, O./Gerlach, S./Hämmerle, M./Krause, T./Schlund, S. (Hg.) 2013: Produktionsarbeit der Zukunft – Industrie 4.0. Stuttgart

Staab, P. 2016: Falsche Versprechen. Wachstum im digitalen Kapitalismus, Hamburg

The Economist 2015: Digital Taylorism. Sept 12th, 2015

Urchs, O./Cole, T. 2013: Digitale Aufklärung, München

Vogler-Ludwig, K./Düll, N./Kriechel, B. 2016: Arbeitsmarkt 2030 Wirtschaft und Arbeitsmarkt im digitalen Zeitalter – Prognose 2016. Unter Mitarbeit von Vetter, T. München

Worldbank 2016: Digital Dividends, Washington D.C.

Zuboff, S. 1988: In the age of the smart machine. The future of work and power. New York

Zuboff, S. 2010: Creating value in the age of distributed capitalism. McKinsey Quarterly, September 2010. Internet: mckinsey.com/business-functions/strategy-and-corporate-finance/our-insights/creating-value-in-the-age-of-distributed-capitalism (Zugriff: 11.05.2017)

Entgrenzung der Arbeit als Herausforderung für die Regulierung der Arbeitszeit

Rüdiger Krause

I. Die neue arbeitszeitpolitische Debatte

Der „Kampf um die Arbeitszeit“ ist alles andere als ein neues Thema. Die von den Arbeitgebern im Zuge der Industrialisierung zwecks besserer Ausnutzung des eingesetzten Kapitals vorangetriebene Verlängerung der Arbeitszeit rief seitens der Gewerkschaften alsbald eine Gegenbewegung hervor, die mit dem Ziel des Gesundheitsschutzes und des langfristigen Erhalts der Arbeitskraft, aber auch mit dem Ziel der allgemeinen Emanzipation der Arbeiterschaft seither auf eine Verkürzung der Arbeitszeit drängt,[1] also das „Reich der Notwendigkeit“ gegen das „Reich der Freiheit“[2] eintauschen will. Dabei bildet das nunmehr rund einhundert Jahre zurückliegende Stinnes-Legien-Abkommen[3] mit der Einführung des Achtstundentages zwar einen symbolträchtigen Meilenstein in den Auseinandersetzungen um die Arbeitszeit,[4] aber keinesfalls deren Abschluss, wird diese „Ewigkeitsfrage“ des Arbeitslebens doch in den unterschiedlichsten Feldern immer wieder zum Politikum[5] und dringt sie aufgrund ihrer gesamtgesellschaftlichen Bedeutung sogar bis in das Alltagsbewusstsein vor[6]. Auch das Thema der Entgrenzung der Arbeit ist keineswegs neu. Vielmehr wird in der Arbeits- und Industriesoziologie bereits seit den 1990er Jahren unter dem Leitbegriff der „Entgrenzung“ der Übergang vom „fordistisch-tayloristischen“ Produktionsregime zu neuen Arbeitsstrukturen, die zur Erosion der Grenzen von Organisation und Markt, von Arbeitswelt und (privater) Lebenswelt sowie von

1 Schneider, GMH 1984, 77 ff.; ausführliche Darstellung bei Scharf, Geschichte der Arbeitszeitverkürzung, 1987.
2 Dazu Marx, Das Kapital, Bd. III = MEW, Bd. 25, 1983, S. 828.
3 Reichs-Arbeitsblatt 1918, 874.
4 Zur internationalen Entwicklung des Achtstundentages siehe International Labour Office (Ed.), Hours of Work. From fixed to flexible?, 2005, S. 2 ff.
5 Aus soziologischer Perspektive engagiert für eine „Kurze Vollzeit“ Steinrücke, in: Hirsch/Voigt (Hrsg.), Symbolische Gewalt, 2017, S. 121 ff.
6 Analytisch Weiß, Der Kampf um die Arbeitszeit im Spiegel der Presse, 1989.

Arbeitskraft und Person führen, lebhaft debattiert[7] und dabei nicht zuletzt die Arbeitszeit in den Blick genommen[8].

Auch wenn es sich beim Untersuchungsgegenstand somit nicht um ein grundsätzlich neues Thema handelt, drängt sich gleichwohl der Eindruck auf, dass sich der Streit um die Regulierung der Arbeitszeit vor dem Hintergrund fortschreitender Entgrenzungstendenzen in der jüngeren Vergangenheit ein weiteres Mal zugespitzt hat. Äußeres Anzeichen dieser Zuspitzung ist eine wachsende Anzahl von Stellungnahmen aus der Politik, den Verbänden und Expertenkreisen zur Frage von Änderungen des gesetzlichen Arbeitszeitrechts. So schlägt der Sachverständigenrat zur Begutachtung der gesamtwirtschaftlichen Entwicklung in seinem Jahresgutachten 2017/2018 eine Lockerung des Arbeitszeitgesetzes (ArbZG) im Sinne einer Umstellung von einer Tageshöchstzeit auf eine Wochenhöchstzeit sowie einer Zulassung von Abweichungen von der Mindestruhezeit von elf Stunden durch kollektive Regelungen vor.[9] Dies liegt im Wesentlichen auf der Linie der Arbeitgeber- und Wirtschaftsverbände, die teilweise noch genereller für einen Wechsel von der täglichen zu einer wöchentlichen Höchstarbeitszeit sowie für eine Flexibilisierung der Ruhezeitenregelung plädieren.[10] Die Gewerkschaften wiederum halten zum einen dagegen und treten zum anderen ihrerseits mit Forderungen nach einer größeren Zeitsouveränität der Be-

---

7 Einführend Kratzer, Lexikon der Arbeits- und Industriesoziologie, 2013, Stichwort „Entgrenzung"; weitere profunde Überblicke bei Eichmann, Soziologische Revue 29 (2006), 98 ff.; Hirsch-Kreinsen, in: Beckert/Deutschmann (Hrsg.), Wirtschaftssoziologie, KZfSS Sonderheft 49 (2009), 447 ff.; Kratzer et al., in: Beck/Lau (Hrsg.), Entgrenzung und Entscheidung, 2004, S. 329 ff. (dort auch zu den „Grenzen der Entgrenzung"); frühzeitig Voß, MittAB 1998, 473 ff.; vertiefend Gottschall/Voß (Hrsg.), Entgrenzung von Arbeit und Leben, 2. Aufl., 2005; Kratzer, Arbeitskraft in Entgrenzung, 2003; Voß/Pongratz, Arbeitskraftunternehmer, 2. Aufl., 2004. Zum Arbeitskraftunternehmer aus juristischer Sicht jüngst H. Hanau, in: Fietze/Holtmann/Schramm (Hrsg.), Zwischen Provinzen und Metropolen – Stationen einer sozioökonomischen Reise. Festschrift für Wenzel Matiaske, 2018, S. 299 ff.

8 Hierzu insbesondere Jürgens, WSI Mitteilungen 2007, 167 ff. m.w.N.

9 Sachverständigenrat (Hrsg.), Jahresgutachten 2017/2018 „Für eine zukunftsorientierte Wirtschaftspolitik", Rn. 78, 777.

10 Vgl. BDA, Positionspapiere zur Digitalisierung von Wirtschaft und Arbeitswelt (Mai 2015, S. 3 f.), zum Grünbuch „Arbeiten 4.0" (November 2015, S. 6 f.) sowie zum Weißbuch „Arbeiten 4.0" (Dezember 2016, S. 3 f.); ferner die Position der vbw, Der Mensch in der digitalen Arbeitswelt (Oktober 2015, S. 12 f.; März 2017, S. 9 f.).

schäftigten, einem Recht auf Nichterreichbarkeit sowie einer vorübergehenden Verkürzung der Arbeitszeit hervor.[11] Diese gegenläufigen Postulate artikulieren nicht nur abweichende sozialpolitische Vorstellungen, sondern adressieren auch unterschiedliche Regelungsagenturen. Während sich die eine Seite auf der Makroebene die Ausweitung des gesetzlichen Rahmens auf die Fahnen geschrieben hat, geht es der anderen Seite zumindest primär darum, den gesetzlichen Rahmen keinesfalls aufzuweichen, sondern innerhalb dieses Rahmens auf der Mesoebene zu tariflichen bzw. betrieblichen Arbeitszeitmodellen zu gelangen, die den Interessen der Arbeitnehmer entgegenkommen. In diesem Sinne sind die Tarifabschlüsse in der Metall- und Elektroindustrie vom Februar 2018 zum „Mobilen Arbeiten“ mitsamt der Einräumung eines „Rechts auf Nichterreichbarkeit“ sowie zur „Verkürzten Vollzeit“ in Gestalt eines Anspruchs von Vollzeitbeschäftigten auf eine bis zu zwei Jahre befristete Reduzierung der individuellen Arbeitszeit auf bis zu 28 Stunden pro Woche[12] Instrumente zur Steigerung der Arbeitszeitsouveränität, die sich innerhalb des existierenden gesetzlichen Rahmenwerkes bewegen.[13]

Die Politik selbst hatte bereits im Weißbuch „Arbeiten 4.0“ des BMAS vom November 2016 eine gewisse Offenheit für konditionierte Abweichungen vom ArbZG erkennen lassen.[14] Die gegenwärtige Koalition hat diesen Faden aufgenommen und kündigt im Koalitionsvertrag vom März 2018 an, über eine Tariföffnungsklausel im ArbZG so genannte Experimentierräume für tarifgebundene Unternehmen zu schaffen, um eine Öffnung für mehr selbstbestimmte Arbeitszeit der Arbeitnehmer und mehr betriebliche Flexibilität zu erproben. Auf der Grundlage solcher Tarifverträge soll dann mittels Betriebsvereinbarungen „insbesondere“ die Höchstarbeitszeit wöchentlich flexibler geregelt werden können.[15] Diese grundsätzliche Ausrichtung

---

11 Vgl. DGB, Stellungnahmen zum Grünbuch „Arbeiten 4.0“ (November 2015, S. 8 f.), zum (seinerzeit) bevorstehenden Weißbuch „Arbeiten 4.0“ (Januar 2016, S. 4, 7) sowie zum Weißbuch „Arbeiten 4.0“ (Mai 2017, S. 2 f.).

12 Die Tarifverträge sind abrufbar unter: http://www.bw.igm.de/tarife/thema.html?id=25. Siehe insoweit auch § 11 Abs. 1 TVöD.

13 Zur Einführung eines gesetzlichen Rechts auf Brückenteilzeit ab dem 1.1.2019 gemäß § 9a TzBfG siehe BGBl. I 2018 S. 2384; hierzu Bayreuther, NZA 2018, 1577 ff.; Löwisch BB 2018, 3061 ff.; Merkel/Steinat, DB 2018, 3118 ff.; zum Referentenentwurf bereits Bayreuther, NZA 2018, 566 ff.; Thüsing, BB 2018, 1076 ff.

14 BMAS (Hrsg.), Weißbuch „Arbeiten 4.0“, 2016, S. 124 ff.

15 Koalitionsvertrag zwischen CDU, CSU und SPD, 19. Legislaturperiode, 2018, S. 52. Weitergehend der Gesetzentwurf der FDP vom März 2018, BT-Drucks. 19/1174: Umstellung auf wöchentliche Höchstarbeitszeit und nicht konditionierte

ist von Bundeskanzlerin *Merkel* auf dem DGB-Bundeskongress im Mai 2018 noch einmal ausdrücklich bekräftigt worden.[16]

II. Rechtstatsächlicher Hintergrund

Auch wenn jede arbeitspolitische Debatte bis zu einem gewissen Grade durch die Funktionslogik der Verbände befeuert wird, beziehen die aktuellen Auseinandersetzungen um die Arbeitszeit doch einen erheblichen Teil ihrer Energie aus massiven Veränderungen der Arbeitswirklichkeit, die unter dem üblich gewordenen Schlagwort der „Digitalisierung der Arbeitswelt“ firmieren. Ohne die zahlreichen Facetten dieses Transformationsprozesses hier ein weiteres Mal im Einzelnen nachzuzeichnen,[17] seien doch als ein nicht hinwegzudenkender „stofflicher“ Treiber der Entwicklung die rasanten Fortschritte in der Informations- und Kommunikationstechnologie hervorgehoben, zu denen es in den letzten Jahrzehnten gekommen ist, wobei ein Ende gegenwärtig nicht nur nicht abzusehen ist, sondern starke Anhaltspunkte dafür bestehen, dass mit weiteren „disruptiven“ Sprüngen zu rechnen ist. Für die Regulierung der Erwerbsarbeit im Allgemeinen wie auch für die Regulierung gerade der Arbeitszeit sind allerdings weniger die technischen Fortschritte als solche bedeutsam. Vielmehr kommt es stärker darauf an, wie sehr die neuen Technologien zu einem Wandel von Arbeitsprozessen führen. Insoweit dürften die durch Notebooks, Tablets und Smartphones sowie das drahtlose Internet dramatisch erweiterten Handlungsmöglichkeiten der betrieblichen Akteure die größten Auswirkungen haben. Durch diese „enabling technologies“ sind binnen kurzem die faktischen Voraussetzungen für eine zeitliche und örtliche Flexibilität von Arbeitsvorgängen geschaffen worden, wie sie noch wenige Jahre zuvor in dieser Tiefe und Breite nicht zur Verfügung stand. Entsprechendes gilt für die durch das permanente Mitführen insbesondere von Smartphones geschaf-

---

Einschränkung der Ruhezeit durch Tarifvertrag oder aufgrund Tarifvertrags. Siehe aber auch die auf eine striktere Regulierung von arbeitszeitbezogenen Fragen abzielenden Anträge der LINKEN, BT-Drucks. 19/578 und 19/2522, sowie der GRÜNEN, BT-Drucks. 19/2511. Die Forderungen der FDP und der LINKEN ablehnend der BT-Ausschuss für Arbeit und Soziales, BT-Drucks. 19/4657.

16 FAZ Nr. 112 v. 16.5.2018, S. 16.

17 Die nationale und internationale Literatur zu diesem Thema ist kaum noch überschaubar; statt vieler Krause, Digitalisierung der Arbeitswelt – Herausforderungen und Regelungsbedarf, Gutachten B zum 71. DJT, 2016, S. 10 ff.; Krause, JbArbR 54 (2017), 23 ff., jeweils m.w.N.

fene Möglichkeit der jederzeitigen unmittelbaren Kontaktaufnahme mit Beschäftigten zu dienstlichen Zwecken. Dabei wirken diese technischen Optionen in zwei Richtungen: Einerseits erlauben sie dem Arbeitgeber eine den erweiterten Handlungsraum ausschöpfende Arbeitsgestaltung. Andererseits ermöglichen sie es den Arbeitnehmern, die aufgetragenen Aufgaben mit einem größeren Freiheitsgrad und sogar im Wesentlichen eigeninitiativ zu erledigen („Enthierarchisierung“). Hinzu tritt die durch den Einsatz von IKT eröffnete Möglichkeit kollaborativer Arbeit über große Entfernungen („death of distance“) und damit auch über verschiedene Zeitzonen hinweg.

Die Durchschlagskraft der neuen Gerätschaften als „work extending technologies“ beruht indes nicht nur auf ihren technischen Funktionalitäten. Vielmehr wird die Dynamik der Entwicklung zu großen Teilen durch gleichzeitig stattfindende Veränderungen der betrieblichen Arbeits(zeit)organisation hervorgerufen. Insoweit sind zum einen neue und flexible Arbeitszeitregime zu erwähnen, die vielfach an die Stelle klar abgesteckter Arbeitszeitgrenzen getreten sind, was sich am ausgeprägtesten bei der Vertrauensarbeitszeit zeigt,[18] bei der es zumindest faktisch regelmäßig den Arbeitnehmern überlassen bleibt, auf die Einhaltung der vertraglich sowie gesetzlich vorgegebenen Arbeitszeitgrenzen zu achten. Hinzu kommen zum anderen neue Formen der betrieblichen Leistungspolitik, die mittels einer Orientierung der Leistungsbemessung an Marktergebnisse auf die Internalisierung von Leistungsanforderungen (Subjektivierung) abzielen, wodurch erhebliche Anreize jedenfalls zur zeitlichen Entgrenzung von Arbeit gesetzt werden. Als ein wesentlicher Treiber dieser Entwicklung erweist sich schließlich der Umstand, dass die Wertschöpfung in einem immer stärkeren Maße von der Erzeugung und der Verarbeitung von Informationen abhängt, ein zunehmender Anteil der Tätigkeiten der Beschäftigten sich also auf den Umgang mit Daten bezieht (Informatisierung), wobei es für die Erledigung der jeweiligen Aufgaben aufgrund der stark angestiegenen Leistungsfähigkeit der IKT in einem immer geringeren Maße auf einen bestimmten Ort und einen bestimmten Zeitraum ankommt, also „anywhere – anytime“ gearbeitet werden kann.

Diese qualitative Umschreibung der multiplen Veränderungsprozesse wird durch empirische Untersuchungen der letzten Jahre eindrucksvoll bestätigt. So beträgt die tatsächliche Arbeitszeit von Vollzeitbeschäftigten nach Angaben der Bundesanstalt für Arbeitsschutz und Arbeitsmedizin

18 Dazu Geramanis, WSI Mitteilungen 2002, 347 ff.

(BAuA) gegenwärtig durchschnittlich 43,5 Stunden pro Woche und damit knapp fünf Stunden länger als vertraglich vereinbart.[19] Von sog. überlanger Vollzeit sind mit einem Volumen von 48-59 Stunden pro Woche 13 % der Vollzeitbeschäftigten, mit einem Volumen von sogar über 60 Stunden die Woche immerhin noch 4 % der Vollzeitbeschäftigten betroffen.[20] Im Hinblick auf die in der neueren Diskussion häufig thematisierten dienstlichen Betätigungen außerhalb der regulären Arbeitszeit wie z.B. Telefonate sowie das Lesen und Bearbeiten von E-Mails hat die BAuA den Befund erhoben, dass dies auf die befragten Angestellten bei durchschnittlich 22 % nie, 43 % selten, 23 % manchmal und 12 % häufig zutrifft. Das Bundesministerium für Arbeit und Soziales (BMAS) differenziert noch etwas stärker und nennt als Daten, dass 35 % nie, 25 % einige Male im Jahr, 20 % einige Male Monat, 15 % einige Male pro Woche und 5 % täglich betroffen sind.[21] Eine Studie des Branchenverbandes BITKOM unterscheidet nach den berührten Freizeitphasen und kommt hierbei zum Ergebnis, dass 30 % der Arbeitnehmer „abends unter der Woche" erreichbar sind, 11 % „auch am Wochenende", 6 % „nachts" und 3 % „im Urlaub".[22] Ein „autonomes" Checken berufsbezogener E-Mails („Morbus BlackBerry") findet danach bei 5 % der befragten Arbeitnehmer „in der Mittagspause", bei 25% „abends nach der Arbeit", bei 10 % „morgens vor der Arbeit", bei 10 % „am Wochenende", bei 7 % „nachts", bei 6 % „im Urlaub" und bei 13 % „jederzeit" statt.[23] Diese Zahlen belegen zur Genüge, dass „Freizeittätigkeiten" und „Erreichbarkeit" außerhalb der regulären Arbeitszeit zwar nicht durchgängige soziale Praxis, aber auch keine unbedeutenden Randerscheinungen sind. Dass sich die Ausdehnung von Arbeitszeiten nicht zuletzt aus der Zunahme von ergebnisorientierten betrieblichen Leistungspolitiken ergibt, wird durch eine Betriebsrätebefragung unterstrichen. Danach begünstigen Zielvorgaben das (gelegentliche) Vorkommen von überlangen Arbeitszeiten im Sinne von mehr als 10 Stunden am Tag (47 % der befragten Betriebsräte; Vergleichswert ohne Zielvorgaben 37 %) sowie (gelegentliche) Verstöße gegen

19 BAuA (Hrsg.), Arbeitszeitreport Deutschland 2016, S. 25; etwas niedrigere Zahlen bei Absenger et al., Arbeitszeiten in Deutschland, WSI Report 19 (2014), S. 6.

20 BAuA (Hrsg.), Arbeitszeitreport Deutschland 2016, S. 25.

21 Bundesministerium für Arbeit und Soziales, Mobiles und entgrenztes Arbeiten, Forschungsbericht 460 (2015), S. 11 f.; teilweise andere Zahlen seitens der Bundesregierung in BT-Drucks. 18/9722, S. 2 f.

22 BITKOM (Hrsg.), Arbeiten 3.0. Arbeiten in der digitalen Welt, 2013, S. 29.

23 BITKOM (Hrsg.), Arbeiten 3.0. Arbeiten in der digitalen Welt, 2013, S. 30.

Pausenregelungen (41 % der befragten Betriebsräte; Vergleichswert ohne Zielvorgaben 34 %).[24]

Die Entgrenzung von Arbeit kommt aber nicht nur in einer zeitlichen Extensivierung zum Ausdruck, sondern schlägt sich auch in einer Intensivierung nieder. So belegen mehrere Studien, dass es seit den 1980er Jahren zu einer erheblichen Arbeitsverdichtung gekommen ist.[25] Dabei stehen beide Phänomene nicht unverbunden nebeneinander, sind längere Arbeitszeiten doch nicht selten als eine Selbstextensivierungsstrategie mit dem Ziel zu begreifen, die Intensivierung der Arbeit aufzufangen und dem eigenen Anspruch an die Qualität der geleisteten Arbeit gerecht zu werden.[26]

III. Grundzüge des geltenden Rechtsrahmens

Die dargelegten Entwicklungslinien der Entgrenzung von Arbeit sowie das damit verbundene Verschwimmen der traditionellen Unterscheidung zwischen dienstlicher und privater Sphäre stellen die Regulierung der Arbeitszeit vor verschiedene Herausforderungen. Diese Herausforderungen sind freilich nur vor dem Hintergrund des geltenden Rechtsrahmens verständlich, der deshalb vorab in aller Kürze skizziert sei.

Das normtextliche Zentrum bilden die europäische Arbeitszeitrichtlinie 2003/88/EG (ArbZRL) und das deutsche Arbeitszeitgesetz (ArbZG). Diese beiden Regelwerke enthalten ein ausgesprochen differenziertes Geflecht an Regulierungen der Arbeitszeit, das für die Zwecke der hier anzustellenden Überlegungen indes nicht im Einzelnen ausgebreitet werden muss. Denn zum einen geht es in der momentanen Debatte nicht um eine Generalrevision des gegenwärtigen Rechtsrahmens, sondern im Wesentlichen nur um die beiden eingangs bereits erwähnten Stellschrauben, nämlich die tägliche Höchstarbeitszeit sowie die Mindestruhezeit. Zum anderen lassen sich die grundsätzlichen Herausforderungen, vor denen das Arbeitszeitrecht durch den Trend der Entgrenzung von Arbeit steht, gerade anhand dieser beiden Parameter demonstrieren.

---

24 Vgl. Ahlers, WSI Mitteilungen 2010, 350, 354; siehe in diesem Zusammenhang auch Ahlers, WSI-Report Nr. 33, 12/2016, S. 9.

25 Eurofound (Ed.), Working conditions in the European Union: Working time and work intensity, 2009, S. 25 ff.; ferner Green/McIntosh, Labor Economics 8 (2001), 291 ff.; Kubicek et al., in: Korunka/Hoonakker (Eds.), The Impact of ICT on Quality of Working Life, 2014, S. 25 ff.

26 Vgl. Kratzer, Arbeitskraft in Entgrenzung, 2003, S. 129 ff.

Im Hinblick auf die werktägliche Höchstarbeitszeit sieht § 3 S. 1 ArbZG grundsätzlich eine Grenze von acht Stunden vor. Nach § 3 S. 2 ArbZG ist eine Verlängerung auf zehn Stunden zulässig, wenn innerhalb eines Ausgleichszeitraums von sechs Kalendermonaten bzw. 24 Wochen im Durchschnitt acht Stunden Arbeitszeit werktäglich nicht überschritten werden. Eine weitere Verlängerung der werktäglichen Arbeitszeit ist nur durch einen Tarifvertrag oder aufgrund eines Tarifvertrags in einer Betriebs- oder Dienstvereinbarung möglich und dies auch nur dann, sofern in die Arbeitszeit regelmäßig und in erheblichen Umfang[27] Arbeitsbereitschaft oder Bereitschaftsdienst fällt (§ 7 Abs. 1 Nr. 1 Buchst. a, Abs. 2a ArbZG), also solche Arbeitsformen, die eine teilweise deutlich geringere Intensität als Vollarbeit aufweisen.[28] Demgegenüber kennt das europäische Recht gemäß Art. 6 Buchst. b ArbZRL lediglich eine wöchentliche Höchstarbeitszeit von 48 Stunden, schreibt also keinen Achtstundentag oder auch nur Zehnstundentag vor. Zudem erlaubt Art. 22 Abs. 1 ArbZRL den Mitgliedstaaten sogar, Art. 6 ArbZRL unter bestimmten Voraussetzungen nicht anzuwenden. Dagegen gehen das deutsche und das europäische Arbeitsrecht bei der Mindestruhezeit grundsätzlich konform, indem sowohl § 5 ArbZG als auch Art. 3 ArbZRL übereinstimmend elf zusammenhängende Stunden verlangen und im Grundsatz Einigkeit darüber besteht, dass Arbeitsleistungen während der Ruhezeit zur Folge haben, dass eine neuerliche Mindestruhezeit von elf Stunden einzuhalten ist.[29] Allerdings ist die Möglichkeit zur generellen Kürzung der Ruhezeit durch Tarifvertrag oder aufgrund Tarifvertrags nach deutschem Recht (§ 7 Abs. 1 Nr. 3, Abs. 2 Nr. 1 ArbZG) zumindest hinsichtlich des Wortlauts etwas enger gefasst als nach europäischem Recht (Art. 18 UAbs. 2 und 3 ArbZRL).[30] Bei einer Zusammenschau dieser Regelungen ergibt sich somit, dass nach europäischem Arbeitszeitrecht eine nur durch Ruhepausen (vgl. Art. 4 ArbZRL) unterbrochene Arbeitszeit von bis zu dreizehn Stunden an einem Tag statthaft ist, wenn nur die Gesamtwochenarbeitszeit von 48 Stunden nicht überschritten

---

27 Nach BAG v. 24.1.2006 – 1 ABR 6/05, AP ArbZG § 3 Nr. 8 (unter B II 3 b bb (1) (a)) = NZA 2006, 862, genügt hierfür ein Anteil von etwa 27 %.

28 Zu den Definitionen von Arbeitsbereitschaft und Bereitschaftsdienst siehe etwa HWK/Gäntgen, 8. Aufl., 2018, § 2 ArbZG Rn. 5; Schliemann, ArbZG, 3. Aufl., 2017, § 2 Rn. 17 ff., 22 ff.; ErfK/Wank, 19. Aufl., 2019, § 2 ArbZG Rn. 21, 28 f.

29 Zu § 5 ArbZG siehe ErfK/Wank, 18. Aufl., 2018, § 5 ArbZG Rn. 4; zu Art. 3 ArbZRL siehe Preis/Sagan/Ulber, Europäisches Arbeitsrecht, 2015, § 6 Rn. 153.

30 Zu Einzelheiten EuArbR/Gallner, 2. Aufl., 2018, RL 2003/88/EG Art. 18 Rn. 1 ff.; Preis/Sagan/Ulber, Europäisches Arbeitsrecht, 2. Aufl., 2019, Rn. 7.267 ff.

wird,[31] während das deutsche Arbeitszeitrecht dies nicht erlaubt, sondern die Grenze grundsätzlich bereits bei zehn Stunden zieht.

Um die Vorschriften über die Höchstarbeitszeit und über die Mindestruhezeit anwenden zu können, bedarf es freilich der Verständigung darüber, welche Aktivitäten des Arbeitnehmers überhaupt als „Arbeit" zu qualifizieren sind, weil das Arbeitszeitrecht nur dem Leisten von Arbeit, nicht aber dem sonstigen Verhalten von Beschäftigten Grenzen zieht. Anders gewendet kann das Arbeitszeitrecht als Instrument zur Eindämmung überlanger Arbeitszeiten nur dann effektiv funktionieren, wenn feststeht, welche tatsächlichen Tätigkeiten bzw. Zustände das rechtliche Prädikat „Arbeit" bzw. „Arbeitszeit" verdienen.

Diese für das Arbeitszeitrecht zentrale Frage ist weniger leicht zu beantworten, als es scheint. Das Arbeitszeitgesetz enthält in § 2 Abs. 1 S. 1 ArbZG eine im Wesentlichen selbstreferenzielle Definition,[32] indem es als Arbeitszeit die Zeit vom Beginn bis zum Ende der Arbeit ohne die Ruhepausen bezeichnet, damit aber die Frage, welches Verhalten des Arbeitnehmers als Arbeit zu bezeichnen ist, nicht beantwortet. Nicht viel besser sieht es auf der Ebene der Arbeitszeitrichtlinie aus, die in Art. 2 Nr. 1 ArbZRL als Arbeitszeit jede Zeitspanne definiert, während der ein Arbeitnehmer gemäß den einzelstaatlichen Rechtsvorschriften und/oder Gepflogenheiten arbeitet, dem Arbeitgeber zur Verfügung steht und seine Tätigkeit ausübt oder Aufgaben wahrnimmt.[33] Generalanwalt *Bot* hat in seinen Schlussanträgen in der Rechtssache Tyco den Versuch einer Systematisierung unternommen und dabei von einem räumlichen Kriterium (auf der Arbeitsstätte sein), einem weisungsbezogenen Kriterium (dem Arbeitgeber zur Verfügung stehen) und einem berufsbezogenen Kriterium (seine Tätigkeit ausüben oder seine Aufgaben wahrnehmen) gesprochen.[34] Der EuGH hat sich diese Systematik zwar nicht ausdrücklich zu eigen gemacht, in seiner Rechtsprechung aber stets daran festgehalten, dass alle drei Kriterien vorliegen müssen, damit eine Zeitspanne als Arbeitszeit zu werten ist.[35] Sofern es auch

---

31 Vgl. EuArbR/Gallner, 2. Aufl., 2018, RL 2003/88/EG Art. 3 Rn. 2.

32 Ähnlich ErfK/Wank, 19. Aufl., 2019, § 2 ArbZG Rn. 10: „Pseudodefinition".

33 Präziser dagegen Art. 2 ILO Übereinkommen Nr. 30 über die Regelung der Arbeitszeit im Handel und in Büros (1930) sowie Art. 10 Abs. 3 ILO Übereinkommen Nr. 189 über menschenwürdige Arbeit für Hausangestellte (2011), wo jeweils auf das Zur-Verfügung-Stehen abgestellt wird.

34 GA Bot v. 11.6.2015 – C-266/14 – Tyco, ECLI:EU:C:2015:391, Rn. 31.

35 Sehr deutlich EuGH v. 10.9.2015 – C-266/14 – Tyco, ECLI:EU:C:2015:578, Rn. 30 ff., 35 ff., 43 ff.; ebenso Europäische Kommission, Mitteilung zu Auslegungsfragen, ABlEU 2017, Nr. C 165/1, 16 f.

nur an einem Merkmal fehlt, ist die fragliche Zeitspanne danach keine Arbeitszeit im Sinne der ArbZRL, sondern stattdessen Ruhezeit, wobei der EuGH von einer strengen Alternativität beider Begriffe ausgeht, also trotz rechtstatsächlicher Unterschiede in der Beanspruchung der Beschäftigten durch den Arbeitsprozess keine rechtlichen Zwischenkategorien anerkennt.[36] Bei der näheren Entfaltung der drei Kriterien lässt der EuGH dann allerdings eine erhebliche Großzügigkeit walten. So steht es etwa der Einstufung von Bereitschaftsdienst als Arbeitszeit nicht entgegen, dass es dem Arbeitnehmer möglich und erlaubt ist, in den Räumlichkeiten des Arbeitgebers, in denen er sich auf dessen Weisung aufhalten muss, zwischenzeitlich zu schlafen,[37] obwohl man insoweit kaum noch von einer „Aufgabenwahrnehmung“ sprechen kann. Dagegen ordnet der EuGH bei Rufbereitschaft grundsätzlich nur die Zeit der tatsächlichen Inanspruchnahme als Arbeitszeit ein, weil sich der Arbeitnehmer in diesen Fällen an einem von ihm selbst bestimmten Ort aufhalten kann und er deshalb über einen größeren Freiheitsgrad im Hinblick auf die Wahrnehmung eigener Interessen verfügt.[38]

IV. Herausforderungen für das Arbeitszeitrecht

Vor diesem normativen Hintergrund erwachsen durch die geschilderten Entgrenzungstendenzen für das Arbeitszeitrecht verschiedene Herausforderungen und Problemlagen, die freilich unterschiedliche rechtliche Ebenen betreffen und von den Akteuren zudem mit diametral entgegengesetzten Stoßrichtungen bearbeitet werden. Systematisch lassen sich in einem ersten Zugriff Interpretationsfragen und Gestaltungsfragen abgrenzen. Während sich Interpretationsfragen um die zutreffende Deutung des geltenden Rechts ranken, geht es bei den Gestaltungsfragen darum, den geltenden Rechtsrahmen zu verändern oder aber innerhalb des bestehenden Rechtsrahmens neue tarifliche oder betriebliche Arbeitszeitregime zu schaffen.

---

36 St. Rspr. seit EuGH v. 3.10.2000 – C-303/98 – Simap, ECLI:EU:C:2000:528, Rn. 47; zuletzt EuGH v. 21.2.2018 – C-518/15 – Matzak, ECLI:EU:C:2018:82, Rn. 55.

37 EuGH v. 9.9.2003 – C-151/02 – Jaeger, ECLI:EU:C:2003:437, Rn. 60 ff., 75, 103.

38 EuGH v. 3.10.2000 – C-303/98 – Simap, ECLI:EU:C:2000:528, Rn. 50. Siehe aber auch noch unten sub IV 1 b.

1. Entgrenzung der Arbeit als Interpretationsfrage

Auf der interpretatorischen Ebene steht die Frage im Mittelpunkt, wie neuere Phänomene der Entgrenzung von Arbeit in das geltende Arbeitszeitrecht einzufügen sind. Hierbei lassen sich zwei gegenläufige Argumentationslinien unterscheiden, die als Rückbau von Normativität („Flucht aus der Regulierung“) und als Ausbau von Normativität („Flucht in die Regulierung“) konzeptualisiert werden können.

a) Rückbau von Normativität

Eine Zurückdrängung von Normativität wird von Teilen des Schrifttums zunächst dadurch erzielt, dass „freiwillige“ Arbeit jenseits der regulären Dienstzeiten („Selbstextensivierung“) zumindest unter bestimmten Voraussetzungen nicht als Arbeitszeit zu werten sei. In inhaltlicher Hinsicht betrifft dies zumeist das Lesen und Bearbeiten von dienstlichen E-Mails, das außerhalb der üblichen Arbeitszeit über ein dienstliches oder auch ein privates Smartphone bzw. ein sonstiges mobiles Endgerät stattfindet. Eine Ausklammerung entsprechender Tätigkeiten aus dem Arbeitszeitbegriff hätte zur Folge, dass etwaige Konflikte mit dem öffentlichen Arbeitszeitrecht von vornherein vermieden werden, weil die Vorschriften des ArbZG nur dem Leisten von „Arbeit“, nicht aber sonstigen Aktivitäten des Arbeitnehmers Grenzen setzen. In diesem Zusammenhang wollen einzelne Stimmen Handlungen des Beschäftigten nur dann als Arbeitszeit qualifizieren, wenn sie vom Arbeitgeber ausdrücklich oder zumindest konkludent angeordnet worden sind.[39] Auf diese Weise soll verhindert werden, dass der Arbeitnehmer dem Arbeitgeber Arbeit „aufdrängt“ und dadurch das Arbeitszeitrecht aktiviert.[40] Das „autonome“ Checken von dienstlichen E-Mails wäre damit auch dann keine Arbeit im Rechtssinne, wenn es der Erledigung der übertragenen Arbeitsaufgaben dient. Teilweise lässt man es etwas weitergehend für das Vorliegen von Arbeit eine Genehmigung der Tätigkeit des Arbeit-

39 Bissels/Domke/Wisskirchen, DB 2010, 2052, 2053; Neumann/Biebl, ArbZG, 16. Aufl., 2013, § 7 Rn. 13a; Schlegel, NZA 2014, Beilage 1, S. 16, 19; Wisskirchen/Schiller, DB 2015, 1163, 1167.

40 Vgl. Schlegel, NZA 2014, Beilage 1, S. 16, 19.

nehmers durch den Arbeitgeber ausreichen, die in der Annahme der Arbeitsleistung stillschweigend zum Ausdruck kommt.[41] Ein weiterer Ansatz zum Rückbau von Normativität, der eine erhebliche Anhängerschaft gefunden hat, geht dahin, kurzfristige dienstbezogene Aktivitäten wie das Senden einer SMS, das Beantworten einer E-Mail oder das Führen eines Telefonats während der Mindestruhezeit von elf Stunden nicht als Unterbrechung der Ruhezeit zu qualifizieren.[42] Wenn die Arbeit regulär um 20 Uhr endet, könnte sie nach dieser Sichtweise am nächsten Tag auch dann bereits um 7 Uhr wieder beginnen, wenn der Arbeitnehmer um 23 Uhr noch eine kurze dienstliche Tätigkeit entfaltet hat. Beide Argumentationslinien gleichen sich darin, dass sie die Entgrenzung von Arbeit als gegeben und unausweichlich oder sogar als begrüßenswert auffassen und den eigentlich der Eindämmung von überlanger Arbeit dienenden institutionellen Rahmen abschwächen wollen, um Faktizität und Normativität wieder zur Deckung zu bringen.

In der Sache können beide Vorschläge auf der Grundlage des geltenden Arbeitszeitrechts indes nicht überzeugen. Soweit es um die Selbstextensivierung geht, wird verkannt, dass der Arbeitnehmer über den Mindestschutz, den ihm das öffentliche Arbeitszeitrecht verschafft, nicht rechtswirksam disponieren kann.[43] Dies gilt selbst bei einem dahingehenden Wunsch des Beschäftigten,[44] sodass es keiner Abgrenzung zwischen einer „echten" Freiwilligkeit und einer nur „scheinbaren" Freiwilligkeit bedarf, bei der die eigenständige Vornahme von dienstbezogenen Handlungen jenseits der regulären Arbeitszeit lediglich dem Umstand einer anderweitig

---

41 Schuchart, in: Latzel/Picker (Hrsg.), Neue Arbeitswelt, 2014, S. 175, 196; Zöll/Kielkowski, BB 2012, 2625, 2628; ebenso Bayreuther, EnzEuR, Bd. 7, 2016, § 11 Rn. 22.

42 So Anzinger/Koberski, ArbZG, 4. Aufl., 2014, § 5 Rn. 13 f.; Baeck/Deutsch, ArbZG, 3. Aufl., 2014, § 5 Rn. 14; Bissels/Domke/Wisskirchen, DB 2010, 2052, 2054; Günther/Böglmüller, NZA 2015, 1025, 1028; H. Hanau, NJW 2016, 2613, 2617; Jacobs, NZA 2016, 733, 737; Neumann/Biebl, ArbZG, 16. Aufl., 2013, § 7 Rn. 13a f.; Wirtz, BB 2014, 1397, 1401; Wisskirchen/Schiller, DB 2015, 1163, 1167; nur bei „freiwilligen" kurzen Aktivitäten Schaub/Vogelsang, Arbeitsrechts-Handbuch, 17. Aufl., 2017, § 158 Rn. 5.

43 Siehe nur BAG v. 28.10.1971 – 2 AZR 15/71, AP BGB § 626 Nr. 62 = DB 1972, 489; OLG Karlsruhe v. 11.7.1963 – 2 Ss 33/62, AP AZO § 25 Nr. 6 = DB 1963, 1192; BayObLG v. 24.2.1994 – 3 ObOWi 18/94, GewArch 1994, 193; OLG Jena v. 2.9.2010 – 1 Ss Bs 57/10, Juris; Falder, NZA 2010, 1150, 1152; Wank, RdA 2014, 285, 288.

44 OLG Hamburg v. 4.7.1956 – Ss 90/56, BB 1956, 818; Anzinger/Koberski, ArbZG, 4. Aufl., 2014, § 1 Rn. 24.

nicht zu bewältigenden Arbeitsmenge geschuldet und daher ohnehin dem Arbeitgeber zuzurechnen ist. Das Arbeitszeitrecht zieht mithin nicht nur dem Arbeitgeber, sondern auch dem Arbeitnehmer bestimmte Grenzen und schützt ihn damit gleichsam vor sich selbst,[45] obgleich er von den Bußgeldvorschriften nicht adressiert wird[46]. Zwar sollte es der Beschäftigte nicht in der Hand haben, durch „willkürliche" Arbeit nach Dienstschluss dem Arbeitgeber einen Verstoß gegen das ArbZG anzulasten bzw. sich über den Umweg der gesetzlich vorgeschriebenen Mindestruhezeit am Folgetag problemlos einen späteren Arbeitsbeginn zu verschaffen. Die vorgeschlagenen Konzepte schießen bei ihrem Versuch, dies zu verhindern, indes über das Ziel hinaus. So trägt das Erfordernis einer ausdrücklichen oder konkludenten Weisung dem Modell der Vertrauensarbeitszeit, bei dem der Arbeitgeber gerade davon absieht, bestimmte Zeitspannen festzulegen, in denen gearbeitet werden soll, nicht hinreichend Rechnung. Aber auch das Kriterium der nachträglichen Akzeptanz einer bestimmten Aktivität des Arbeitnehmers durch den Arbeitgeber kann nicht überzeugen, weil bei bestimmten Handlungen von Beschäftigten im Zeitpunkt ihrer Vornahme dann nicht eindeutig feststehen würde, ob es sich um Arbeit im Rechtssinne handelt oder nicht, sondern dies erst rückwirkend[47] festgestellt werden könnte. Hierdurch würde die Steuerungswirkung des Arbeitszeitrechts ausgehebelt werden. Zudem wird eine Genehmigung vielfach einen lediglich fiktiven Charakter haben, weil der Arbeitgeber bzw. ein Vorgesetzter das konkrete Arbeitsergebnis nicht immer (zeitnah) wahrnimmt. Demgegenüber erscheint es vorzugswürdig, zum Arbeits(zeit)begriff alle Tätigkeiten des Beschäftigten zu zählen, mit denen er objektiv einem dienstlichen Interesse nachkommt, die also der Befriedigung eines dienstlichen Bedürfnisses dienen. Die erforderliche Korrektur ist nicht schon beim Arbeitsbegriff, sondern erst bei der Verantwortlichkeit des Arbeitgebers für die Einhaltung des ArbZG vorzunehmen.[48] Sofern der Arbeitgeber über die vom Arbeitnehmer beispielsweise abends oder nachts geleistete Arbeit nicht informiert ist und auch keine Kenntnis haben konnte, ist das ArbZG zwar gegebenenfalls objektiv verletzt worden. Der Arbeitgeber kann in einem solchen Fall dann

45 Zum Paternalismuseinwand siehe noch unten sub 2 c.

46 Vgl. OLG Hamm v. 26.7.1963 – 1 Ss 589/63, AP AZO § 25 Nr. 5 = BB 1963, 1017; Anzinger/Koberski, ArbZG, 4. Aufl. (2014), § 22 Rn. 9.

47 So ausdrücklich Schuchart, in: Latzel/Picker (Hrsg.), Neue Arbeitswelt, 2014, S. 175, 196; Zöll/Kielkowski, BB 2012, 2625, 2628.

48 So bereits Krause, JbArbR 54 (2017), 23, 39; Krause, NZA 2017, Beilage 2, S. 53, 56.

aber nicht mit einem Bußgeld (vgl. § 22 Abs. 1 Nr. 1 und 3 ArbZG) belegt werden.[49]

Ein weit verstandener Arbeits(zeit)begriff hat angesichts der unbestreitbaren Verantwortlichkeit des Arbeitgebers für die Einhaltung des öffentlichen Arbeitszeitrechts[50] allerdings zur Folge, dass er berechtigt und verpflichtet ist, gegebenenfalls aktiv gegen solche Arbeitnehmer vorzugehen, von denen er erfährt, dass sie aus eigenem Antrieb gegen das ArbZG verstoßen. Dass dies praktisch kaum passieren wird, weil die „freiwillige“ Überschreitung der Arbeitszeitgrenzen durch den Beschäftigten den ökonomischen Interessen des Arbeitgebers regelmäßig entgegenkommt, steht auf einem anderen Blatt. Immerhin schneidet die objektive Rechtslage dem Arbeitgeber in Streitigkeiten mit dem Betriebsrat oder der Aufsichtsbehörde den Einwand ab, dass ein Verstoß gegen das ArbZG deshalb von vornherein nicht vorliege, weil er seine Arbeitnehmer nicht zum Tätigwerden jenseits der gesetzlichen Grenzen angewiesen habe bzw. es sich um „freiwillige“ Zusatzarbeit handele. Damit korrespondierend hat die Europäische Kommission schon vor einer Reihe von Jahren erklärt, dass der ArbZRL die Vorstellung einer „freiwilligen“ Arbeit des Arbeitnehmers, die von den Vorschriften nicht erfasst wird, fremd ist.[51]

Weiter ist auch der Versuch einer Relativierung der Mindestruhezeit auf der Basis der lex lata zurückzuweisen.[52] So liefern weder der Wortlaut noch die Entstehungsgeschichte der einschlägigen Vorschriften hinreichende Anhaltspunkte für die Ruhezeitunschädlichkeit kurzfristiger Unterbrechungen. Auch lassen sich kurzfristige von längerfristigen Unterbrechungen, die auf jeden Fall zu einem Neubeginn der Mindestruhezeit führen, nicht trennscharf und ohne Willkür abgrenzen. Außerdem kann auch eine für sich genommen vergleichsweise kurze Unterbrechung durch einen Anruf oder die

---

49 Konstruktiv etwas anders Jacobs, NZA 2016, 733, 735; Wiebauer, NZA 2016, 1430, 1433, die in diesen Fällen eine dem Arbeitgeber zurechenbare Arbeitszeit verneinen.

50 Siehe nur BAG v. 11.12.2001 – 9 AZR 464/00, AP BGB § 611 Nebentätigkeit Nr. 8 (unter II 2 a dd) = NZA 2002, 965.

51 So die Sozialkommissarin Diamantopoulou auf eine Anfrage aus dem Europäischen Parlament, ABlEG 2001, Nr. C 46 E/153.

52 So bereits Krause, JbArbR 54 (2017), 23, 41; Krause, NZA 2017, Beilage 2, S. 53, 57; ebenso Buschmann, PersR 2013, 247, 249; Falder, NZA 2010, 1150, 1152 f.; B. Gaul, DB 2013, 60, 61 f.; Karthaus, AuR 2017, 154, 156; Maier, DB 2016, 2723, 2726; Schuchart, in: Latzel/Picker (Hrsg.), Neue Arbeitswelt, 2014, S. 175, 207 f.; Tonikidis, AuR 2018, 67, 68 ff.; Wank, RdA 2014, 285, 289; Zöll/Kielkowski, BB 2012, 2625, 2628. Ferner das BMAS (Hrsg.), Weißbuch „Arbeiten 4.0“, 2016, S. 118.

Aufforderung zur Bearbeitung einer E-Mail den Arbeitnehmer gedanklich noch längere Zeit beschäftigen und damit den mit der Mindestruhezeit bezweckten Erholungseffekt beeinträchtigen.[53] Schließlich muss sich die Interpretation von § 5 ArbZG im Rahmen der europarechtlichen Vorgaben des Art. 3 ArbZRL halten. Angesichts der regelmäßig strikten Haltung des EuGH bei der Auslegung der ArbZRL ist indes davon auszugehen, dass eine Einschränkung der Mindestruhezeit nicht akzeptiert würde.[54] Eine Ausnahme ist lediglich für Bagatellfälle zu bejahen,[55] etwa bei einer kurzen Mitteilung um 23 Uhr über die Verlegung eines an sich auf 8 Uhr am nächsten Arbeitstag angesetzten Meetings, deren Kenntnisnahme durch den Arbeitnehmer für sich genommen nicht dazu führt, dass er seine Arbeit am nächsten Tag erst um 10 Uhr beginnen darf, während ein nach einem Arbeitstag auf 23 Uhr terminiertes Telefonat mit einem Kunden im Silicon Valley um 14 Uhr Ortszeit in der Tat genau diese rechtliche Folge hat. Im Übrigen wird gerade am Umgang mit den notorisch vorkommenden kurzfristigen Unterbrechungen der Ruhezeit die Spannungslage zwischen Recht und Praxis deutlich. Während das Recht aufgrund seiner Struktur nur den binären Code „Recht" oder „Unrecht" kennt[56] und deshalb theoretisch jeder noch so kleine „Arbeitssplitter" in dieses starre Schema eingefügt werden muss, behilft sich die betriebliche Praxis zumeist damit, dass Aktivitäten unterhalb einer bestimmten Schwelle dem rechtlichen Diskurs schlicht vorenthalten und einer pragmatischen Lösung jenseits dieser strikten Dichotomie zugeführt werden, während Gegenkräfte regelmäßig erst dann mobilisiert werden, wenn Verstöße gegen die gesetzlichen Vorgaben überhand nehmen.

b) Ausbau von Normativität

Auf eine Verdichtung von Normativität zielt der Ansatz, solche Zeiten, in denen der Arbeitnehmer seinen Aufenthaltsort zwar selbst bestimmen kann, er bei Störungen von Produktionsabläufen aber sofort eingreifen muss („Remote Maintenance") bzw. bei einer Kontaktaufnahme durch den Arbeitge-

53 Gleichsinnig HWK/Gäntgen, 8. Aufl., 2018, § 5 ArbZG Rn. 1.

54 Ebenso Wiebauer, NZA 2016, 1430, 1433.

55 Ähnlich – wenn auch wohl etwas weitergehend – Giesen/Kersten, Arbeiten 4.0, 2017, S. 102: De-minimis-Regel.

56 Prägnant Luhmann, Das Recht der Gesellschaft, 2. Aufl., 1997, S. 67 ff.

ber, Kollegen oder Kunden eine umgehende Reaktion erwartet wird („Online-Verfügbarkeit"), durchgängig als Arbeitszeit zu werten.[57] Diese Argumentation nimmt ihren Ausgangspunkt also ebenfalls beim faktischen Phänomen der Entgrenzung von Arbeit, will den institutionellen Rahmen aber gerade dazu nutzen, die Inanspruchnahme durch Arbeitsprozesse einzudämmen und auf diese Weise Faktizität und Normativität wieder zur Deckung zu bringen.

Die besondere Problematik beim Umgang mit derartigen Gestaltungen besteht darin, dass die derzeitige rechtliche Struktur zu einer binären Einteilung jeder Zeitspanne in Arbeitszeit einerseits oder Ruhezeit andererseits zwingt, während die Freiheit des Arbeitnehmers, eigenen Interessen nachzugehen, rechtstatsächlich in einem mehr oder weniger starken Maße beschränkt ist, faktisch also ein stufenloses Kontinuum zwischen Bindung und Freiheit besteht. So macht es durchaus einen Unterschied, ob ein Arbeitnehmer bei abstrakt vereinbarter Erreichbarkeit permanent damit rechnen muss, kontaktiert zu werden, oder ob dies erfahrungsgemäß nur ausnahmsweise vorkommt. Unmittelbar einschlägige Rechtsprechung zu diesen Konstellationen ist Mangelware. Am ehesten noch finden sich Entscheidungen, die sich mit der vergütungsrechtlichen Einordnung solcher Zeiten beschäftigen. So hat das BAG die Erreichbarkeit eines Beschäftigten über Funktelefon, der bei Anrufen außerhalb der regelmäßigen Arbeitszeit telefonische Anordnungen zu treffen oder weiterzuleiten hatte, für sich genommen vergütungsrechtlich lediglich als Rufbereitschaft und damit nicht als Arbeitszeit gewertet.[58] Dagegen lässt sich eine Tendenz in der Judikatur ausmachen, dass es zu einem Umschlagen von Rufbereitschaft in Bereitschaftsdienst bzw. Arbeitsbereitschaft kommt und damit Arbeitszeit vorliegt, wenn der Arbeitnehmer verpflichtet ist, im Anschluss an einen Anruf seine Arbeit innerhalb eines vergleichsweise kurzen Zeitraums an der Betriebsstätte aufzunehmen.[59] Die vergütungsrechtliche Bewertung muss mit der arbeitszeitrechtlichen Qualifikation zwar nicht konform gehen. Das im Entscheidungsmaterial zum Ausdruck kommende Kriterium des Grades der Freiheitsbeschränkung lässt sich aber auch im arbeitszeitrechtlichen Kontext

---

57 Buschmann/Ulber, ArbZG, 8. Aufl., 2015, § 2 Rn. 26, § 5 Rn. 5.

58 BAG v. 29.6.2000 – 6 AZR 900/98, AP BAT § 15 Nr. 41= NZA 2001, 165.

59 Vgl. BAG v. 19.12.1991 – 6 AZR 592/89, AP BMT-G II § 67 Nr. 1 = NZA 1992, 560: 10 Minuten; BAG v. 31.1.2002 – 6 AZR 214/00, EzA § 611 BGB Rufbereitschaft Nr. 2 = ZTR 2002, 432 (Reichweite des Direktionsrechts): 20 Minuten; ferner LAG Köln v. 13.8.2008 – 3 Sa 1453/07, ZTR 2009, 76: 15 Minuten; LAG Rheinland-Pfalz v. 20.9.2012 – 11 Sa 81/12, ZTR 2013, 19: 15 bis 20 Minuten; nicht ausreichend dagegen BAG v. 22.1.2004 – 6 AZR 543/02, Juris: 45 Minuten.

nutzbar machen. In diesem Sinne hat sich nunmehr auch der EuGH unmittelbar zur Arbeitszeitrichtlinie geäußert und eine prima facie als bloße Rufbereitschaft einzuordnende Situation dann als kontinuierliche Arbeit eingestuft, wenn sich ein Feuerwehrmann an seinem Wohnsitz aufzuhalten und bei einem Notruf innerhalb von acht Minuten am Einsatzort einzufinden hat.[60]

Bei alledem sollte nicht übersehen werden, dass es in den entschiedenen Fällen nahezu ausnahmslos um „klassische" Rufbereitschaft ging, also um Gestaltungen, in denen sich der Arbeitnehmer nach Kontaktaufnahme aufzumachen und seine Tätigkeit anderenorts zu erbringen hat. Dies ist indes kein Hinderungsgrund dafür, das Kriterium der Freiheitsbeschränkung nicht auch auf solche Konstellationen anzuwenden, in denen eine arbeitsbezogene Aktivität aufgrund des technischen Fortschritts an dem Ort vorgenommen werden kann, an dem sich der Arbeitnehmer gerade befindet. Hierbei sollte das Funktelefon-Urteil des BAG nicht als ein unverrückbares Datum gegen die Einordnung entsprechender Zeiträume als Arbeitszeit angesehen werden. Zum einen betrifft die Entscheidung wie erwähnt lediglich die vergütungsrechtliche Dimension des Themas. Zum anderen ist das Ausmaß der Freiheitsbeschränkung einzelfallabhängig, sodass sich pauschale Aussagen ohnehin verbieten. Nun lässt sich gegen eine auf den Grad der Freiheitsbeschränkung abstellende Konzeption zwar das Argument der fehlenden Rechtssicherheit einwenden. Wenn das geltende Recht eine strikte Zweiteilung zwischen Arbeitszeit und Ruhezeit vorsieht, bleibt aber nur der Weg, in den fraglichen Situationen im Wege einer Gesamtbetrachtung zu ermitteln, ob trotz räumlicher Bewegungsfreiheit eine Beschränkung der Freiheit des Arbeitnehmers vorliegt, die derjenigen eines Bereitschaftsdienstes bzw. einer Arbeitsbereitschaft im Wesentlichen gleichkommt.[61] Dies ist etwa dann zu bejahen, wenn ein Produktionsablauf aus der Ferne überwacht werden muss und auftretende Störungen umgehend online zu beseitigen sind. Die Einordnung solcher Zeitspannen als Arbeit kann schwerlich davon abhängen, ob wie früher eine Schraube vor Ort wieder festgedreht werden muss oder ob es durch den technischen Fortschritt möglich geworden ist, vergleichbare Ausfälle durch Programmierbefehle aus der Entfernung zu beheben. Dagegen gibt es keinen hinreichenden Anlass, die Erreichbarkeit eines Arbeitnehmers als solche durchgängig als Arbeitszeit zu werten, wenn deren tatsächliche Ausgestaltung sowie insbesondere die

---

60 EuGH v. 21.2.2018 – C-518/15 – Matzak, ECLI:EU:C:2018:82, Rn. 61 ff.

61 In diesem Sinne auch GA Sharpston v. 26.7.2017 – C-518/15 – Matzak, ECLI:EU:C:2017:619, Rn. 57 f. ("Qualität der verbrachten Zeit"); Bayreuther, NZA 2018, 348, 349 f.

in der Vergangenheit mit diesen Zeiträumen gemachten Erfahrungen den Beschäftigten nicht in einen Zustand dauerhafter Anspannung versetzen, der es ihm unmöglich macht oder doch zumindest erheblich erschwert, in den Zeiten, in denen er nicht in Anspruch genommen wird, private Interessen zu verfolgen.[62] Nach alledem ist „ständige Erreichbarkeit" nur dann als Arbeitszeit zu qualifizieren, wenn Quantität in Qualität umschlägt, m.a.W. wenn der Grad der Freiheitsbeschränkung eine Gleichsetzung mit Bereitschaftsdienst bzw. Arbeitsbereitschaft rechtfertigt.[63]

2. Entgrenzung der Arbeit als Gestaltungsfrage

Während beim Umgang mit Phänomenen entgrenzter Arbeit auf der Ebene der Interpretation des geltenden Arbeitszeitrechts von vornherein allenfalls Randkorrekturen erreicht werden können, zielen die gegenwärtig diskutierten Vorschläge einer Liberalisierung des ArbZG, mit denen bereits eingetretene Entgrenzungstendenzen (partiell) legalisiert würden bzw. die einer weiteren Entgrenzung den Boden bereiten würden, auf eine deutlich breiter angelegte Veränderung des Rechtsrahmens ab. Dabei sollen aus dem Kreis der insoweit in die Debatte eingebrachten Überlegungen nur diejenigen Vorschläge näher betrachtet werden, die im politischen Raum über eine Realisierungschance verfügen. In der Sache geht es damit um die eingangs erwähnte Aufweichung der täglichen Höchstarbeitszeit unter Beibehaltung der 48-Stundenwoche sowie der Mindestruhezeit, wobei im Hinblick auf beide Bereiche offenbar nur an Öffnungen durch einen Tarifvertrag oder aufgrund eines Tarifvertrags gedacht ist. Dahingehende Änderungsvorschläge lassen sich aus rechtlicher Sicht streng genommen nur danach beurteilen, ob sie sich im Rahmen des höherrangigen Rechts halten, während die Frage der rechtspolitischen Erwünschtheit oder Unerwünschtheit mit juristischen Maßstäben allein nicht entschieden werden kann, sodass insoweit lediglich die maßgeblichen Wertungsgrundlagen skizziert werden können. Im Übrigen soll sich der Blick nachfolgend nicht nur auf solche Vorschläge richten, die den Entgrenzungstendenzen entgegenkommen, sondern auch

62 So bereits Krause, JbArbR 54 (2017), 23, 40 f.; Krause, NZA 2017, Beilage 2, S. 53, 56 f.; im Ergebnis ebenso Falder, NZA 2010, 1150, 1151; Kohte, NZA 2015, 1417, 1423; Maier, DB 2016, 2723, 2725; Wank, RdA 2014, 285, 288 f.; Wiebauer, NZA 2016, 1430, 1433; offenbar auch Karthaus, AuR 2017, 154, 155.

63 Vergleichbar LAG Köln v. 13.12.2011 – 11 Sa 863/11, Juris: Ständige Erreichbarkeit einer Sozialarbeiterin über Notrufnummer bei Kindeswohlgefährdung; VGH Baden-Württemberg v. 26.6.2013 – 4 S 94/12, Juris: „Häusliche Alarmbereitschaft" eines Feuerwehrmanns.

auf solche Entwicklungen und Überlegungen, die der unkontrollierten Entgrenzung entgegentreten.

a) Höherrangiges Recht als Grenze von Entgrenzungen?

Im deutschen Recht ergeben sich verfassungsrechtliche Vorgaben für das Arbeitszeitrecht in erster Linie aus der Schutzpflichtdimension des Grundrechts auf körperliche Unversehrtheit (Art. 2 Abs. 2 S. 1 GG).[64] Die in der Entscheidung des BVerfG zur Verfassungswidrigkeit des Nachtarbeitsverbots nur für Frauen getroffene Aussage, dass die unbeschränkte Freigabe von Nachtarbeit ohne flankierende gesetzliche Schutzmaßnahmen gegen den objektiven Gehalt von Art. 2 Abs. 2 S. 1 GG verstoßen würde, weil nicht von einer freien Selbstbestimmung des betroffenen Arbeitnehmers ausgegangen werden könne,[65] gilt im Grundsatz auch insoweit, als es darum geht, überlangen Arbeitszeiten Einhalt zu gebieten und Ruhezeiten vorzuschreiben.[66] Der deutsche Gesetzgeber muss somit aus verfassungsrechtlichen Gründen einen Mindestarbeitszeitschutz schaffen. Allerdings kommt dem Gesetzgeber bei der Erfüllung einer grundrechtlichen Schutzpflicht ein weiter Einschätzungs-, Wertungs- und Gestaltungsfreiraum zu, wie das BVerfG gerade im Kontext des Schutzes vor belastender Nachtarbeit ausgeführt hat,[67] sodass die momentan in der Diskussion befindlichen – moderaten – Lockerungen des Arbeitszeitrechts nicht am deutschen Grundrechtskatalog scheitern würden.[68]

Das europäische Recht erfordert eine etwas eingehendere Würdigung. Betrachtet man zunächst die Frage der täglichen Höchstarbeitszeit, ergibt sich aus dem Zusammenspiel von Art. 3 und Art. 6 Buchst. b ArbZRL, dass (neben einer wöchentlichen Mindestruhezeit von 24 Stunden nach Art. 5 ArbZRL) lediglich eine Höchstgrenze von 13 Stunden pro 24-Stunden-Zeitraum vorgegeben ist, wobei Abweichungen unmittelbar durch mitgliedstaatliche Rechtsvorschriften nach Maßgabe von Art. 17 ArbZRL nur in den

---

64 Konziser Überblick über die Entwicklung der Schutzpflichtenfunktion der Grundrechte bei Stern, DÖV 2010, 241 ff.

65 BVerfG v. 28.1.1992 – 1 BvR 1025/82 u.a., BVerfGE 85, 191, 213.

66 Ansatzweise ebenso BayObLG v. 24.2.1994 – 3 ObOWi 18/94, GewArch 1994, 193.

67 BVerfG v. 28.1.1992 – 1 BvR 1025/82 u.a., BVerfGE 85, 191, 212.

68 Zu den verfassungsrechtlichen Anforderungen an Experimentierräume Seifert, Anreize für ausgehandelte betriebliche Flexibilität bei der Arbeitszeitgestaltung, BMAS Forschungsbericht 497 (2017), S. 35 ff.

dort abschließend aufgelisteten Fällen und damit nicht flächendeckend statthaft sind.[69] Indem das Unionsrecht keinen Achtstundentag oder auch nur einen Zehnstundentag zwingend vorgibt, erlaubt es den Mitgliedstaaten zumindest im Ausgangspunkt, den Tarifparteien eine Abweichung nach oben zu gestatten, die sie selbst durch Tarifvertrag vornehmen oder die sie den Betriebsparteien eröffnen, um eine flexiblere Verteilung der Arbeitsstunden auf die einzelnen Wochentage zu ermöglichen. Soweit es um die Mindestruhezeit von elf zusammenhängenden Stunden geht, ist diese Vorgabe aus Art. 3 ArbZRL für die Mitgliedstaaten selbst vergleichsweise strikt. Allerdings gestattet es Art. 18 UAbs. 2 ArbZRL den Mitgliedstaaten, Abweichungen durch Tarifvertrag zuzulassen, sofern die betroffenen Arbeitnehmer gleichwertige Ausgleichsruhezeiten oder ausnahmsweise einen sonstigen angemessenen Schutz nach Maßgabe von Art. 18 UAbs. 3 ArbZRL erhalten. Dabei spricht einiges dafür, die Rechtsprechung des EuGH zu den deckungsgleichen Grenzen der Abweichungsbefugnis nach Art. 17 Abs. 2 ArbZRL,[70] die zur Auslegung von Art. 18 UAbs. 3 ArbZRL herangezogen werden kann, so zu verstehen, dass der Ausgleich bei einer Verkürzung der Mindestruhezeit innerhalb von 24 Stunden gewährt werden muss.[71] Bei alledem müssen etwaige Abweichungen aus Gründen der

69 Dabei wird die prima facie sehr weitreichende Abweichungsmöglichkeit gemäß Art. 17 Abs. 1 ArbZRL für Fälle, in denen „die Arbeitszeit wegen der besonderen Merkmale der ausgeübten Tätigkeit nicht gemessen und/oder nicht im Voraus festgelegt wird oder von den Arbeitnehmern selbst festgelegt werden kann", vom EuGH eng interpretiert; vgl. EuGH v. 26.7.2017 – C-175/16 – Hälvä u.a., ECLI:EU:C:2017:617 Rn. 31 ff.; für ein enges Verständnis auch EuArbR/Gallner, 2. Aufl., 2018, RL 2003/88/EG Art. 17 Rn. 4; Preis/Sagan/Ulber, Europäisches Arbeitsrecht, 2. Aufl., 2019, Rn. 7.227; tendenziell großzügiger H. Hanau, in: Fietze/Holtmann/Schramm (Hrsg.), Zwischen Provinzen und Metropolen – Stationen einer sozioökonomischen Reise. Festschrift für Wenzel Matiaske, 2018, S. 299, 302.

70 EuGH v. 9.9.2003 – C-151/02 – Jaeger, ECLI:EU:C:2003:437, Rn. 94 ff.; EuGH v. 14.10.2010 – C-428/09 – Union syndicale Solidaires Isère, ECLI:EU:C:2010:612, Rn. 50; EuGH v. 23.12.2015 – C-180/14 – Kommission/Griechenland, ECLI:EU:C:2015:840, Rn. 52.

71 So EuArbR/Gallner, 2. Aufl., 2018, RL 2003/88/EG Art. 18 Rn. 8 i.V.m. Art. 17 Rn. 11; Karthaus, AuR 2017, 154, 155; Preis/Sagan/Ulber, Europäisches Arbeitsrecht, 2. Aufl., 2019, Rn. 7.240 ff..; in diese Richtung ferner Seifert, Anreize für ausgehandelte betriebliche Flexibilität bei der Arbeitszeitgestaltung, BMAS Forschungsbericht 497 (2017), S. 30 f.; siehe aber auch die Betonung der Flexibilität bei der Umsetzung der Richtlinienbestimmungen durch EuGH v. 9.11.2017 – C-306/16 – da Rosa, ECLI:EU:C:2017:844, Rn. 46, im Zusammenhang mit der wöchentlichen Mindestruhezeit von 24 Stunden gemäß Art. 5 ArbZRL unter Berufung auf Erwägungsgrund 15 ArbZRL.

Rechtssicherheit mit Bestimmtheit und Klarheit umgesetzt werden.[72] Im Übrigen wird man aber weder aus sonstigen Vorschriften der ArbZRL noch aus weiteren Regelungen des Unionsrechts ableiten können, dass es den Mitgliedstaaten europarechtlich untersagt ist, ihr einmal erreichtes nationales Schutzniveau im öffentlichen Arbeitszeitrecht jemals wieder zulasten der Arbeitnehmerseite zu verändern, selbst wenn sie dabei die kraft Europarechts vorgegebenen Mindestbestimmungen einhalten. Dies gilt für das Regressionsverbot gemäß Art. 23 ArbZRL,[73] aber auch für das Grundrecht aus Art. 31 Abs. 2 der Europäischen Grundrechtecharta (GRCh),[74] in dem von einem Recht jeder Arbeitnehmerin und jedes Arbeitnehmers auf eine Begrenzung der Höchstarbeitszeit sowie auf tägliche und wöchentliche Ruhezeiten die Rede ist[75] sowie für die Fortschrittsklausel des Art. 151 Abs. 1 AEUV[76]. Kurzum: Die avisierten Verschiebungen der Grenzen des öffentlichen Arbeitszeitrechts als Reaktion auf und Antizipation von Entgrenzungen der Arbeit lassen sich unionsrechtlich nicht stoppen.

b) Gesundheitsrisiken als Aushandlungsobjekt?

Die rechtliche Zulässigkeit entsprechender Reformen sagt noch nichts über ihre rechtspolitische Erwünschtheit aus. Hierfür kommt es zentral auf die Einschätzung an, ob und in welchem Maße die Gesundheitsrisiken für die Beschäftigten als Folge einer Liberalisierung von Arbeitszeitvorschriften zunehmen. Dabei steht im Ausgangspunkt außer Frage, dass der Zweck des öffentlichen Arbeitszeitrechts im Schutz der Sicherheit und der Gesundheit der Arbeitnehmer vor überlangen Arbeitszeiten liegt.[77] Die Gesundheit der

72 Siehe etwa EuGH v. 21.10.2010 – C-227/09 – Accardo, ECLI:EU:C:2010:624, Rn. 55.

73 Dazu Europäische Kommission, Mitteilung zu Auslegungsfragen, ABlEU 2017, Nr. C 165/1, 15, unter Hinweis auf EuGH v. 23.4.2009 – C-378/07 bis 380/07 – Angelidaki, ECLI:EU:C:2009:250, Rn. 125 ff.

74 Zum Grundrechtscharakter von Art. 31 GRCh siehe nur EuArbR/Schubert, 2. Aufl., 2018, GRC, Art. 31 Rn. 2 m.w.N. Zur begrenzten Aussagekraft von Art. 31 GRCh jüngst EuGH v. 9.11.2017 – C-306/16 – da Rosa, ECLI:EU:C:2017:844, Rn. 50.

75 Unklar im Hinblick auf die Reichweite eines aus Art. 31 Abs. 2 GRCh angeblich folgenden Rückschrittsverbots Meyer/Rudolf, Charta der Grundrechte der Europäischen Union, 4. Aufl., 2014, Art. 31 Rn. 20; undeutlich auch Stern/Sachs/Lang, GRCh, 2016, Art. 31 Rn. 17.

76 Vgl. Calliess/Ruffert/Krebber, EUV/AEUV, 5. Aufl., 2016, Art. 151 Rn. 29 ff.

77 Siehe nur § 1 Nr. 1 ArbZG, Art. 1 Abs. 1 ArbZRL.

Beschäftigten soll institutionell abgesichert und nicht als Folge einer freien Disposition über die Arbeitszeit den Marktkräften überlassen werden. Das Arbeitszeitrecht setzt erklärtermaßen eine Grenze für die „Kommodifizierung“ menschlicher Arbeitskraft, ein Gedanke, der vom europäischen Gesetzgeber in die Worte gekleidet worden ist, dass die Verbesserung von Sicherheit, Arbeitshygiene und Gesundheitsschutz der Arbeitnehmer bei der Arbeit Zielsetzungen darstellen, die keinen rein wirtschaftlichen Überlegungen untergeordnet werden dürfen.[78] Weiter sollte nicht an den gesicherten arbeitsmedizinischen Erkenntnissen gerüttelt werden, dass mit langen Arbeitszeiten die gesundheitlichen Belastungen und Risiken für die Beschäftigten statistisch signifikant zunehmen, auch wenn die sonstigen Rahmenbedingungen, unter denen die Arbeit geleistet wird, hierfür selbstverständlich ebenfalls eine Rolle spielen.[79] Ein aus diesem Konnex geschmiedetes Argument gegen jedwede Flexibilisierung des geltenden Arbeitszeitrechts muss sich allerdings mit zwei Einwänden auseinandersetzen.

Zum einen wirft der Vergleich zwischen dem gegenwärtigen deutschen Arbeitszeitrecht und den im hier interessierenden Bereich großzügigeren Vorschriften des europäischen Rechts die Frage auf, ob das höhere deutsche Niveau des Gesundheitsschutzes objektiv nicht erforderlich ist, sodass eine Absenkung nicht mit dem Hinweis auf den notwendigen Gesundheitsschutz bekämpft werden kann, oder ob das Unionsrecht hinter dem objektiv Gebotenen zurückbleibt, sodass eigentlich sogar eine Anhebung des europäischen Schutzniveaus angezeigt wäre. Nun geht es bei dieser Frage in einem erheblichen Maße um Wahrscheinlichkeiten und Risikoabschätzungen. Abweichende Ausformungen des Arbeitszeitrechts auf mitgliedstaatlicher und europäischer Ebene entziehen sich daher dem simplen Schema als „zu streng“ bzw. „zu lax“. Immerhin lässt sich festhalten, dass Deutschland mit

78 Erwägungsgrund 4 ArbZRL.

79 Vgl. Beermann, in: Nickel et al. (Hrsg.), Aspekte der Arbeitspsychologie in Wissenschaft und Praxis, 2004, 181 ff.; Wirtz et al., Lange Arbeitszeiten und Gesundheit, 2009, abrufbar unter: https://www.baua.de/DE/Angebote/Publikationen/Fokus/artikel20.html?__blob=publicationFile; siehe auch BAuA (Hrsg.), Arbeitszeitreport Deutschland 2016, S. 37 ff.; BAuA (Hrsg.), Psychische Gesundheit in der Arbeitswelt, 2017, S. 57 f.; monographisch Wirtz, Lange Arbeitszeiten. Untersuchungen zu den gesundheitlichen und sozialen Auswirkungen langer Arbeitszeiten, Diss. Oldenburg, 2010, abrufbar unter: http://oops.uni-oldenburg.de/928/1/wirlan10.pdf; zur Erhöhung des Schlaganfallrisikos insbesondere Kivimäki et al., Lancet 386 (2015), 1739 ff., abrufbar unter: https://www.thelancet.com/pdfs/journals/lancet/PIIS0140-6736(15)60295-1.pdf.

dem bisherigen Achtstundentag als Grundregel keineswegs alleine dasteht.[80] Vielmehr statuieren die meisten Länder innerhalb Europas dieselbe allgemeine Höchstgrenze,[81] während einige andere Länder[82] neun Stunden als regelmäßige tägliche Höchstarbeitszeit vorsehen. Nur eine Minderheit[83] lässt es bei einer wöchentlichen Höchstarbeitszeit bewenden, kennt also nur die tägliche Mindestruhezeit von elf Stunden. Dies sollte Grund genug sein, von einem breitflächigen Systemwechsel Abstand zu nehmen und es auch den Tarifvertragsparteien nicht zu überlassen, durchgängig auf Arbeitstage von mehr als zehn Stunden umzuschwenken. Darüber hinaus sollten die hinter den bislang geltenden Vorschriften stehenden arbeitsmedizinischen Erkenntnisse nicht leichtfertig in den Wind geschlagen und der Rechtsrahmen ohne fundierte Untersuchungen über die langfristige gesundheitliche Wirkung „entgrenzter" Arbeitszeiten auf breiter Front gelockert werden. Wenn die Tarifvertragsparteien über die Daten von Arbeitnehmern nur eingeschränkt verfügen können,[84] obwohl es beim Datenschutz vielfach nur um die Abwehr von bloßen Gefährdungen des Persönlichkeitsrechts geht, wäre es zudem ungereimt, den Tarifvertragsparteien eine weitreichende Dispositionsmacht über Gesundheitsrisiken einzuräumen und diese Risiken zum Gegenstand kollektiver Aushandlungsprozesse zu machen, die beispielsweise gegen höhere Entgelte und Beschäftigungsgarantien eingetauscht werden können.

Zum anderen geht es um den Einwand, dass einmalige oder auch nur seltene Überschreitungen der täglichen Höchstarbeitszeiten bzw. Verkürzungen der Mindestruhezeit keine Gesundheitsbeeinträchtigungen der davon betroffenen Arbeitnehmer zur Folge haben.[85] Nun lässt sich insoweit zwar kontern, dass generelle Regelungen notwendigerweise typisieren müssen und es dem Gesetzgeber freisteht, Gesundheitsrisiken für die Beschäftigten

---

80 Zum Folgenden Eurofound (Ed.), Developments in working time 2015-2016, 2017, S. 10.

81 Belgien, Bulgarien, Estland, Finnland, Griechenland, Kroatien, Lettland, Litauen, Luxemburg, Österreich (seit dem 1.9.2018 aber mit erheblichen Ausnahmen), Polen, Rumänien, Schweden, Slowakei, Slowenien und Ungarn; noch strenger Frankreich: 7 Stunden.

82 Niederlande, Norwegen und Spanien.

83 Dänemark, Irland, Italien, Malta, Vereinigtes Königreich und Zypern; vergleichbar Tschechien: 12 Stunden.

84 Vgl. § 26 Abs. 4 BDSG sowie BT-Drucks. 18/11325, S. 98.

85 In diesem Sinne etwa H. Hanau, NJW 2016, 2613, 2617; Jacobs, NZA 2016, 733, 737; Wisskirchen/Schiller, DB 2015, 1163, 1167.

auch vorbeugend zu begegnen. Einem moderaten Rückbau einer solchermaßen generalisierenden Entscheidung kann der Gesundheitsschutz aber nicht als zwingendes Argument entgegenhalten werden.[86] Vergleichsweise eng konditionierte gesetzliche Ausnahmen von den derzeit geltenden Regelungen über die Höchstarbeitszeit sowie über Mindestruhezeiten, die es den Tarifvertragsparteien ermöglichen, den Gegebenheiten in bestimmten Branchen und Arbeitssituationen Rechnung zu tragen, lassen sich daher rechtfertigen.[87] Dies gilt erst recht, wenn die Lockerungen an eine Evaluation geknüpft werden, die Erfahrungen mit den Auswirkungen einer Flexibilisierung auf die Unternehmen und die Beschäftigten also in einem überschaubaren Zeitraum wissenschaftlich ausgewertet werden. Auf diese Weise kann auch der durchaus ernstzunehmenden Überlegung begegnet werden, dass eine geringfügige Öffnung des Arbeitszeitrechts als solche für die betroffenen Arbeitnehmer zwar unbedenklich sein möge, hierdurch aber die Büchse der Pandora geöffnet werde, weil jede Deregulierung des Arbeitszeitrechts an einer Stelle weitere Deregulierungsforderungen zur Folge habe und deshalb bereits dem ersten Schritt auf einer abschüssigen Bahn Einhalt geboten werden müsse.

c) Paternalismuseinwand?

Es gibt wohl keinen anderen Bereich der Regulierung von Arbeitsbedingungen, in dem man sich stärker mit dem Paternalismuseinwand auseinandersetzen muss als bei der Arbeitszeit, auch wenn dies nur selten ausdrücklich artikuliert wird. Unter (rechtlichem) Paternalismus sind alle staatlichen Handlungen zu verstehen, die gegen den Willen einer betroffenen Person zu deren Wohl erfolgen, was in einer grundsätzlich dem Gedanken der Frei-

86 Diese Überlegung gilt allerdings nicht für Fälle, in denen Arbeitnehmer Gefahrstoffen ausgesetzt sind, deren zuträgliche Dosis sich an einem Achtstundentag bemisst.

87 Für die Einordnung entsprechender Tarifverträge als Konkretisierung staatlichen Rechts und damit als Ausdruck delegierter Normsetzungsmacht und nicht als Ausdruck kollektiver Privatautonomie Kohte, in: Creutzfeld/Hanau/Thüsing/Wißmann (Hrsg.), Arbeitsgerichtsbarkeit und Wissenschaft. Festschrift für Klaus Bepler, 2012, S. 297 ff.

heit des Einzelnen verpflichteten Rechtsordnung (normativer Individualismus) problematisch ist und einer Rechtfertigung bedarf.[88] Hierbei wird vielfach zwischen einem „weichen“ und einem „harten“ Paternalismus unterschieden.[89] Während der „weiche“ Paternalismus nur individuellen Rationalitätsdefiziten entgegenwirkt, zielt der „harte“ Paternalismus auf die Korrektur von individuellen Präferenzen.[90] Konkret geht es damit um das Argument, dass die gegenwärtig vorkommenden zeitlichen Entgrenzungen von Arbeit nicht selten auf autonomen Willensentscheidungen der Arbeitnehmer beruhen und es keine hinreichenden Gründe gibt, diesem Willen durch das öffentliche Arbeitszeitrecht unter Berufung auf das Wohl der Geschützten selbst Grenzen zu setzen. Diese „interessierte Selbstgefährdung“ betrifft Fälle der Überschreitung der werktäglichen Höchstarbeitszeit, zu denen es kommen kann, wenn etwa ein im Kreativbereich tätiger Arbeitnehmer eine Arbeitsaufgabe noch am selben Tag fertigstellen will, wie auch Fälle der Nichteinhaltung der Mindestruhezeit durch eine selbstgewählte Verteilung des Arbeitsvolumens auf den Tag, mit der familiären oder sonstigen privaten Bedürfnissen und Wünschen entsprochen werden soll, etwa durch zwei Stunden Arbeit von 21 bis 23 Uhr im Home-Office, um zuvor am Nachmittag zwei Stunden früher nach Hause gehen zu können, was eigentlich dazu führen würde, dass der PC im Büro am Folgetag erst um 10 Uhr wieder angeschaltet werden dürfte.

Nun ist es in zahlreichen Fällen allerdings zweifelhaft, ob man tatsächlich von einem aktuell frei gebildeten Willen des Arbeitnehmers ausgehen kann, Arbeit auch jenseits der Grenzen des geltenden Rechts zu erbringen. So wird der Arbeitnehmer mit einer Selbstextensivierungsstrategie vielfach nur auf die vom Arbeitgeber zu verantwortenden Anforderungen des Arbeitsprozesses auf eine subjektiv schlüssige Weise reagieren, sodass es ohne einen vorherigen Aufgabenzuwachs nicht zu überlangen Arbeitszeiten bzw. eine Außerachtlassung von Mindestruhezeiten kommen würde. In diesem Sinne hat das BayObLG treffend davon gesprochen, dass die Freiwilligkeit der Arbeitsleitung im Einzelfall unter dem Druck der Erhaltung des

88 Aus der reichhaltigen Literatur zum Paternalismus einführend Eidenmüller, JZ 2011, 814 ff.; Kirste, JZ 2011, 805 ff.; Schwabe, JZ 1998, 66 ff.; vertiefend Eidenmüller, Effizienz als Rechtsprinzip, 4. Aufl., 2015, S. 358 ff.; Enderlein, Rechtspaternalismus und Vertragsrecht, 1996; Hillgruber, Der Schutz des Menschen vor sich selbst, 1992; Schmolke, Grenzen der Selbstbindung im Privatrecht, 2014; ferner der Sammelband von Anderheiden et al. (Hrsg.), Paternalismus und Recht, 2006.

89 Vgl. Schmolke, Grenzen der Selbstbindung im Privatrecht, 2014, S. 20 ff. m.w.N.

90 Siehe etwa Eidenmüller, JZ 2011, 814, 815.

Arbeitsplatzes nur vorgespiegelt sein kann.[91] Der Verweis auf den Arbeitnehmerwillen als Argument für eine Lockerung von Arbeitszeitregulierungen hat daher häufig eine eher taktische Bedeutung, um die ökonomischen Interessen der Arbeitgeberseite an einem Rückbau des geltenden Rechts zu bemänteln.[92] Fehlt es in diesen Gestaltungen an einer hinreichend autonomen Entscheidung des Beschäftigten, so ist eine Einschränkung seiner äußeren Handlungsfreiheit weitgehend unbedenklich.[93]

Schwieriger ist der Umgang mit den Konstellationen, in denen Arbeitnehmer im Hinblick auf den Umfang bzw. die Lage ihrer Arbeit tatsächlich autonom handeln. Obwohl absolute Freiheit eher eine regulative Idee denn Realität ist, sollte man das Vorkommen hinreichend autonomer Entscheidungen nicht mit der pauschalen Behauptung vom Tisch wischen, dass jede freie Entscheidung eines Beschäftigten „in Wirklichkeit" auf einer vorherigen Steuerung durch den Arbeitgeber beruhe, die Annahme einer Entscheidungsfreiheit von Arbeitnehmern also ausnahmslos eine Illusion sei. Damit verschwimmt freilich die reinliche Scheidung zwischen dem „Reich der Freiheit" und dem „Reich der Notwendigkeit". Auch in diesen Fällen lässt sich ein Paternalismus indes legitimieren. So können paternalistisch wirkende Rechtsregeln dann gerechtfertigt werden, wenn sie zwar Kurzzeitpräferenzen des Betroffenen einschränken, dafür aber dessen Langzeitpräferenzen zum Durchbruch verhelfen, weil der Einzelne aufgrund systematisch eingeschränkter Rationalität außerstande ist, die möglichen langfristigen nachteiligen Folgen des eigenen Handelns hinreichend zu antizipieren und schon das gegenwärtige Handeln an ihrer Vermeidung auszurichten.[94] Tatsächlich kann davon ausgegangen werden, dass ein durchschnittlich agierender Arbeitnehmer von der andauernden Verletzung von Arbeitszeitvorschriften Abstand nehmen würde, wenn er als sicher vorhersehen würde, dass ein solches Verhalten in späteren Lebensjahren zu Gesundheitsschäden führt, deren Nachteile in Gestalt von entgangener Lebensfreude sowie et-

---

91 BayObLG v. 24.2.1994 – 3 ObOWi 18/94, GewArch 1994, 193.

92 Ähnlich Steinrücke, in: Hirsch/Voigt (Hrsg.), Symbolische Gewalt, 2017, S. 121, 124.

93 Vgl. Enderlein, Rechtspaternalismus und Vertragsrecht, 1996, S. 41 ff. (Inkompetenz); ferner Schmolke, Grenzen der Selbstbindung im Privatrecht, 2014, S. 20 ff., der selbst allerdings zurückhaltender argumentiert.

94 Enderlein, Rechtspaternalismus und Vertragsrecht, 1996, S. 52 ff., der von einer Maximierung von Freiheitsräumen spricht. Zu den verhaltensökonomischen Grundlagen Eidenmüller, JZ 2011, 814, 816 f.; Schmolke, Grenzen der Selbstbindung im Privatrecht, 2014, S. 178 ff.

waigen finanziellen Einbußen die Vorteile aus dem gegenwärtigen Verhalten überwiegen. Nun lässt sich zwar nicht für jeden Einzelfall eine entsprechende Gesamtkalkulation erstellen. Greift man insoweit aber wieder auf die gesicherten arbeitsmedizinischen Erkenntnisse zurück, erlaubt eine generalisierende Betrachtung durchaus den Schluss, dass Arbeitszeitregulierungen dem langfristigen Nutzen des betroffenen Arbeitnehmers dienen, sie also auch dann legitimiert werden können, wenn ihre Einhaltung im Einzelfall dem Willen des Beschäftigten tatsächlich widersprechen sollte.

Darüber hinaus kommen nicht paternalistische Rechtfertigungen von Arbeitszeitvorschriften in Betracht,[95] indem diese dazu dienen, negative externe Effekte zu verhindern.[96] In der Rechtsprechung wird dies zuweilen mit der Überlegung angedeutet, dass mit dem Arbeitszeitrecht ein überindividueller Schutzzweck verfolgt wird.[97] So besteht in der Tat ein allgemeines Interesse an der dauerhaften Gesundheit der arbeitenden Bevölkerung sowie – damit zusammenhängend – auch daran, dass möglichst keine Folgekosten gesundheitlicher Beeinträchtigungen von Arbeitnehmern aufgrund überlanger Arbeitszeiten entstehen, die regelmäßig von der Solidargemeinschaft der Versicherten bzw. Steuerzahler getragen werden müssen.[98] Auch kann das Überschreiten der Grenzen des Arbeitszeitrechts in betrieblichen Zusammenhängen Sogwirkung entfalten und soziale Standards setzen, denen sich Arbeitnehmer mit einer schwächeren gesundheitlichen Konstitution faktisch nicht entziehen können, sodass möglicherweise zwar nicht der „Ersttäter", wohl aber „Folgetäter" über kurz oder lang mit gesundheitlichen Beeinträchtigungen zu kämpfen haben, zu denen es nicht kommen würde, wenn der „Ersttäter" von vornherein bestimmten Grenzen unterliegt, die sich an der durchschnittlichen langfristigen Konstitution von Beschäftigten orientieren. Im Übrigen wird man den hinter dem Paternalismuseinwand stehenden Gedanken der individuellen Selbstbestimmung ohnehin nicht verabsolutieren dürfen, sondern muss ihn mit dem Gedanken

95 Der Sache nach geht es hierbei um einen „gemischten Paternalismus", der mit dem Zwang zum Selbstschutz zugleich weitere Zwecke verfolgt; vgl. Heinig, in Anderheiden et al. (Hrsg.), Paternalismus und Recht, 2006, S. 157, 175 ff.

96 Dazu Schmolke, Grenzen der Selbstbindung im Privatrecht, 2014, S. 32 ff.

97 Siehe BAG v. 28.10.1971 – 2 AZR 15/71, AP BGB § 626 Nr. 62 = DB 1972, 489; in diesem Sinne auch OLG Karlsruhe v. 11.7.1963 – 2 Ss 33/62, AP AZO § 25 Nr. 6 = DB 1963, 1192 („geordnetes soziales Zusammenleben"); OLG Jena v. 2.9.2010 – 1 Ss Bs 57/10, Juris („öffentliche Interessen").

98 Zu diesem Aspekt insbesondere Schwabe, JZ 1998, 66, 72 ff.

der kollektiven Selbstregierung, in deren Rahmen sie überhaupt nur gedeihen kann, abgleichen.[99] Die individuelle Autonomie wird somit durch die kollektive Autonomie in einem gewissen Maße relativiert.

d) Einhegung von Entgrenzungen?

Nicht anders als auf der interpretatorischen Ebene finden sich auch auf der Ebene der Gestaltung von Arbeitszeitregulierungen gegenläufige Strömungen, nach denen die Entgrenzung von Arbeit nicht gleichsam ein naturwüchsiges Phänomen ist, dem man durch eine Lockerung des öffentlichen Arbeitszeitrechts nachzugeben habe, sondern dem gerade umgekehrt entgegenzutreten sei. Zugespitzt formuliert soll sich Normativität nach diesem Vorgehen nicht geänderter Faktizität beugen und sie dadurch legitimieren.[100] Vielmehr soll Normativität geänderte Faktizität delegitimieren, um hierdurch auf eine neue (bessere) Faktizität hinzuwirken. Bei allen dahingehenden Ansätzen muss freilich klar zwischen Gestaltungen der Arbeitszeit innerhalb des vorhandenen Rechtsrahmens und einer Gestaltung des gesetzlichen Rechtsrahmens selbst unterschieden werden.

Zu den Gestaltungen innerhalb des existierenden Rechtsrahmens gehören die immer zahlreicheren betrieblichen Regelungen vor allem in großen Unternehmen (BMW, Bosch, Deutsche Telekom, Evonik, Volkswagen u.a.), die mit neuartigen Arbeitszeitarrangements versuchen, den Wünschen der Beschäftigten nach mehr Zeitsouveränität entgegenzukommen.[101] Dabei sind im vorliegenden Zusammenhang vor allem diejenigen Modelle von analytischem Interesse, durch die entweder unmittelbar Zeiträume definiert werden, in denen eine Inanspruchnahme von Arbeitnehmern für dienstliche Belange nicht stattfinden darf, oder durch die Verfahrensregeln zur Festsetzung solcher Zeiträume etabliert werden. Gemeinsames Ziel solcher regelmäßig kollektivvertraglichen Regelungen ist es, dem schleichenden informellen Übergreifen von arbeitsweltlichen Bezügen in die private Lebens-

99 Vgl. Heinig, in Anderheiden et al. (Hrsg.), Paternalismus und Recht, 2006, S. 157, 170 f., 182 f.

100 Zur Legitimität durch Legalität grdl. Weber, Wirtschaft und Gesellschaft, 5. Aufl., 1972 (Nachdruck 1990), S. 124; ferner Habermas, Faktizität und Geltung, 4. Aufl., 1994, S. 541 ff.

101 Zur Situation bei Bosch siehe Schirmer, NZA 2016, Beilage 2, S. 85, 88 f.; zum Modell bei der Deutschen Telekom siehe Zanker, WSI Mitteilungen 2017, 456 ff.; weitere betriebliche Regelungen bei Maschke, MBR-Report Nr. 14/2015, S. 11 ff.; Maschke, MBR-Report Nr. 41/2018, S. 18 ff.

welt eine formelle Grenze zu setzen. Aus dem Anwachsen dieser Arbeitszeitmodelle lassen sich zwei Schlussfolgerungen ziehen: Zum einen kommt in ihnen nicht nur der allgemeine Wunsch zahlreicher Beschäftigter nach Zeitsouveränität, sondern auch und gerade nach Zeiten der „Nichterreichbarkeit" zum Ausdruck. Zum anderen setzen viele betriebliche Arbeitsabläufe offenbar „von selbst" eine Externalisierungsspirale in Gang, präziser gesagt legen sie den betrieblichen Akteuren eine Extensivierung als plausible Handlungsmaxime nahe, sodass es einer bewussten institutionellen Gegensteuerung bedarf, um die Ausbreitung dieser Logik wieder auf ein für die Betroffenen akzeptables Maß zurückzuführen.

Vor diesem Hintergrund ist es zwar sicherlich denkbar, den vorhandenen gesetzlichen Rahmen im Hinblick auf die Frage von Zeiten der „Nichterreichbarkeit" unangetastet zu lassen und allein auf die Selbstregulierung durch die betrieblichen Akteure zu bauen. In Betracht kommt aber auch, möglichen Lockerungen des öffentlichen Arbeitszeitrechts gleichsam im Gegenzug gesetzliche Formalisierungen der „ständigen Erreichbarkeit" an die Seite zu stellen, um auch auf der Ebene des Arbeitszeitrechts ein Zeichen gegen Entgrenzungstendenzen zu setzen. Als ein gewisses Vorbild sei eine Regelung aus dem österreichischen Arbeitszeitrecht erwähnt, die die Anordnung von (echter) Rufbereitschaft auf eine bestimmte Anzahl von Tagen im Monat begrenzt[102] und damit einem unkontrollierten Anwachsen dauerhafter faktischer Rufbereitschaft klare formale Grenzen setzt. Dagegen ist die Einführung eines ausdrücklichen „Rechts auf Nichterreichbarkeit"[103] jenseits der Grenzen des ArbZG streng genommen nicht erforderlich, weil der Arbeitgeber in diesen Zeiten ohnehin kein Recht hat, den Arbeitnehmer in seiner Privatsphäre aufzustören.[104] Ein solches Recht hätte also lediglich deklaratorischen Charakter, aber immerhin eine Signalwirkung.[105]

Darüber hinaus fragt es sich, ob das Arbeitszeitrecht überhaupt das alleinige Instrument ist, um dem Phänomen der Entgrenzung von Arbeit angemessen zu begegnen. So ist die Extensivierung der Arbeit wie erwähnt nicht selten nur die Folge der Intensivierung der Arbeit, also dem Anwachsen der

102 Vgl. § 20a Abs. 1 öArbZG.

103 Erwogen von der Enquete-Kommission „Internet und digitale Gesellschaft", BT-Drucks. 12/12505, S. 98. Zu den gewerkschaftlichen Forderungen siehe oben Fn. 11.

104 So bereits Krause, JbArbR 54 (2017), 23, 42; gleichsinnig BMAS (Hrsg.), Weißbuch „Arbeiten 4.0", 2016, S. 119: „kein gesetzlicher Handlungsbedarf erkennbar".

105 Ansatzweise bereits Krause, NZA 2017, Beilage 2, S. 53, 57.

zu bewältigenden Arbeitsmenge geschuldet. Eine Regulierung der Arbeitszeitgrenzen erscheint vor diesem Hintergrund eher als ein Kurieren an den Symptomen und nicht an den Ursachen. So ändern striktere oder auch nur strikter durchgesetzte Arbeitszeitgrenzen für sich genommen nichts an der Situation, dass Arbeitnehmer infolge äußerer Zwänge oder auch aus innerem Antrieb diese Grenzen häufig missachten, um mit einer ansteigenden Arbeitsmenge Schritt zu halten. Hiergegen lassen sich zum einen gewisse Grenzziehungen aus dem Arbeitsschutzrecht gewinnen, indem eine Gefährdungsbeurteilung gemäß § 5 ArbSchG aufzeigen kann, welche Gesundheitsrisiken mit bestimmten Arbeitszeitregimen verbunden sind und wie man ihnen effektiv begegnen kann.[106] Zum anderen ist daran zu denken, die Regulierung auf die Vorfrage der Arbeitsmenge auszudehnen, um den Druck in Richtung Selbstextensivierung zu verringern. Eine solche Regulierung liegt mit der abstrakten arbeitsvertraglichen Vorgabe, wonach der Arbeitnehmer sein persönliches Leistungsvermögen auszuschöpfen hat und (nur) so intensiv arbeiten muss, dass er seine Gesundheit nicht gefährdet,[107] zwar bereits vor. Mit einer solchen Formulierung ist freilich wenig gewonnen. Eine konkretere Bestimmung der innerhalb der jeweiligen Arbeitsverhältnisse zu bewältigenden Arbeitsmenge ist auf einer allgemeinen gesetzlichen Ebene allerdings ausgeschlossen. Stattdessen kursieren im Schrifttum bereits erste Vorschläge über die Einführung von Beteiligungsrechten des Betriebsrats, mit denen der Zuweisung zu großer Arbeitsmengen als Ursache für Arbeitszeitüberschreitungen entgegengewirkt werden soll.[108] Den Einzelheiten dieser Überlegungen kann an dieser Stelle nicht näher nachgegangen werden. Mit diesem Hinweis sollte aber das Bewusstsein dafür geweckt werden, dass die Entgrenzung der Arbeit ein Thema ist, das nicht ausschließlich mit dem Werkzeug des Arbeitszeitrechts angegangen werden kann, sondern das möglicherweise auch auf anderen Feldern neue Regulierungen erfordert.

V. Ergebnisse und Schlussbemerkungen

Die Entgrenzung der Arbeit stellt das Arbeitszeitrecht vor zahlreiche Herausforderungen. Dabei geht es sowohl um den interpretatorisch richtigen

106 Vgl. Däubler, ZTR 2016, 359, 364 f.; Kohte, NZA 2015, 1417, 1423.
107 Siehe nur ErfK/Preis, 19. Aufl., 2019, § 611a BGB Rn. 643.
108 Däubler, ZTR 2016, 359, 365 f.

Umgang mit neueren Phänomenen als auch um die Umgestaltung des geltenden Rechtsrahmens. In beiden Bereichen bedarf es der Deutung bzw. der politischen Entscheidung, ob Entgrenzungen normativ abgesichert oder ob eher eine Einhegung von Entgrenzungen geboten ist. Im Hinblick auf die zutreffende Auslegung des geltenden Arbeitszeitrechts ist von einem weiten Arbeitsbegriff auszugehen, der „freiwillige" Tätigkeiten von Beschäftigten nicht von vornherein ausklammert. Umgekehrt gewinnt eine „ständige Erreichbarkeit" als solche erst dann die Qualität von Arbeit, wenn sie mit substantiellen Freiheitsbeschränkungen für die Arbeitnehmer einhergeht, die Bereitschaftsdienst bzw. Arbeitsbereitschaft zumindest nahekommen. Rechtspolitisch spricht einiges für einen Doppelschritt, nämlich eine klar beschränkte Öffnung für tarifvertraglich legitimierte Abweichungen vom derzeit geltenden Arbeitszeitrecht bei gleichzeitiger Zurückdrängung des schleichenden Übergriffs von arbeitsweltlichen Vorgängen in die private Lebenssphäre der Arbeitnehmer. Die Entgrenzung von Arbeit durch digitale Technologien muss keine Einbahnstraße zulasten der Beschäftigten sein, sondern kann sich als Chance erweisen, durch innovative Arbeitszeitregime ökonomische und soziale Bedürfnisse zu einem neuen und angemessenen Ausgleich zu führen.

Betriebsverfassung 4.0?

Martin Franzen

I. Digitalisierung der Arbeitswelt

Die Digitalisierung der Arbeitswelt wird wohl noch stärker als bisher zu einer Entgrenzung führen hinsichtlich drei wesentlicher Parameter der Arbeitsleistung: Ort, Zeit und Gegenstand der Arbeitsleistung.

Ort: Man wird künftig viel weniger als bislang auf feste Arbeits- oder Betriebsstätten angewiesen sein. Wegen weltweiter Vernetzung und der Leistungsfähigkeit von mobilen Geräten spielt der Ort, an dem die Tätigkeit erbracht wird, eine eher untergeordnete Rolle. Das ergibt Entwicklungschancen für bislang abgelegene Regionen, wenn sich dort entsprechende Personen zusammenfinden, welche die Tätigkeit erbringen können.

Zeit: Dasselbe gilt für die Zeit. In vielen Berufen wird es keine Rolle spielen, zu welcher Zeit der Mitarbeiter seine Arbeit verrichtet. Allerdings kann die Vernetzung zwischen Maschinen und zwischen Mensch und Maschine gleichzeitig den gegenteiligen Effekt mit sich bringen. Es erscheint denkbar, dass es menschliche Tätigkeiten geben wird, die nach Maschinenvorgaben sehr genau zu ganz bestimmten Zeitpunkten erbracht werden müssen, weil die Produktionsprozesse eine vollständige exakte Taktung vorgeben.

Gegenstand: Die Arbeit wird vielleicht noch viel stärker als bisher in Projekten erbracht werden müssen. Dies schließt es ein, dass der Gegenstand der Tätigkeit sehr stark aufgespalten, atomisiert werden, und dann auch von nicht projektangehörigen Personen erbracht werden kann. Dieses Problem spricht auf das bereits in Ansätzen diskutierte und wohl in Deutschland noch nicht so stark zu Tage getretene Phänomen der „Crowdworker“ an. Möglicherweise geht mit einer Entgrenzung des Gegenstands der Arbeitsleistung auch eine weitere Dezentralisierung der Entscheidungsprozesse in Unternehmen einher, was herkömmliche Berichtswege und Weisungsbefugnisse in Frage stellen kann[1].

---

1 In dieser Richtung Günther/Böglmüller, NZA 2015, 1025, 1027; Rieble, NZA 2014, Beilage 1, 28, 29.

Dies alles fordert die Organisation der betrieblichen Interessenvertretung der Arbeitnehmer heraus. Denn diese ist vor allem auf örtliche, zeitliche und auch gegenständliche Stabilität und Kontinuität angewiesen. Ich möchte mich in meinen Überlegungen konzentrieren auf die Probleme, welche die Digitalisierung für die Organisation der Arbeitnehmervertretung im Betrieb mit sich bringen kann. Ausgeklammert werden daher Themen wie etwa digitale Betriebsratsarbeit oder Einzelfragen zu einzelnen Mitbestimmungsrechten des Betriebsrats.

II. Problembereiche hinsichtlich der Arbeitnehmervertretung im Betrieb

1. Betrieb

a) Definition

Der Zentralbegriff des Betriebsverfassungsrechts ist der Betrieb. Nach dieser Einheit bestimmt sich die Interessenvertretung der Arbeitnehmer; alle Arbeitnehmer, die dieser Organisation angehören, können an der Bestellung eines Interessenvertreters, des Betriebsrats, mitwirken und werden durch sein Handelns gebunden. Man kann diese Einheit räumlich-gegenständlich oder persönlich abgrenzen[2]. In Deutschland hat man das System der Interessenvertretung durch Mitbestimmung – durch Teilhabe an den Entscheidungen des Arbeitgebers im Wege der Beschränkung von dessen Direktionsrecht – räumlich-gegenständlich etabliert. Demgegenüber wird die ebenso wichtige Interessenvertretung der Arbeitnehmer hinsichtlich der Gestaltung des Synallagma des Arbeitsvertrags grundsätzlich persönlich angeknüpft – der Arbeitnehmer entscheidet, ob und wenn ja welcher Gewerkschaft er angehört. Daraus hat sich in Deutschland das duale System der Interessenvertretung entwickelt.

Der Betrieb im Sinne des BetrVG wird also räumlich-gegenständlich gefasst. Dies setzt phänomenologisch eine in irgendeiner Weise materialisierte Arbeitsstätte voraus. Das BAG definiert den „Betrieb im Sinne des BetrVG als organisatorische Einheit, innerhalb derer ein Arbeitgeber allein oder mit seinen Arbeitnehmern mit Hilfe von technischen und immateriellen Mitteln bestimmte arbeitstechnische Zwecke fortgesetzt verfolgt."[3] Dies ist im Grunde eine Leerformel, die wenig besagt. Aussagekräftiger ist die Folgerung: Ein Betrieb liegt danach vor, wenn die in einer Arbeitsstätte

2 Vgl. Gamillscheg, Kollektives Arbeitsrecht II, 2008, S. 246.
3 Nachweise bei Fitting, BetrVG, 29. Aufl. 2018, § 1 Rn. 63.

vorhandenen materiellen Betriebsmittel für den oder die verfolgten arbeitstechnischen Zwecke zusammengefasst, geordnet und gezielt eingesetzt werden und der Einsatz der menschlichen Arbeitskraft von einem einheitlichen Leitungsapparat gesteuert wird[4].

b) Merkmale

Als Einzelmerkmale werden genannt: Einheitlicher Rechtsträger, einheitliche Leitung, räumliche Einheit, eine gewisse Dauer sowie eine organisierte Zweckverfolgung[5]. Dies sind alles Merkmale, welche das Phänomen des Betriebs beschreiben, ohne dass es notwendigerweise gerade auf das Vorliegen eines bestimmten Merkmals ankommen soll. Insoweit ist der Betrieb kein für die Subsumtion geeigneter Rechtsbegriff, sondern wie der Begriff des Arbeitnehmers ein Typus. Keines der denkbaren Kriterien stellt eine hinreichende oder notwendige Bedingung für das Vorliegen des entsprechenden Tatbestands dar; vielmehr kann das Fehlen eines Merkmals durch das starke Gewicht eines anderen Merkmals kompensiert werden. Diese Methode lässt Wertungsspielräume im Einzelfall zu.

Damit korrespondiert zweierlei: Prozessual ist der Betriebsbegriff nur eingeschränkt in der Revisionsinstanz überprüfbar; die Instanzgerichte, die näher vor Ort sind, leisten die Hauptarbeit. Institutionell ist die Errichtung eines Betriebsrats, wenn sie denn geschehen ist, dadurch gesichert, dass die Verkennung des Betriebsbegriffs die Wahl grundsätzlich nur anfechtbar, nicht aber nichtig macht. Wenn also ein Betriebsrat gewählt wurde, steht nach Ablauf von 14 Tagen nach Bekanntgabe des Wahlergebnisses grundsätzlich fest, dass dieser wirksam installiert wurde, wenn niemand die Wahl angefochten hat – und zwar in den Grenzen, welche die Wahlausschreibung aufgestellt hatte[6].

---

4 Siehe Fitting, BetrVG, 29. Aufl. 2018, § 1 Rn. 64 m. w. N.

5 Siehe nur Franzen, in Gemeinschaftskommentar zum BetrVG, 11. Aufl. 2018, § 1 Rn. 35 ff.

6 Vgl. BAG 3. 6. 2004 – EzA § 1 KSchG Soziale Auswahl Nr. 55; BAG 23. 3. 2006 – EzA § 1 KSchG Betriebsbedingte Kündigung Nr. 147 Rn. 40; BAG 15. 12. 2011 – EzA § 613a BGB 2002 Nr. 132.

Die meisten Autoren sind sich einig, dass der räumlichen Einheit großes Gewicht zukommt[7]. Weitergehen wollen insoweit *Joost*[8] und *Gamillscheg*[9]: Sie stellen in erster Linie auf die räumliche Verbundenheit der Arbeitnehmer ab, allerdings in bereits längere Zeit zurückliegenden Schriften im Analogzeitalter. Ähnlich sieht dies neuerdings der EuGH hinsichtlich des Betriebsbegriff des Massenentlassungsrichtlinie 98/59/EG: Maßgeblich sei der örtliche Kontext und die soziale Umgebung, weil Massenentlassungen sich gerade in diesem Bereich negativ auswirken. Deshalb müsse die fragliche Einheit weder rechtlich noch wirtschaftlich oder sonst selbstständig sein[10].

c) Maßgebliche Bezugspunkte: Arbeitnehmernähe und/oder Entscheidungsnähe der Repräsentation der Arbeitnehmerinteressen

Die räumliche Nähe wird oft mit dem Stichwort „Arbeitnehmernähe“ gekennzeichnet. Der Betriebsrat soll noch unmittelbaren Kontakt zu seinem „Wahlvolk“, der Belegschaft, haben. Dem steht die „entscheidungsnahe“ Repräsentation gegenüber: Die Arbeitnehmervertretung soll dort gebildet werden, wo die maßgeblichen für die Mitbestimmung relevanten Entscheidungen getroffen werden. Eine „arbeitnehmernahe“ Repräsentation der Arbeitnehmerinteressen tendiert eher zu kleineren Einheiten, „Entscheidungsnähe“ eher zu größeren.

Dem System des BetrVG liegen beide relevanten Faktoren zugrunde. Dies zeigt insbesondere § 4 BetrVG: Betriebsteile sind selbständige Betriebe und damit eigene Vertretungseinheiten, wenn sie entweder räumlich weit entfernt sind – in diesem Fall bekommt der Aspekt der „Arbeitnehmernähe“ den Vorzug - oder hinreichend eigenständig sind – dann überwiegt der Aspekt der „Entscheidungsnähe“. Allerdings räumt das Gesetz letztlich der Arbeitnehmernähe im Zweifel doch den Vorrang ein. Dies ergibt sich aus der gesetzlichen Wertung der §§ 47 ff. BetrVG und insbesondere der Zuständigkeitsregel des § 50 BetrVG. Danach ist der Gesamtbetriebsrat nur

7 Fitting, BetrVG, 29. Aufl. 2018, § 1 Rn. 74; Franzen, in Gemeinschaftskommentar zum BetrVG, 11. Aufl. 2018, § 1 Rn. 40.

8 Joost, Betrieb und Unternehmen als Grundbegriffe im Arbeitsrecht, 1988, S. 232 ff., 242 ff., 265.

9 Gamillscheg, ZfA 1975, 357, 399.

10 EuGH 30. 4. 2015 – C-80/14 Rn. 51 - USDAW, Wilson; EuGH 13. 5. 2015 – C-182/13 Rn. 32 - Lyttle.

zuständig, wenn die einzelnen örtlichen Betriebsräte die Angelegenheit auf ihrer Ebene nicht regeln können (§ 50 Abs. 1 BetrVG) oder wenn sie oder einzelne von ihnen den Gesamtbetriebsrat mit der Regelung der Angelegenheit beauftragt haben (§ 50 Abs. 2 BetrVG). Daraus leiten viele Stimmen in Literatur und Rechtsprechung einen Grundsatz der „Primärzuständigkeit" der örtlichen Betriebsräte ab[11].

Beide Kriterien können im Zuge der Digitalisierung unter Druck geraten: „Arbeitnehmernähe" deshalb, weil der Ort der Arbeitsleistung unwichtiger werden wird. Arbeitnehmer können gleichartige Interessen in vom Arbeitgeber organisierten Einheiten haben, auch wenn sie räumlich nicht eng zusammenwirken. Das Kriterium der „Entscheidungsnähe" gerät unter Druck, weil die Digitalisierung zur Dezentralisierung von Entscheidungsprozessen drängen dürfte. Es gibt dann nicht mehr die eine Instanz, welche die maßgeblichen Entscheidungen trifft[12]. Wenn dem so ist, wird man dem Charakter des Betriebs als Typus Rechnung tragen müssen und noch stärker als bislang auf eine Gesamtwertung aller maßgeblichen Faktoren im Einzelfall abstellen müssen.

d) Fazit

Insgesamt kann man festhalten: Der Zentralbegriff des Betriebs knüpft phänomenologisch an eine irgendwie materialisierte Arbeitsstätte an. Die Entgrenzung aufgrund der Digitalisierung dürfte es wohl noch schwerer als bisher machen, im Einzelfall herauszufinden, welche Einheit denn der Betrieb ist. Andererseits war die Leerformel des BAG zum Betriebsbegriff in der Vergangenheit hinreichend flexibel, um Veränderungen der Arbeitswelt in den Griff zu bekommen. Über die Erosion des Betriebsbegriffs spricht man, seit es ihn gibt[13]. Und gleichwohl gibt es immer noch Betriebe und Betriebsräte.

---

11 Siehe dazu, aber kritisch Kreutz/Franzen, in Gemeinschaftskommentar zum BetrVG, 11. Aufl. 2018, § 50 Rn. 19.

12 Vgl. Günther/Böglmüller, NZA 2015, 1025, 1027; Rieble, NZA 2014, Beilage 1, 28, 29; mit Blick auf Matrixorganisationen Schubert, Betriebliche Mitbestimmung in Unternehmen und Konzernen mit Matrixorganisation, 2017, S. 40 ff.

13 Siehe dazu schon Rancke, Betriebsverfassung und Unternehmenswirklichkeit, 1982; zur rechtspolitischen Diskussion, welche die Betriebsverfassungsreform 2001 vorbereitet hat, siehe nur Franzen, ZfA 2000, 285 ff.

2. Arbeitnehmer

a) Arbeitnehmerbegriff

Der Arbeitnehmerbegriff des BetrVG knüpft an den allgemeinen Arbeitnehmerbegriff an. Arbeitnehmer im Sinne des Betriebsverfassungsgesetzes ist, wer auf der Grundlage eines privatrechtlichen Vertrags persönlich zur Leistung von Diensten für einen anderen in dessen Betrieb und unter dessen Weisung verpflichtet ist[14].

Im Zusammenhang mit der Digitalisierung wird vor allem das Problem der „Crowdworker" diskutiert[15]. Die Digitalisierung soll es ermöglichen, dass zunehmend Aufgaben ausgelagert und am Markt eingekauft werden, die nicht im Betrieb erbracht werden müssen. Die Ausschreibung erfolgt auf Internet-Plattformen, auf dem die betreffenden „Crowdworker" Angebote abgeben können. Dieses Phänomen scheint in Deutschland und Europa noch kein Massenphänomen zu sein, kann aber bereits beobachtet werden[16]. Hier wird die alte Frage der Abgrenzung von Arbeitnehmern und Selbstständigen wieder anhand eines neuen Phänomens aufgeworfen werden. Ob „Crowdworker" Arbeitnehmer, arbeitnehmerähnliche Personen oder selbstständig sind, kann nicht pauschal beurteilt werden; vielmehr müssen die bekannten Abgrenzungskriterien auf jeden Einzelfall angewandt werden[17]. Insgesamt dürften „Crowdworker" aus meiner Sicht eher selbständig sein, weil Weisungsrechte und Eingliederung nicht sehr stark ausgeprägt sind[18].

Allerdings kann es sich im Einzelfall um arbeitnehmerähnliche Personen handeln[19]. Wenn dies der Fall ist, gelten manche arbeitsrechtlichen Gesetze Deutschlands auch für sie, allerdings nicht das BetrVG. Dieses bezieht von den Personen, die nicht Arbeitnehmer sind, nur die Heimarbeiter ein, sofern sie in der Hauptsache für den Betrieb arbeiten (§ 5 Abs. 1 S. 2 BetrVG).

---

14 Raab, in Gemeinschaftskommentar zum BetrVG, 10. Aufl. 2014, § 5 Rn. 17 ff.

15 Siehe dazu etwa Däubler/Klebe, NZA 2015, 1032 ff.; Günther/Böglmüller, NZA 2015, 1025, 1029 f.; Klebe/Neugebauer, AuR 2014, 4 ff.; Risak, ZAS 2015, 11 ff.; umfassend Benner (Hrsg.), Crowdwork – zurück in die Zukunft?, 2014.

16 Zahlenangaben bei Däubler/Klebe, NZA 2015, 1032, 1033 f.; Risak, ZAS 2015, 11, 12.

17 Ebenso Antwort der Bundesregierung auf die kleine Anfrage der Fraktion Die Linke, BT-Drucksache 18/3032, S. 4.

18 Ebenso im Ergebnis Günther/Böglmüller, NZA 2015, 1025, 1029 f.; wohl auch Däubler/Klebe, NZA 2015, 1032, 1035 für sogenanntes externes Crowdwork.

19 Ebenso Däubler/Klebe, NZA 2015, 1032, 1035 f.

Crowdworker können unter Umständen als Heimarbeiter zu qualifizieren sein. Das BAG hat vor kurzem auch eine qualifizierte Angestelltentätigkeit als Heimarbeit im Sinne des HAG eingeordnet[20]. Dagegen spricht allerdings, dass sich Crowdworker regelmäßig um Aufträge bewerben müssen und diese nicht zugewiesen bekommen, wie dies § 11 Abs. 1 HAG an sich voraussetzt[21]. Jedenfalls scheitert die Einbziehung von Crowdworker in die Betriebsverfassung nach geltendem Recht an dem Erfordernis des „überwiegenden Arbeitens für den Betrieb" nach § 5 Abs. 1 S. 2 BetrVG.

b) Zuordnung der Arbeitnehmer zum Betrieb (Betriebszugehörigkeit)

Spezifisch betriebsverfassungsrechtlich ist die Frage nach der Zuordnung der Arbeitnehmer zu einem bestimmten Betrieb. Dies dürfte mit zunehmender Entgrenzung des Orts und auch des Gegenstands der Arbeitsleistung noch problematischer werden als bislang.

Die bisherige Lösung verlangt folgendes: Der Arbeitnehmer muss einen Arbeitsvertrag mit dem Betriebsinhaber abgeschlossen haben und in dessen Betrieb eingegliedert sein[22]. Diese sogenannte Zwei-Komponenten-Lehre hat das BAG bereits mit Blick auf Fallkonstellationen aufgegeben, in denen Vertragsarbeitgeber und Einsatzarbeitgeber auseinanderfallen. Hier ist nach Auffassung des BAG eine wertende Betrachtung im Einzelfall maßgeblich[23]. In der Tendenz neigt das BAG daher dazu, in solchen Konstellationen die Arbeitnehmer dem Einsatzbetrieb dann zuzuordnen, wenn dessen Inhaber wesentliche Aspekte des Weisungsrechts gegenüber den Arbeitnehmern ausüben kann. Dies hat das BAG insbesondere bei Leiharbeitnehmern so gesehen[24]. Damit ist die Zwei-Komponenten-Lehre aus meiner Sicht nur für die Fälle der gespaltenen Arbeitgeberstellung verabschiedet. In allen übrigen Fällen ist sie durchaus noch tragfähig[25].

Allerdings dürfte das Kriterium der Betriebszugehörigkeit künftig verstärkt Probleme bereiten. Die Betriebszugehörigkeit wird funktional und nicht räumlich bestimmt. Durch diese Rechtsprechung hat man vor allem

---

20 BAG 14. 6. 2016 – 9 AZR 305/15 – NZA 2017, 426.

21 Skeptisch auch Däubler/Klebe, NZA 2015, 1032, 1035; ähnlich für Österreich Risak, ZAS 2015, 11, 18.

22 Siehe nur Raab, in Gemeinschaftskommentar zum BetrVG, 11. Aufl. 2018, § 7 Rn. 19 ff.

23 Vgl. BAG 13. 3. 2013 – NZA 2013, 789; BAG 5. 12. 2012 – NZA 2013, 793.

24 Vgl. BAG 13. 3. 2013 – NZA 2013, 789.

25 Ebenso Fitting, BetrVG, 29. Aufl. 2018, § 7 Rn. 16 f.

die Problembereiche Auslandsentsendungen, Telemitarbeiter und Außendienstmitarbeiter in den heimischen Betrieb einbezogen[26]. Entscheidend hierfür ist, dass die betreffende Person Weisungen von einer Zentrale erhält und Berichtspflichten zu beachten hat. Dies korrespondiert mit dem vom BAG entwickelten Hauptkriterium, dem Leitungsapparat in den wichtigsten Mitbestimmungsangelegenheiten. Wer als Arbeitnehmer von diesem Leitungsapparat erfasst ist, ist betriebszugehörig. Wegen der vermutlich zunehmenden Dezentralisierung der Entscheidungsprozesse im Zuge der Digitalisierung dürfe es künftig schwieriger werden, die hierfür erforderlichen Weisungs- und Berichtswege zweifelsfrei zu identifizieren.

3. Arbeitgeber

Den Arbeitgeber nennt das BetrVG in einer Vielzahl von Normen und unterwirft ihn zahlreichen Pflichten. Es definiert ihn aber an keiner Stelle. Der Arbeitgeber wird im Betriebsverfassungsrecht in doppelter Hinsicht angesprochen: Als Vertragsarbeitgeber – also als Partner des Individualarbeitsvertrags mit dem Arbeitnehmer – und als Inhaber des Betriebs und damit Inhaber der betrieblichen Organisationsgewalt. Beides ist nicht notwendigerweise deckungsgleich. Dies hat bereits bislang zu Schwierigkeiten bei der Bestimmung des betriebsverfassungsrechtlichen Arbeitgeberbegriffs geführt[27], die im Zuge der Digitalisierung der Arbeitswelt zunehmen dürften.

Der wichtigste Fall ist derjenige, dass mehrere Vertragsarbeitgeber – also mehrere Unternehmensträger – einen Betrieb zusammen führen. Das ist der gemeinsame Betrieb mehrerer Unternehmen. Er wurde von der Rechtsprechung im KSchG und BetrVG anhand konkreter Fallkonstellationen entwickelt. Der Gesetzgeber der Betriebsverfassungsreform des Jahres 2001 hat eine wenig brauchbare gesetzliche Definition in § 1 Abs. 2 BetrVG aufgenommen. Die Rechtsprechung behält ihre bereits vorher entwickelte Definition des gemeinsamen Betriebs mehrerer Unternehmen auch nach der Reform im wesentlichen bei[28]. Erforderlich ist das Vorliegen einer auch nur

---

26 Vgl. Fitting, BetrVG, 29. Aufl. 2018, § 7 Rn. 70 ff.

27 Siehe den Titel der Hallenser Antrittsvorlesung des damaligen Präsidenten des BAG Wißmann, NZA 2001, 409: „Die Suche nach dem Arbeitgeber in der Betriebsverfassung".

28 BAG 13. 8. 2008 – NZA-RR 2009, 255, 257; BAG 11. 2. 2004 – NZA 2004, 618, 619.

konkludent geschlossenen Führungsvereinbarung. Diese muss einen einheitlichen Leitungsapparat schaffen, der die Arbeitgeberfunktionen in den wesentlichen der Mitbestimmung des Betriebsrats unterliegenden Bereichen ausübt, insbesondere in den personellen und sozialen Angelegenheiten[29]. In der Sache ist der gemeinsame Betrieb eine Reaktion des Betriebsverfassungs- und Kündigungsschutzrechts auf Unternehmensumstrukturierungen, die zu nachträglicher interner Konzernierung führen: Ein Unternehmen wird durch Aufspaltung zum Konzern; § 1 Abs. 2 Nr. 2 BetrVG spricht diesen Fall explizit an. Auf der anderen Seite der Skala erfasst das BetrVG auch externe Konzernierungsvorgänge: Ein Konzern entsteht etwa durch Unternehmenszukäufe. Dann kann ein Konzernbetriebsrat durch Beschlüsse der einzelnen (Gesamt)-Betriebsräte gebildet werden. Dies sieht das BetrVG aber nur bei einem Unterordnungskonzerns vor.

Insgesamt lässt sich festhalten: Das BetrVG geht vom Grundfall aus, dass es sich bei dem Arbeitgeber als Rechtsperson und Vertragsarbeitgeber und als Inhaber der Betriebs um ein und dieselbe Person handelt. Ist dies nicht der Fall, öffnet sich das BetrVG grundsätzlich nur für hierarchisch strukturierte Formen unternehmerischer Zusammenarbeit in Unternehmen und Konzernen – es sei denn, diese Kooperation ist arbeitsorganisatorisch so verdichtet, dass sie zu einem gemeinsamen Betrieb mehrerer Unternehmen führt. Andere Formen unternehmerischer Zusammenarbeit – etwa Kooperation in Unternehmensnetzwerken und dergleichen – bleiben – mit Ausnahme von § 3 Abs. 1 Nr. 3 und 4 BetrVG[30] – außen vor.

4. Fazit

Die Zentralbegriffe des BetrVG sind gesetzlich vorgegeben, allerdings nur rudimentär inhaltlich geregelt. Die Rechtsprechung hat hierzu relativ flexible Obersätze entwickelt, die bei veränderten Gegebenheiten nachjustiert werden könnten. Dies gilt vor allem für den Begriff des Betriebs. Werden die Grenzen des Betriebs in der Praxis verkannt, schützt das Gesetz die Kontinuität einer gewählten Arbeitnehmervertretung: durch die nur innerhalb von zwei Wochen nach Bekanntgabe des Wahlergebnisses zulässige Wahlanfechtung sowie die nur eingeschränkte Überprüfbarkeit der Anwendung des Betriebsbegriffs im Revisionsverfahren. Der Gesetzgeber wiederum hat stets – zuletzt bei der letzten Betriebsverfassungsreform im Jahr

29 Siehe näher Franzen, in Gemeinschaftskommentar zum BetrVG, 11. Aufl. 2018, § 1 Rn. 46 ff.

30 Dazu sogleich unten III 1.

2001 - erkannt, dass er wegen der Vielgestaltigkeit des Wirtschaftslebens insbesondere den Betriebsbegriff nicht selbst regeln kann und hat stattdessen Öffnungsmöglichkeiten für die Tarifvertragsparteien und eingeschränkt für die Betriebspartner normiert.

III. Autonome Gestaltungsmöglichkeiten nach § 3 BetrVG

1. Ersetzung des Betriebs durch andere Vertretungseinheiten (§ 3 Abs. 1 Nr. 1 – 3 BetrVG)

Der Gesetzgeber hat den Tarifvertragsparteien und eingeschränkt den Betriebspartnern einen weiten Spielraum bei der Gestaltung der den Betrieb konstituierenden Arbeitnehmervertretungseinheit eingeräumt. Dabei bezieht sich die Abweichungsmöglichkeit nicht auf die Bildung der Obersätze – also die Frage, was kennzeichnet einen Betrieb, sondern gewissermaßen auf die Subsumtion: Welche Einheiten sind im konkreten Fall als Betrieb zu betrachten? Dies halte ich für sachgerecht. Denn hierfür sind die Tarifvertragsparteien und auch die Betriebspartner aufgrund ihrer Sachnähe besser legitimiert als der verständige Richter. Dieser müsste etwa im Fall eines Wahlanfechtungsverfahrens über die Grenzen des konkreten Betriebs im Einzelfall entscheiden.

Im Einzelnen: Nach § 3 Abs. 1 Nr. 1 BetrVG können innerhalb eines Unternehmens Betriebe zusammengefasst oder ein unternehmenseinheitlicher Betriebsrat gebildet werden. Außerdem können Teile von Unternehmen oder Konzernen zu Arbeitnehmervertretungseinheiten zusammengefasst werden, sofern dies anhand von produkt- oder projektbezogenen Geschäftsbereichen erfolgt (§ 3 Abs. 1 Nr. 2 BetrVG). Schließlich ermöglicht § 3 Abs. 1 Nr. 3 BetrVG die Etablierung völlig anderer Arbeitnehmervertretungsstrukturen im Rahmen von Unternehmens- oder Konzernorganisationen oder darüber hinaus „aufgrund anderer Formen der Zusammenarbeit von Unternehmen" – allerdings nur durch Tarifvertrag.

Mit dieser Gestaltungsfreiheit hinsichtlich der Subsumtion des Betriebsbegriffs auf konkrete Anwendungsfälle korrespondiert das in jedem der Katalogtatbestände des § 3 Abs. 1 BetrVG unterschiedlich formulierte Erfordernis, dass die vom Gesetz abweichenden Regelungen der „sachgerechten Wahrnehmung der Interessen der Arbeitnehmer dienen" müssen. Darin kommt zum Ausdruck, dass der Gesetzgeber den Tarifvertragsparteien keine vom gesetzlichen Begriff des Betriebs völlig losgelöste Subsumtion erlaubt. Diese einschränkenden unbestimmten Rechtsbegriffe sind nach überwiegender Auffassung vollständig gerichtlich nachprüfbar; allerdings wird man den Tarifvertragsparteien einen gewissen Beurteilungsspielraum zubilligen müssen[31]. Die erforderlichen Beurteilungskriterien ergeben sich aus dem Zweck des § 3 BetrVG, die Arbeitnehmerrepräsentation zu verbessern, und den übrigen aus dem Gesetz zu entnehmenden Wertungen. Diese Wertungen können gegenläufige Kriterien umfassen: eine möglichst umfassende Belegschaftsrepräsentation, die Bildung der Repräsentationsorgane bei den maßgeblichen Entscheidungsträgern[32], eine möglichst klare Funktionsabgrenzung, effektive Aufgabenwahrnehmung, räumliche Nähe. Die Vermeidung von Tarifkonkurrenzen dürfte nach Inkrafttreten des Tarifeinheitsgesetzes und insbesondere § 4a Abs. 3 TVG eine geringere Rolle spielen. Werden die skizzierten Grenzen überschritten, ist der Tarifvertrag unwirksam.

Die auf der Basis eines unwirksamen Tarifvertrags vollzogene Wahl eines Vertretungsgremiums ist damit rechtswidrig, allerdings nicht nichtig. Es handelt sich schlicht um einen Fall der Verkennung des Betriebsbegriffs. Es wurde eine Arbeitnehmervertretung gewählt auf der Basis eines (unwirksamen) Tarifvertrags statt auf der an sich zutreffenden Basis des gesetzlichen Betriebsbegriffs. Die Wahl ist somit lediglich anfechtbar, der Betriebsrat bleibt bis zur rechtskräftigen Entscheidung im Amt[33]. Nach Ablauf von 14 Tagen nach Bekanntgabe des Wahlergebnisses steht also fest, ob der Betriebsrat für die gesamte reguläre Amtszeit von vier Jahren wirksam installiert wurde.

2. Reichweite der Abweichungsmöglichkeiten

a) Restriktive Auffassung: Nur Regelung der Basisrepräsentationseinheit zulässig

Nicht ganz eindeutig ist im BetrVG die Reichweite der Abweichungsmöglichkeit geregelt. Der Gesetzeswortlaut spricht dafür, die Abweichungsmöglichkeit sehr restriktiv zu handhaben und lediglich auf die Vertretungseinheit als solche zu beziehen. Zumindest § 3 Abs. 5 S. 1 BetrVG sagt das

---

31 Siehe näher Franzen, in Gemeinschaftskommentar zum BetrVG, 11. Aufl. 2018, § 3 Rn. 8.

32 Dafür BAG 13. 3. 2013 – NZA 2013, 738.

33 H. M., siehe näher Franzen, in Gemeinschaftskommentar zum BetrVG, 11. Aufl. 2018, § 3 Rn. 74 m. w. N.

deutlich. Danach gelten die aufgrund eines Tarifvertrags oder einer Betriebsvereinbarung nach § 3 Abs. 1 Nr. 1 bis 3 BetrVG gebildeten betriebsverfassungsrechtlichen Organisationseinheiten als Betriebe im Sinne des BetrVG. Dies deutet darauf hin, dass nur der Begriff des Betriebs der tarifautonomen Gestaltung unterliegen soll. Und § 3 Abs. 5 S. 2 BetrVG sagt ebenso deutlich: „Auf die in ihnen gebildeten Arbeitnehmervertretungen finden die Vorschriften über die Rechte und Pflichten des Betriebsrats und die Rechtsstellung seiner Mitglieder Anwendung". Jedenfalls dies – Rechte und Pflichten des Betriebsrats und die Rechtsstellung der Betriebsratsmitglieder – soll nach Auffassung des Gesetzgebers nicht dispositiv sein. § 3 Abs. 1 BetrVG ermöglicht bei diesem Verständnis nur die Festlegung der Basisvertretungseinheit. Damit wird das Kriterium der arbeitnehmernahen Interessenvertretung tendenziell durch die entscheidungsnähere Repräsentation verdrängt[34].

Alle weiteren Fragen und Folgen ergeben sich dann aus der konsequenten Anwendung des BetrVG – Größe des Betriebsrats, Wahlverfahren, Organisation und Geschäftsführung der Arbeitnehmervertretung sowie die materiellen Beteiligungsrechte. Abweichungen sind nach dieser Lesart allerdings zulässig, sofern die übrigen Vorschriften des BetrVG dies ausdrücklich erlauben – wie etwa hinsichtlich der Anzahl der Freistellungen nach § 38 Abs. 1 S. 5 BetrVG oder der Größe des Gesamtbetriebsrats nach § 47 Abs. 4 BetrVG[35].

Folgt man dieser aus meiner Sicht gesetzesnahen und restriktiven Interpretation, dann läuft § 3 Abs. 1 Nr. 3 BetrVG für den Bereich der „anderen Formen der Zusammenarbeit von Unternehmen" – also die 2. Variante des § 3 Abs. 1 Nr. 3 BetrVG weitgehend leer. Der Gesetzgeber hat sich hier die Etablierung von Arbeitnehmervertretungsstrukturen „anhand der Produktionskette" vorgestellt[36]. Denkbar wäre ferner die Anknüpfung an „virtuelle Unternehmen" oder „Unternehmensnetzwerke"[37]. Ein Tarifvertrag könnte aufgrund der skizzierten Auslegung von § 3 Abs. 1 Nr. 3 BetrVG aber nur festlegen, dass alle Arbeitnehmer dieser Unternehmen einen Betrieb bilden und damit in dieser Gesamteinheit einen Betriebsrat im Sinne des BetrVG

34 Krebber, Unternehmensübergreifende Arbeitsabläufe im Arbeitsrecht, 2005, S. 339.

35 Siehe dazu näher Franzen, in Gemeinschaftskommentar zum BetrVG, 11. Aufl. 2018, § 3 Rn. 52, 53.

36 Vgl. Begründung des Regierungsentwurfs zum BetrVG-Reformgesetz 2001, BT-Drs. 14/5741, S. 34, l. Sp.

37 Siehe dazu näher Krebber, Unternehmensübergreifende Arbeitsabläufe im Arbeitsrecht, 2005, S. 17 ff., 42 ff.

wählen[38]. Dies wird aber der Interessenlage aller Beteiligten vermutlich nicht gerecht werden[39]. Aus Sicht der Mitbestimmung suchenden Betriebsräte oder Gewerkschaften ist bei solchen Unternehmenskooperationen kennzeichnend, dass Entscheidungsfindung und die Auswirkungen der Entscheidung auseinanderfallen, und dies nicht durch Mitbestimmungsrechte bei dem die Entscheidung treffenden Unternehmen kompensiert wird[40], wie dies innerhalb eines Unternehmens oder Konzerns durch Gesamtbetriebsrat oder Konzernbetriebsrat der Fall wäre. Interessengerecht wäre also eher die Bildung zusätzlicher Arbeitnehmervertretungsorgane mit Beteiligungsrechten in Bezug auf Entscheidungen, die vom Unternehmensnetzwerk getroffen werden. Dies aber lässt § 3 Abs. 1 Nr. 3 BetrVG nach der hier vertretenen restriktiven Interpretation gerade nicht zu. Die Bildung zusätzlicher Arbeitnehmervertretungsorgane ist § 3 Abs. 1 Nr. 4 BetrVG vorbehalten – die danach gebildeten Gremien sind aber keiner Betriebsräte und können daher keine Mitbestimmungsrechte wahrnehmen[41].

b) Andere Auffassung: Weitergehende Abweichungsmöglichkeiten von Rechtsvorschriften des BetrVG aufgrund § 3 Abs. 1 Nr. 3 BetrVG

Andere Stimmen in der Literatur sind etwas großzügiger. Teilweise hält man auch Abweichungen von den organisatorischen Vorschriften des BetrVG für zulässig[42]. Zum Teil soll die Vertretungsstruktur oberhalb der Basiseinheit „Betrieb" disponibel sein – also insbesondere die Bildung eines Gesamt- oder Konzernbetriebsrats[43].

Diese Literaturstimmen können sich auf den Gesetzeswortlaut von § 3 Abs. 1 Nr. 3 BetrVG stützen. Danach können unter den dort genannten nä-

38 Vgl. Krebber, Unternehmensübergreifende Arbeitsabläufe im Arbeitsrecht, 2005, S. 339 f.; Maschmann/Schipper, Festschrift Buchner, 2009, S. 607, 612 f.

39 Ebenso Hanau, NJW 2016, 2613, 2615; Krause, Gutachten B zum 71. Deutschen Juristentag, 2016, B 93 f.

40 Krebber, Unternehmensübergreifende Arbeitsabläufe im Arbeitsrecht, 2005, S. 250 ff.

41 Vgl. Franzen, in Gemeinschaftskommentar zum BetrVG, 11. Aufl. 2018, § 3 Rn. 24.

42 Dafür etwa Gaul, in Henssler/Willemsen/Kalb, Arbeitsrecht-Kommentar, 8. Aufl. 2018, § 3 BetrVG Rn. 19; Kania/Klemm, RdA 2006, 22, 24; zweifelnd Fitting, BetrVG, 29. Aufl. 2018, § 3 Rn. 51.

43 Koch, in Erfurter Kommentar zum Arbeitsrecht, 18. Aufl. 2018, § 3 Rn. 6; Rieble, RWS-Forum 21 Arbeitsrecht 2001, 2002, S. 25, 39.

heren Voraussetzungen andere „Arbeitnehmervertretungsstrukturen“ geschaffen werden. Damit scheint es vereinbar zu sein, jedenfalls die gesetzliche Mitbestimmungskaskade „Betriebsrat, Gesamtbetriebsrat, Konzernbetriebsrat“ zugunsten anderer „Strukturen“ aufzugeben – was insbesondere die Zuständigkeitsverteilung nach § 50 Abs. 1, § 58 Abs. 1 BetrVG einschließen könnte. Gegen diese Auslegung sprechen jedoch zwei Argumente: Zum einen der Wortlaut des § 3 Abs. 5 S. 1 BetrVG: Danach ersetzt die tarifliche Regelung eben nur die Basiseinheit der Betriebsverfassung, den Betrieb. Alles weitere ergibt sich aus konsequenter Anwendung des BetrVG[44]. Zum anderen ist bei dieser etwas großzügigeren Interpretation des § 3 Abs. 1 Nr. 3 BetrVG völlig offen, von welchen Vorschriften des BetrVG und in welchem Umfang denn dann abgewichen werden dürfte. Diese Argumente veranlassen mich de lege lata, der restriktiven Auffassung den Vorzug zu geben[45].

c) Klarstellungsbedarf für den Gesetzgeber

Aus meiner Sicht sollte der Gesetzgeber die Reichweite der Abweichungsmöglichkeit im Rahmen von § 3 Abs. 1 Nr. 3 BetrVG klarstellen[46]. Die Digitalisierung der Arbeitswelt wird mutmaßlich weitere Flexibilisierungen auch der Arbeitnehmervertretungsstrukturen verlangen. Man sollte daher § 3 Abs. 5 BetrVG ändern und die Vorschriften des BetrVG ausdrücklich aufnehmen, von denen aufgrund der Bildung der anderen Vertretungseinheit abgewichen werden kann. Gegebenenfalls wäre dann auch § 3 Abs. 5 S. 2 BetrVG entsprechend anzupassen. Ob man damit allerdings wirklich viel erreichen kann, steht auf einem anderen Blatt: Unternehmerische oder projektbezogene Zusammenarbeit in Unternehmensnetzwerken dürfte viel zu flüchtig und instabil sein, um daran die auf Stabilität und Dauer ausgerichtete Arbeitnehmermitwirkung im Rahmen der Betriebsverfassung anzuknüpfen[47].

---

44 Vgl. Franzen, in Gemeinschaftskommentar zum BetrVG, 11. Aufl. 2018, § 3 Rn. 54.

45 Franzen, in Gemeinschaftskommentar zum BetrVG, 11. Aufl. 2018, § 3 Rn. 54; ebenso Krebber, Unternehmensübergreifende Arbeitsabläufe im Arbeitsrecht, 2005, S. 338 f.

46 Dafür schon Franzen, NZA 2008, 250, 254; ebenso Schubert, Betriebliche Mitbestimmung in Unternehmen und Konzernen mit Matrixorganisation, 2017, S. 68 ff.

47 Skeptisch auch Hanau, NJW 2016, 2613, 2614 f.

3. Instrumente der Abweichung

Als Instrument der Abweichung sieht § 3 Abs. 1 BetrVG als Regelfall den Tarifvertrag vor. § 3 Abs. 2 BetrVG lässt eine Betriebsvereinbarung nur dann zu, wenn im Betrieb keine normative tarifliche Regelung gilt[48]. Die Vorschrift hat also Bedeutung nur für nicht tarifgebundene Unternehmen, in denen der Tarifvertrag gerade nicht das typische Instrument der Regelung der Arbeitsbeziehungen ist. Außerdem scheidet die Betriebsvereinbarung bei der am weitesten reichenden Abweichungsmöglichkeit nach § 3 Abs. 1 Nr. 3 BetrVG als Instrument nach § 3 Abs. 2 BetrVG vollständig aus.

Die Regelungsmöglichkeiten durch Betriebsvereinbarung sind damit sehr eingeschränkt. Dies wurde bereits in der rechtspolitischen Diskussion über die Betriebsverfassungsreform 2001 als unangemessen und zu weit gehend kritisiert[49]. Hier könnte man an weiterreichende Flexibilisierungsmöglichkeiten denken – etwa die Öffnung der Betriebsvereinbarung auch für tarifgebundene Unternehmen und auch für die Fälle des § 3 Abs. 1 Nr. 3 BetrVG[50].

Allerdings muss man aber bei dem Instrument „Betriebsvereinbarung" folgendes sehen: Hier könnte ein Betriebsrat oder Gesamtbetriebsrat zusammen mit dem Arbeitgeber sein „Wahlvolk" sowie gegebenenfalls seine aus der Wahl resultierenden Aufgaben – wenn man auch insoweit Abweichungen zulassen will – selbst zuschneiden. Das erscheint vor dem Hintergrund des Erfordernisses gleichberechtigter Repräsentation aller betroffenen Arbeitnehmer nicht unbedenklich. Allerdings können auch Gewerkschaften anfällig sein für sachfremde Einflüsse. Wenn man solchen weitergehenden Abweichungsmöglichkeiten auch hinsichtlich der Instrumente der Abweichung näher treten möchte, muss man der Rechtskontrolle im Rahmen der unbestimmten Rechtsbegriffe der Katalogtatbestände des § 3 Abs. 1 BetrVG mehr Aufmerksamkeit widmen – also gezielt überprüfen, ob eine entsprechende Regelung der sachgerechten Wahrnehmung der Arbeitnehmerinteressen dient. Gegebenenfalls wäre zu erwägen, partiell zu der vor 2001 geltenden Rechtslage zurückzukehren und die Regelung durch

48 H. M., vgl. Fitting, BetrVG, 29. Aufl. 2018, § 3 Rn. 68; Franzen, in Gemeinschaftskommentar zum BetrVG, 10. Aufl. 2014, § 3 Rn. 38 m. w. N.

49 Vgl. Buchner, NZA 2001, 633, 635; Hanau, Die Mitbestimmung 6, 7/1999, S. 21, 24; Kreßel, Jahrbuch des Arbeitsrechts 1998, Bd. 36, 1999, S. 49, 56 f.; Löwisch, DB 1999, 2209, 2211; Utermark, Die Organisation der Betriebsverfassung als Verhandlungsgegenstand, 2005, S. 103 ff., 244 ff.; Franzen, ZfA 2000, 285, 299.

50 Dafür Günther/Böglmüller, NZA 2015, 1025, 1027 f.

Betriebsvereinbarung von einer behördlichen Zustimmung abhängig zu machen[51].

IV. Zusammenfassende Thesen

1. Die Digitalisierung der Arbeitswelt wird vermutlich zu einer weiteren Entgrenzung der Arbeitsleistung nach Ort, Zeit und Gegenstand führen.
2. Der Zentralbegriff der Betriebsverfassung, der Betrieb, wird durch hinreichend flexible Kriterien konstituiert, welche der Rechtsprechung genügend Spielraum lassen, diese im Hinblick auf neue Entwicklungen in der Arbeitswelt nachzujustieren. So ist man jedenfalls in der Vergangenheit nicht ganz erfolglos verfahren.
3. In Betracht kommt allerdings eine weitere Flexibilisierung der in § 3 Abs. 1 BetrVG genannten Abweichungsmöglichkeiten:
a) Bereits nach geltendem Recht wird von einem Teil der Literatur vertreten, dass § 3 Abs. 1 Nr. 3 BetrVG andere Vertretungsstrukturen als das gesetzliche Mitbestimmungsmodell „Betriebsrat, Gesamtbetriebsrat, Konzernbetriebsrat" zulässt. Dies sollte durch eine Änderung von § 3 Abs. 5 BetrVG deutlicher zum Ausdruck gebracht werden.
b) Jedenfalls nach § 3 Abs. 1 Nr. 3 BetrVG sollte de lege ferenda von weiteren Vorschriften des BetrVG abgewichen werden können. Die insoweit dispositiv zu stellenden Vorschriften müsste der Gesetzgeber im Einzelnen benennen.
c) Erwägenswert ist es de lege ferenda ferner, die Abweichungsmöglichkeiten für Betriebsvereinbarungen nach § 3 Abs. 2 BetrVG maßvoll zu erweitern.

51 Dafür bereits Hanau, Die Mitbestimmung 6, 7/1999, S. 21, 24.

Verzeichnis der Autorinnen und Autoren

Prof. Dr. Martin Franzen
LMU München, Juristische Fakultät, Lehrstuhl für deutsches, europäisches, internationales Arbeitsrecht und Bürgerliches Recht. Forschungsgebiete: Recht der kollektiven Arbeitsbeziehungen (Tarifvertragsrecht, Betriebsverfassungsrecht), europäisches und internationales Arbeitsrecht, Verbraucherprivatrecht, Datenschutzrecht.

Christine Gerber
Arbeitssoziologin, Wissenschaftszentrum Berlin für Sozialforschung. Forschungsgebiete: Digitalisierung und Wandel der Arbeit, insbesondere am Beispiel der Plattformökonomie.

Prof. Dr. Hans Hanau
Professor für Bürgerliches Recht, Handels-, Wirtschaft- und Arbeitsrecht an der Helmut-Schmidt-Universität / Universität der Bundeswehr Hamburg. Forschungsgebiete: Kollektives Arbeitsrecht (Tarifvertragsrecht, Betriebsverfassungsrecht), Arbeitsvertragsrecht, Wandel der Standards „guter Arbeit", Konstitutionalisierung des Privatrechts.

Prof. Dr. Markus Helfen
Professor für Personalpolitik, Institut für Organisation und Lernen, Universität Innsbruck. Forschungsgebiete: Internationale Arbeitsbeziehungen, Nachhaltige Personalpolitik und Organisationstheorie.

Hartmut Hirsch-Kreinsen
Prof. i.R. Dr., bis Frühjahr 2015 Inhaber des Lehrstuhls Wirtschafts- und Industriesoziologie TU Dortmund, seitdem Seniorprofessor an der TU Dortmund. Er leitet das Forschungsgebiet Industrie- und Arbeitsforschung an der TU Dortmund (Sozialforschungsstelle). Sein aktueller Arbeitsschwerpunkt umfasst das Themenfeld Digitalisierung (Industrie 4.0) und die Entwicklung von Arbeit.

Prof. Dr. Rüdiger Krause
Bürgerliches Recht und Arbeitsrecht, Georg-August-Universität Göttingen, Institut für Arbeitsrecht. Forschungsgebiete: Digitalisierung der Arbeitswelt, Kontrolle von Arbeitsbedingungen, Kündigungsschutzrecht, Tarifvertragsrecht, Transnationalisierung der Arbeitsbeziehungen.

Dr. Martin Krzywdzinski
Arbeitssoziologe, Wissenschaftszentrum Berlin für Sozialforschung. Forschungsgebiete: Arbeit und technologischer Wandel, Arbeit und Globalisierung.

Prof. Dr. Wenzel Matiaske
Wirtschafts- und Sozialwissenschaftler, Institut für Personal und Arbeit an der Helmut-Schmidt-Universität / Universität der Bundeswehr Hamburg und Deutsches Institut für Wirtschaftsforschung Berlin. Forschungsgebiete: Arbeitszeitpolitik, Wandel der Standards „guter Arbeit", Methoden der Organisations- und Personalforschung.

Prof. Dr. Jochen Mohr
Rechtswissenschaft, Universität Leipzig. Forschungsgebiete: Bürgerliches Recht, Wettbewerbsrecht, Energierecht, Regulierungsrecht, Arbeitsrecht.

Prof. Dr. Florian Schramm
Fakultät Wirtschafts- und Sozialwissenschaften, Universität Hamburg. Forschungsgebiete sind personalwirtschaftliche Analyse des Arbeitsrechts, Karriereforschung und Qualität des Arbeitslebens.

Prof. Dr. Roland Schwarze
Lehrstuhl für Zivilrecht, Arbeitsrecht und Zivilprozessrecht, Juristische Fakultät, Leibniz Universität Hannover. Forschungsschwerpunkte: Vertragsrecht, Leistungsstörungsrecht, Arbeitsvertragsrecht, Kollektives Arbeitsrecht.

Mandy Tietgen-Simons
Wissenschaftliche Mitarbeiterin im Bereich Human Resource Management und Psychologie an der Euro-FH, zuvor am Zentrum für Personalforschung der Universität Hamburg.

FSC
www.fsc.org
MIX
Papier | Fördert gute Waldnutzung
FSC® C083411

Kolibri 360 GmbH
Ferdinand-Jühlke-Straße 7
99095 Erfurt, Deutschland
produktsicherheit@kolibri360.de